Tobias Haberl
Der gekränkte Mann

TOBIAS HABERL

DER GEKRÄNKTE MANN

Verteidigung eines Auslaufmodells

PIPER

Mehr über unsere Autorinnen, Autoren und Bücher:
www.piper.de

Inhalte fremder Webseiten, auf die in diesem Buch (etwa durch Links) hingewiesen wird, macht sich der Verlag nicht zu eigen. Eine Haftung dafür übernimmt der Verlag nicht.

Unser Versprechen für mehr Nachhaltigkeit
• Klimaneutrales Produkt
• FSC®-zertifiziertes Papier
• Hergestellt in Deutschland

FSC www.fsc.org
MIX
Papier aus verantwortungsvollen Quellen
FSC® C014496

ISBN 978-3-492-07113-0

Satz: Fotosatz Amann, Memmingen
Gesetzt aus der Minion Pro
Litho: Lorenz & Zeller, Inning am Ammersee
Druck und Bindung: GGP Media GmbH, Pößneck
Printed in Germany

Für Olaf

»Aber ich kann Grausamkeit gegen Männer nicht ertragen. Männer können sich nicht wehren.«

Martin Mosebach, *Krass*

INHALT

Vorwort 11

Mein Leben als Mann 25

Böse Männer 53

Clowns und Helden 69

No country for old men 95

Andere Männer, andere Sitten 151

Kleine Schritte 165

Haben oder Sein 201

Star Wars 217

Der neue Mann? 231

Dank 243

Literaturverzeichnis 245

Anmerkungen 247

VORWORT

Ich erinnere mich genau an den Moment, in dem ich beschloss, dieses Buch zu schreiben: Es war Oktober, draußen regnete es, ich nahm lächerlicherweise ein Honigschaumbad und blätterte im *Spiegel,* als ich in einem Interview mit Alice Schwarzer folgenden Satz las: »Rechtsradikale und Islamisten sind im Grunde gleich toxisch, es geht um den gekränkten Mann.«[1] Ich hielt inne, wurde nachdenklich, irgendwann ließ ich das Magazin über den Badewannenrand gleiten und verfiel in langes Grübeln: Der gekränkte Mann – irgendwas lösten diese drei Worte in mir aus.

Ich fühlte mich nicht gemeint, nicht direkt jedenfalls, schließlich bin ich weder rechtsradikal noch ein Islamist. Trotzdem spürte ich, dass in dem Satz eine tiefe Wahrheit steckt, weil sich vieles, was in unserer Gesellschaft gerade beschwerlich oder bedrohlich ist, damit erklären lässt, dass sich unsere Vorstellung von Männlichkeit gewandelt hat, ja dass Männlichkeit an sich immer öfter attackiert und verurteilt wird.

Ich bin sechsundvierzig. Kein alter Mann, aber auch kein junger mehr, der seine Jeans nach oben krempelt, damit man seine nackten Knöchel sehen kann. In den letzten Jahren stand man als mittelalter weißer Mann ganz schön unter Druck. Gerade hatte man sich damit abgefunden, dass einem Haare nur noch an Körperstellen wachsen, an denen gar keine sein sollten, schon musste man sich anhören, wie fragwürdig und toxisch man ist, im Grunde ein Auslaufmodell, ein Zivilisationsirrtum, verantwortlich für jede Menge Unheil auf der Welt, denn ohne die Vorherrschaft der alten weißen Männer, das hört man ständig, wäre die Welt eine bessere, dann wären nicht Geld, Macht und Ichsucht unser Antrieb, sondern Empathie und Solidarität. Zu Beginn der Finanzkrise veröffentlichte das *Süddeutsche Zeitung Magazin* das Foto eines gewaltigen Büroturms, dazu die Überschrift: »Hochmut kommt vor dem Phall – Die Wirtschaftskrise ist vor allem eine Krise der Männer«, und dahinter in Klammern: »Im Ernst: Wäre Frauen der ganze Mist passiert?«

Okay, ich muss mich korrigieren, vielleicht bin ich doch gekränkt. Nicht so, dass ich weinen muss, aber immerhin arbeite ich an einem Buch, obwohl draußen der Sommer kommt. Vielleicht bin ich auch gar nicht selbst, sondern stellvertretend für andere Männer gekränkt, deren Lebensleistung ich kenne, die ich respektiere, bewundere oder liebe, zum Beispiel meinen Vater.

Auch ich finde, dass es jetzt mal reicht mit der Alleinherrschaft der weißen Männer, gleichzeitig geht mir die Aggressivität (und manchmal auch Heuchelei) der Gender-Debatte ziemlich auf die Nerven. Einerseits ist die Gleichstellung noch lange nicht erreicht, andererseits beobachte ich, wie ein teils dogmatischer Feminismus verunsicherte Männer nicht nur nicht überzeugt, sondern verschreckt, indem er sie als Mängelwesen diffamiert, die hoffentlich bald tot sind. Rational erkenne ich die Notwendigkeit einer Neuordnung, emotional kann ich mich nur schwer vom Bild des traditionellen und ja, wahrscheinlich auch fragwürdigen Mannes lösen.

Im Moment geht es vielen Männern so. Woher ich das weiß? Sie erzählen es mir. Die einen offen, die anderen hinter vorgehaltener Hand, im Flüsterton oder per E-Mail. Typen, die morgens mit der Lunchbox ins Büro radeln und abends Netflix schauen, Männer, die mit Helmut Kohl und der *Schwarzwaldklinik*, aber ohne Instagram aufgewachsen, die weltoffen und selbstkritisch sind, sich aber schon fragen, warum sie auf einmal »gebärender Elternteil« sagen sollen, wenn sie »Mutter« meinen.

Der Männlichkeit ist die Selbstverständlichkeit abhandengekommen. Das ist gut, weil sich gesellschaftliche Normen verschoben haben, das ist aber auch heikel, weil Millionen gekränkter Männer ein politisches Problem sind. Im Moment inszenieren sich die einen als Vorzeigefeministen, während sich andere resigniert durch die Kommentarspalten im Internet hassen. Ich kann mich mit keinem der beiden Lager identifizieren, weil ich Männer, die sich ihre Artigkeit wie eine Medaille um den Hals hängen, zu geschmeidig und Männer, die Feministinnen für »schlecht gefickt« halten, indiskutabel finde.

Ich bin irgendwas dazwischen: für gleiche Chancen, gleiche Rechte, gleiches Einkommen, aber gegen Gendersternchen, für mehr Frauen in Führungspositionen, aber gegen die reflexhafte Skandalisierung jedes nicht hundertprozentig besenreinen Satzes. Ich finde Sophie Passmann gut, aber Harald Martenstein auch, bewundere die Tennisspielerin Naomi Osaka, finde aber Frauenfußball langweilig, verehre die Schriftstellerin Sally Rooney und lese doch meistens Romane von weißen Männern, weil ich mich irgendwie mehr gemeint fühle. Es gibt Feministinnen, mit denen bin ich befreundet, andere respektiere ich, wieder andere empfinde ich als Zumutung. Ich bin fasziniert von Menschen, die weder Mann noch Frau sein können oder wollen, hänge aber an der Idee der traditionellen Familie, freue mich jetzt schon auf meine Elternzeit und spüre doch einen Stich, wenn ich Männer mit gepunkteten Socken sehe, die mit stillenden Müttern im Café »Schneewittchen« über Kitagebühren plaudern. Es ist tatsächlich so, dass ich im Bayerischen Wald, wo ich aufgewachsen bin, als fortschrittlich und in München, wo ich wohne, als konservativ wahrgenommen werde. Die einen sagen: Man merkt, dass du in der Stadt lebst. Die anderen: Man merkt, dass du vom Land kommst.

Es geht in diesem Buch um die Sehnsucht nach einer Männlichkeit, die sich nicht verleugnet, aber auch nicht anbiedert, denn natürlich möchte ich kein Typ von gestern, aber halt auch nicht dressiert und totalangepasst, nicht immer nur zeitgemäß und glatt geschliffen sein. Im Moment bin ich auf der Suche, weil die Idee von Männlichkeit, die mich ein Leben lang begleitet hat, nicht mehr gilt. Weil vieles, was früher okay war, problematisch und vieles, was lässig war, lächerlich geworden ist. Weil ich aufpassen muss, wie ich mich hinsetze (nicht zu breitbeinig!), wie ich spreche (geschlechtergerecht!), wie ich Witze mache (diskriminierungsfrei!), weil ich also erkannt habe, dass ich mich mit Mitte vierzig noch mal grundsätzlich hinterfragen muss.

Ich habe Freunden von diesem Buch erzählt. Einer hielt mich für lebensmüde, ein anderer für masochistisch. In den Tagen danach hatte ich ernste Motivationsprobleme. Irgendwann habe ich mich selbst gefragt, warum ich eigentlich für Männer in den Ring steige, von denen ich die meisten selbst peinlich finde, und warum ich mir das alles antue: böse E-Mails, fiese Shitstorms, geschockte Kollegen, enttäuschte Cousinen. Ich bin nämlich gar kein Alphamann, im Gegenteil: Ich finde Macht so langweilig wie *Promi Big Brother*, rede fast nur über Gefühle und fange nach den ersten Takten von Schuberts *Winterreise* zu heulen an. Am Ende habe ich nur eine Antwort gefunden: Bevor Björn Höcke oder Jan Böhmermann auf die Idee kommen, sich Gedanken über Männlichkeit zu machen, mache ich es lieber selbst, weil die Sache an den politischen Rändern ja klar ist: Der eine will den starken Mann zurück, dem anderen kann es nicht gendersensibel genug sein. Interessant aber ist es dazwischen, wo es widersprüchlich wird und sich meistens auch die Wahrheit versteckt.

Ich weiß, dass ich den Zeitgeist eher nicht auf meiner Seite habe: Bücher, die traditionelle Männlichkeit nicht *nur* verteufeln, stehen in der Buchhandlung irgendwo zwischen Kollegah und Thilo Sarrazin. Die Gefahr, dass ich in eine finstere Ecke geschoben werde, ist groß, ziemlich sicher werden mich einige absichtlich falsch verstehen. Außerdem hat man, wenn man sich in der Geschlechterdebatte auf keine Seite schlägt, am Ende meistens alle gegen sich. Aber wie sagte schon Stefan Zweig: »Jede Widerstandsgeste ohne Risiko ist nichts als Geltungssucht.«

Es gibt Menschen, die jeden Trend mitmachen, weil sie das Neue grundsätzlich interessanter als das Alte finden. Mich hat immer nur das Wahrhaftige interessiert, egal, ob es alt oder neu ist. Und wenn ich ehrlich bin, denke ich seit Jahren darüber nach, welche der vom Zeitgeist geforderten Verhaltens- und Sprachrevisionen nur sinnvoll erscheinen, weil sie neu sind, und welche, weil sie unsere Gesellschaft tatsächlich gerechter machen. Was ist gut, und was klingt nur gut – auf Twitter und in Talkshows? Was ist aufrichtig, was Effekthascherei? Was Ethik, was Heuchelei?

Ich bin seit Jahren elektrisiert von der Gender- und Identitätsdebatte, fühle mich mal zu Recht, mal zu Unrecht angeklagt, manchmal denke ich so lange über einen einzigen Tweet nach, dass am Ende der Abend vorüber ist und ich mich frage, ob das noch verhältnismäßig sein kann, weil es in Europa doch Frauen *und* Männern ziemlich gut geht. Viele Vorwürfe gegen traditionelle Männlichkeit teile ich, andere finde ich überzogen, über manche zerbreche ich mir seit Jahren den Kopf, und dann gibt es rote Linien, die ich nicht überschreite, weil ich mich nicht selbst verraten möchte, als Mann nicht und als Mensch auch nicht. Leider wird die Debatte von vielen Selbstdarstellern geführt, die in einer Eskalationssymbiose aneinandergekettet sind. Die einen schreien: »Männer sind dominant und gewalttätig!« Die anderen schreien zurück: »Feministinnen sind hysterisch und sehen scheiße aus!« Was passiert, wenn sie sich gegenseitig niederbrüllen, um anschließend ihre Likes zu zählen, kann man jeden Tag auf Twitter verfolgen.

Ich schäme mich, wenn Männer Frauen abwerten oder belästigen. Ich schäme mich, wenn Männer im Internet erläutern, wie man eine Frau vergewaltigt, ohne zur Rechenschaft gezogen zu werden. Ich schäme mich, wenn *bild.de* schreibt, der Sexualstraftäter Harvey Weinstein sei irgendwie »auch eine geniale Sau« gewesen. Ich schäme mich, wenn Männer verzweifelte Rückzugsgefechte führen, um längst verlorenes Terrain zurückzuerobern, weil sie nicht begreifen, dass alles, wirklich alles eines Tages vorübergeht, auch ihre tief empfundene Überzeugung von der Vormachtstellung des weißen Mannes.

Und dann gibt es Momente, in denen ich trotzig und manchmal sauer werde: Wenn jemand pauschal Stimmung gegen Männer macht, um ein paar Follower abzugreifen. Wenn die FDP-Politikerin Cornelia Pieper mal eben die These aufstellt, dass Männer von der Evolution und dem weiblichen Geschlecht überholt worden seien. Wenn mir mal wieder ein ideologischer Shitstorm ins Gesicht bläst, der mich nur als privilegierten weißen Mann und nicht als Mensch wahrnimmt. Es gibt Momente, in denen fühle ich mich so falsch verstanden, dass ich am liebsten schreien würde. Und dann fällt mir wieder ein, was Margarete Stokowski mal geschrieben hat, nämlich dass der Feminismus zu weit gehen müsse, wenn er die bestehenden Verhältnisse überwinden wolle, dass ein Feminismus, der nicht übertreibe, kein Feminismus sei. Was, wenn sie recht hat? Wenn eine Revolution absurde Züge annehmen *muss*, damit die Verhältnisse sich um zwei Zentimeter verschieben?

Als weißer Mann wird man heute grundsätzlich infrage gestellt: Könnte James Bond nicht von einer Frau gespielt werden? Muss der Papst wirklich ein Mann sein? Und das Jesuskind in der Krippe ein Junge, wo es doch vor allem darum gehe, dass Gott Mensch und nicht Mann geworden sei? Inzwischen wird sogar darüber nachgedacht, ob das Maskottchen des 1. FC Köln, der Geißbock Hennes, nach zweiundsiebzig

Jahren durch eine Ziege ersetzt werden könnte. Einen Tag vor der Wahl des neuen CDU-Vorsitzenden titelte die *Süddeutsche Zeitung:* »Es wird ein Mann«, um deutlich zu machen, was es definitiv nicht wird, nämlich eine Frau. Dass Männer rundherum toll sind, finden eigentlich nur noch Gangsta-Rapper, Wladimir Putin und Zlatan Ibrahimović, der auf die Frage, warum er seiner Frau nichts zum Geburtstag geschenkt habe, meinte: »Sie hat doch schon Zlatan.«

In deutschen Vorständen sitzen weniger Frauen als Männer, die Michael oder Thomas heißen. Keine einzige deutsche Universität ist nach einer Frau benannt. Fast jeder Aspekt unseres Lebens, von der Höhe unserer Kleiderschränke bis zu den Dummys, mit denen Autofirmen die Sicherheit neuer Modelle testen, orientiert sich an männlichen Merkmalen. Mir ist schon klar, dass ich in dieser Angelegenheit auf keinen Fall das Opfer bin und dass Männerfeindlichkeit – wie die französische Feministin Pauline Harmange schreibt – Stand heute zu »null Toten und null Verletzten« geführt hat.[2] Aber erstens gibt es schon so viele gute Bücher über Feminismus und so wenige über Männer, und zweitens fühlt sich irgendwas falsch an, wenn man eigentlich beim Gegensteuern mithelfen will, aber permanent ausgebremst wird, weil man nicht jede Volte mitmachen will, die einem vom Zeitgeist aufgedrängt wird.

Vor drei Jahren habe ich ein Porträt über die Feministin Margarete Stokowski geschrieben, das nicht *nur* wohlwollend war. Danach habe ich mich drei Tage lang nicht auf die Straße getraut, aus Angst, vermummte Soziologiestudentinnen könnten mich mit einem handbedruckten Jutebeutel erwürgen. Auch darum geht es in diesem Buch: um den reflexhaften Vernichtungswillen einiger Twitter-Brigadisten, die tief empfinden und wenig argumentieren.

Ich möchte die problematischen Aspekte von Männlichkeit nicht bagatellisieren: die Gewalt, den Missbrauch, die Skrupellosigkeit, die Rechten und die Incels, die starke Frauen dafür verantwortlich machen, dass sie keinen Sex und auch sonst nichts auf die Reihe kriegen. Frauen, Homosexuelle und Transmenschen werden definitiv stärker diskriminiert als heterosexuelle weiße Männer. Ehrlich gesagt bin ich bei der Recherche für dieses Buch auf derart schockierende Statistiken gestoßen, dass ich mich mehr als einmal gefragt habe, ob es vielleicht kein Wagnis, sondern eine Dummheit ist. Ich bin dann mit jeder weiteren Seite vorsichtiger geworden, aus einem Plädoyer für wurde eine tastende Suche nach Männlichkeit.

Natürlich sind Männer seit Jahrhunderten für Gewalt und Profitgier verantwortlich. Auf der anderen Seite hatten die meisten Frauen nicht die Möglichkeit, andere Menschen zu unterdrücken oder zu enteignen. Im Moment ist es leider so, dass ein paar Äußerlichkeiten genügen, schon ist die Schublade zu und der Schlüssel versteckt: Transmensch? Gut. Alter weißer Mann? Böse. Junge Frau, die Karriere machen will? Gut. Alter weißer Mann, der noch ein bisschen mitmischen will? Böse. Junger Aktivist, der sich für Berggorillas und die LGBTQ-Community einsetzt? Gut. Alter weißer Mann, der in die Kirche geht? Böse.

Von Montaigne stammt der Satz, dass es doch erlaubt sein müsse, von einem Dieb zu sagen, dass er ein schönes Bein habe. Heute sagen viele: Dieb ist Dieb – und meist ist er ein Mann. Die feministische Schriftstellerin Doris Lessing beklagte schon vor Jahren, dass die Abwertung alles Männlichen so sehr Teil unserer Kultur geworden sei, dass sie kaum noch wahrgenommen werde. Wir hätten uns so lange eingeredet, dass Männer das Problem und Frauen die Lösung seien, dass es sich natürlich anfühle, ja dass wir es tatsächlich glaubten.

Im Moment sind weiße Männer die Geisterfahrer der modernen Gesellschaft, über die alles gesagt werden darf – nur nichts Gutes. Verdächtig ist jeder, der weiß, heterosexuell, über vierzig und mit seiner Identität einigermaßen einverstanden ist. Problematisch wird es, und das ist nur die Shortlist, wenn er Tweedsakkos trägt, Botho Strauß liest, Briefmarken sammelt, in der Provinz lebt, einen Diesel fährt, ZDF schaut, das Gender-Sternchen ablehnt, CDU wählt oder in die Kirche geht, dann nämlich wird er verspottet, und zwar von denselben Menschen, die im Netz für Toleranz und Meinungsfreiheit eintreten.

Die meisten Männer sind weder glühende Feministen noch Frauenfeinde, sondern irgendwas dazwischen. Im Moment sind viele von ihnen verunsichert, weil sie – während andere Identitäten aufbrechen und gefeiert werden – mit fragwürdigen Geschlechtsgenossen in einen Topf geworfen werden, als steckte in jedem Mann ein möglicher Teufel. Viele ältere Männer fühlen sich abgehängt in einer Arbeitswelt, die jünger und weiblicher zu werden versucht, sind irritiert von einer digitalisierten Gegenwart, die sich so rasant verändert, dass sie sich überfordert, bedeutungslos und manchmal wie Rocky Balboa vorkommen, wenn er ein letztes Mal in den Ring steigt, um sich zu beweisen, dass er noch nicht überflüssig ist in einer Welt, die er immer weniger versteht.

Sollte man diese Männer nicht lieber auf eine beschwerliche, aber aufregende Reise einschwören, statt ihnen vor dem Aufbruch ein paar Ziegelsteine in den Rucksack zu schmuggeln? Sollte man ihnen nicht lieber die Hand reichen, statt sie zu verspotten? Sollte man ihnen nicht erklären, dass das Ziel der Reise auch ihnen gefallen könnte, weil sie dort freier und ohne Dauerdruck und Schutzpanzer leben könnten? »Wovon wird einer klüger?«, heißt es in Bertolt Brechts »Lied über die guten Leute«. »Indem er zuhört, und indem man ihm etwas sagt.«

Die Ära des Patriarchats stirbt vor sich hin, unsere Gesellschaft ist transparenter und vielfältiger geworden. Trotzdem gibt es noch jede Menge zu tun. Es wird Jahrzehnte dauern, bis die erkämpften Rechte gelebte Wirklichkeit werden und sämtliche Vorurteile gegen Frauen und Minderheiten aus unseren Köpfen verschwunden sind. Neue Formen von Macht, Verantwortung und Liebe werden entstehen, die wir uns noch gar nicht vorstellen können, auch neue Konflikte und Verteilungskämpfe. Wer weiß, vielleicht ist unsere Geschichte am Ende tatsächlich eine der Verweiblichung, bei der das vermeintlich schwache Geschlecht über das vermeintlich starke triumphiert, wie Annalena Baerbock über Robert Habeck, als sie die erste Kanzlerkandidatin in der Geschichte der Grünen wurde.

Aber noch sind wir nicht so weit. Noch stecken wir in einem anstrengenden Kulturkampf, der mit Verletzungen auf beiden Seiten einhergeht. Ich glaube nicht, dass wir uns als Gesellschaft weiterentwickeln, wenn wir ältere weiße Männer grundsätzlich als Mängelwesen demontieren. Man kann viel kaputt machen, wenn man für eine gute Sache ohne Empathie und Rücksicht auf Verluste kämpft. Vielmehr sollten wir den Wettbewerb im Schuldzuweisen hinter uns lassen, weil er uns in eine totalitäre Welt fragwürdiger Reinheitsfantasien führt, in der wir seelenlos aneinander vorbeileben, und eben nicht in eine ausbalancierte Gesellschaft, die mit sich selbst Frieden geschlossen hat. Deshalb plädiert dieses Buch für einen gemeinsamen Aufbruch in eine Welt, die wir noch nicht kennen. Für Verständnis und Geduld mit Männern, die sich schwertun mit einer Welt, die ganz anders ist als die, die sie jahrzehntelang kannten, deren Gewiss- und Gewohnheiten von den emanzipatorischen Errungenschaften der letzten Jahre erschüttert wurden. Als Verlierer der neuen Gesellschaftsordnung gehen sie einer unsicheren Zukunft entgegen. Sie brauchen keine Häme, sondern Verständnis, weil es nun mal dauert, um sich von erlernten Konventionen zu lösen, selbst wenn man sie als falsch durchschaut hat.

Als Mann hat man heute drei Möglichkeiten: Man kann resignieren, aggressiv oder nachdenklich werden. Ich habe mich fürs Nachdenken entschieden. Und deshalb ist dieses Buch beides: eine selbstkritische Innenschau, aber auch eine Verteidigungsschrift, weil ich einen souveränen Feminismus unterstütze, aber nicht jeden seiner parodistischen Auswüchse, weil Männer nicht automatisch Täter, sondern meistens Opfer anderer Männer sind, und weil ich glaube, dass viele Männer die Zeichen der Zeit erkannt, aber Schwierigkeiten mit der Umsetzung haben. Rational haben sie verstanden, emotional fallen sie in alte Rollen und Muster und Selbstmitleid. Ich jedenfalls dachte schon oft: »Okay, Botschaft verstanden, aber wenn ihr mich im Boot haben wollt, dann reicht es jetzt auch wieder.« Und danach? Wurde es schlimmer.

Ich habe mal eine Psychoanalyse gemacht, vier Jahre lang, zwei Stunden pro Woche. Seitdem schaffe ich es nicht mehr, mich selbst zu belügen. Das macht mein Leben nicht leichter, glücklich werde ich schon gar nicht. Aber für dieses Buch war es hilfreich, weil ich die Erkenntnis, dass eine Ära zu Ende geht und eine neue beginnt, nicht panisch wegdrücken muss. Ich weiß, dass ich mich umstellen, auf Dinge verzichten und andere neu lernen muss, und ja, das ist oft anstrengend, aber auch interessant und manchmal sogar aufregend. Ich freue mich auf die neue Welt der Vielfalt, und trotzdem frage ich mich, ob manche Männer nur gekränkt sind, weil sie Macht abgeben müssen, oder ob das Pendel der Geschichte vielleicht zu heftig die Richtung gewechselt hat und Männerfeindlichkeit zu einer Art Mode geworden ist, auf die sich gerade erschreckend viele einigen können.

Wer über gekränkte Männer schreibt, kann vom Feminismus nicht schweigen. Trotzdem ist dieses Buch keine Auseinandersetzung mit Judith Butler oder Simone de Beauvoir. Alice Schwarzer und Sophie Passmann kommen vor, aber nur am Rande, auch akademische Studien haben mich nicht übermäßig interessiert. Ich weiß nicht, ob Männer und Frauen von Natur aus verschieden sind oder nur unterschiedlich erzogen werden. Ich habe keine Ahnung, ob Frauen weniger Kriege führen würden als Männer, kann es mir aber gut vorstellen. Ich versuche einfach nur zu beschreiben, wie verwirrend es sein kann, wenn das Selbstbild, das man jahrzehntelang von sich aufgebaut hat, mit Wucht auf ein neues Männerbild prallt, von dem man noch nicht so recht überzeugt ist.

Dieses Buch handelt von bösen und unschuldigen, faszinierenden und fragwürdigen Männern. Manche gab oder gibt es wirklich, Robert Habeck, Ernest Hemingway, Thomas Gottschalk, Tommy Lee, Harald Schmidt, Charles Schumann oder den Besitzer der Shishabar in der Münchner Landwehrstraße, andere nur in Romanen, Filmen und Serien wie den Kriminalkommissar Franz Münchinger, besser bekannt als Monaco Franze, oder den New Yorker Taxifahrer Travis Bickle. Manche sind grandios gescheitert, vergessen oder tot, andere sagen »menno«, verschicken Grummel-Smileys und gondeln mit dem Lastenfahrrad durch mein Viertel. Es handelt von Flaneuren und Glücksrittern, die sich verschwenden, und Männern, die sich Gedanken über die perfekte Müslimischung machen. Es handelt von traditioneller und gegenwärtiger Männlichkeit, vom Umgang der Geschlechter miteinander und der reizvollen Spannung zwischen ihnen, von Sprache, Macht, Musik und einem Jungen, der lange nicht gemerkt hat, dass er ausschließlich von Männern geprägt wurde. Es handelt von Versäumnissen, Peinlichkeiten, einem Mini-Shitstorm und dem merkwürdigen Gefühl, wenn man als weißer Mann mit seinem Kaschmirpullover in einer türkischen Teestube rumsteht und sich wie ein Schuljunge vorkommt, dem man das Pausenbrot weggenommen hat.

Bevor es losgeht, habe ich eine Bitte: Dieses Buch handelt von gekränkten Männern. Sie sind mein Thema, ihre Perspektive hat mich interessiert. Das heißt nicht, dass mich die Belange anderer gesellschaftlicher Gruppen nicht beschäftigen. Es heißt auch nicht, dass es Männern schlechter als anderen geht. Ich habe mich für sie entschieden, weil ich ihre Situation am besten nachvollziehen kann. Sie werden auf Reizwörter, provokative Sätze und Tabus, vielleicht auch ganze Passagen stoßen, von denen Sie sich angegriffen fühlen. Ziemlich sicher sind mir Fehler und kränkende Halbsätze unterlaufen, die mir gar nicht bewusst sind. Garantiert bin ich zu wehleidig, polemisch und einseitig. In all diesen Fällen bitte ich Sie, gelassen zu bleiben und nicht jeden Absatz nach einem Skandal zu durchforsten. Es ist nur ein Buch, keine Kriegserklärung, im Gegenteil, eher ein Vermittlungsversuch, zwischen Männern und Frauen und allen, die es sonst noch gibt. Aufrichtigkeit kann wehtun, Aufrichtigkeit kann auch mal danebengehen, ich finde nicht, dass wir deswegen auf sie verzichten sollten.

»Man kann nicht immer ein Held sein, aber man kann immer ein Mann sein«, hat Goethe geschrieben. Was bedeutet das heute, »ein Mann sein«, wenn man nicht wie ein Feldherr durchs Leben laufen, aber auch kein Vorzeigefeminist sein möchte, wenn man sich selbstkritisch beobachtet, aber auch nicht umkrempeln lassen möchte wie ein altes Hemd? Lassen sich Aspekte traditioneller Männlichkeit bewahren, ohne den Gleichstellungskampf von Frauen und Minderheiten zu gefährden? Und wie begreifen wir, dass Frauen nicht die wahreren Menschen und Männer nicht grundsätzlich toxisch sind, sondern auch nur auf der Suche nach ein bisschen Glück und Liebe?

Warum tun sich viele Männer so schwer mit Tofubällchen, E-Rollern und dreißigjährigen Frauen, die mit Turnschuhen bei Anne Will sitzen und Christian Lindner ins Wort fallen? Und ganz wichtig: Von welchen Veränderungen fühlen sie sich zu Recht gekränkt, und welche sollten sie akzeptieren, ja selbst wollen, weil sie auch ihr Leben freier, gesünder und schöner machen könnten?

Männern wird oft der Vorwurf gemacht, dass sie nicht selbstkritisch über ihre Privilegien nachdenken. In diesem Buch mache ich genau das: Ich schaue nach, ob sich in meinem Denken, Sprechen und Handeln Reste autoritärer Männlichkeit verstecken, und wenn ja, wo ihr Ursprung liegen könnte und ob ich sie lieber bearbeiten oder wegwerfen sollte. Ich erinnere mich an meine Jugend, um herauszufinden, warum ich mich mit dem urbanen Zeitgeist oft schwertue und viele Männer zu brav, zu angepasst, irgendwie zu

»unmännlich« finde, wenn sie Gurken- und Kohlrabisticks aus einer Tupperdose ziehen. Ich rede mit mir und schreibe mit, durchsuche meine Seele, beichte Fehler, klage an.

Ich bin bereit, meine Männlichkeit unserer Zeit anzupassen, aber nicht gedanken- oder vorbehaltlos. Weil ich manches, was auf dem Prüfstand steht, für schützenswert halte. Und weil ich mit vielem, aber nicht allem einverstanden bin, was gerade von mir gefordert wird. Aber wir können diskutieren und ehrlich zueinander sein. Ich bin sicher, wir finden eine Lösung oder einen Kompromiss. Und wenn mich am Ende des Buches alle Frauen hassen, habe ich etwas falsch gemacht. Wenn sie mich alle lieben, aber auch.

MEIN LEBEN ALS MANN

»Der Mann steht im Mittelpunkt und somit auch im Wege.«
Pablo Neruda

Der erste Mann, den ich gut finde, ist mein Vater. Er trägt einen weißen Kittel, ein Stethoskop um den Hals und sagt: »Mund auf, Zunge raus und ›Bähhhh‹ sagen!« Ich bin elf, habe Fieber und fühle mich schlapp, aber irgendwie auch glücklich, weil ich nicht zur Schule muss, in meinem Zimmer mit der *Dschungelbuch*-Tapete liegen bleiben kann und weiß, dass meine Mutter gleich ihren Kopf durch die Tür strecken und mir eine Wärmflasche unter die Decke legen wird.

Mein Vater sieht beeindruckend aus in seinem Kittel, besonders im Sommer, wenn er einen dunkleren Teint hat. Meine Freunde, unsere Nachbarn, seine Patienten, eigentlich alle, die ich kenne, lieben ihn, weil er ein großes Herz hat und sie ihn immer anrufen können, auch nachts um zwei wegen »einem Drücken im Bauch«. Ich bin stolz, dass die Leute Respekt vor ihm haben, dass sie ihn »Herr Doktor« nennen und um Rat fragen, aber das begreife ich damals noch nicht, weil es so selbstverständlich ist. Leider arbeitet er ziemlich viel, achtzig Stunden in der Woche, manchmal mehr, am Wochenende sowieso. Seine Sprechstunde beginnt um sieben Uhr morgens, mittags macht er fünfzehn Minuten Pause, abends dauert es lange, bis er nach Hause kommt, und wenn ich ins Bett gehe, um zehn oder halb elf, setzt er sich noch mal an den Schreibtisch.

Jeden Abend wähle ich die 1 auf unserem Plastiktelefon, die Direktverbindung zur Praxis: »Wie viele Patienten noch?«, frage ich Corinna, Monika oder Renate, die mir immer Gummibärchen zustecken, wenn ich »Forscher« spiele und im Labor eines meiner Haare unter dem Mikroskop begutachte: Einer oder zwei sind okay, oft sind es drei oder vier, aber meine Mutter, meine Schwester und ich warten trotzdem meistens mit dem Essen, weil ein Essen ohne Papa, das ist nicht das Gleiche, das macht weniger Spaß, das ist, als würde man versuchen, ohne Ball Fußball zu spielen. Wenn es losgeht, isst er wahnsinnig schnell, als stünde jemand mit der Stoppuhr neben ihm, dafür ist sein Teller am Ende immer leer. Dann reißt er eine Scheibe Bauernbrot in Fetzen, tunkt sie in den letzten Rest Soße und erklärt, dass man das so mache, wenn man in der Nachkriegszeit aufgewachsen sei. Überhaupt sind die Jahre nach dem Krieg immer wieder Thema: die Kaugummis der Amerikaner, die Elvis-Songs im Radio, die zusammengeflickten Fußbälle, die Nachmittage im Kohlenkeller, die Christmetten, zwei, drei Stunden lang, dann nach Hause durch den tiefen Schnee, in miserablen Schuhen, um im Kreis der Familie die traditionellen »Mitternachtspfälzer« zu essen.

Es gibt Männer, die arbeiten viel und machen sonst, worauf sie Lust haben: mit Kumpels auf die Berghütte fahren, mit Nutten im Whirlpool rumliegen, auf dem Fußballplatz fünf Bier trinken. Mein Vater ist anders: Die paar Stunden, die ihm bleiben, versucht er für seine Familie, also auch für mich, da zu sein. Manchmal gehen wir am Sonntag in die Kirche und danach einen Schweinebraten essen. Manchmal fahren wir ins Münchner Olympiastadion oder in die Uffizien nach Florenz. Manchmal spielen wir Tennis oder sammeln Steinpilze im Wald, in der Dämmerung, morgens um fünf. Manchmal denkt er sich lateinische Sätze aus, lässt sie mich übersetzen und freut sich, dass ich in Latein offenbar genauso gut bin wie er.

Ich kann mich nicht erinnern, dass er jemals ohne uns verreist wäre. Er telefoniert viel, aber immer mit Patienten, fast nie mit Freunden, weil dafür die Zeit nicht reicht. Er ist ein herzlicher Mensch, empathisch, gefühlvoll, ein Idealist, der niemanden vernachlässigen will, seine Familie nicht und seine Patienten auch nicht, ein Perfektionist, der alle glücklich sehen will und sich die Schuld dafür gibt, wenn sie es nicht sind. Seinen Herzkranzgefäßen tut das gar nicht gut, aber das wird er erst ein paar Jahre später herausfinden, wenn sie ihm mit neunundvierzig in der Uniklinik den Brustkorb aufsägen. Noch heute, mit knapp achtzig, schreibt er mir alle vier Wochen einen Brief, obwohl wir sowieso jeden Tag telefonieren. In letzter Zeit entschuldigt er sich dafür, dass die Schrift immer unleserlicher, die Zeilen immer schiefer, die Buchstaben immer schnörkeliger werden, dabei macht mir das gar nichts aus.

Meine Mutter ist schön und scheu. Sie ist neunzehn, als sie meinen Vater kennenlernt, geht auf ein Klosterinternat, danach auf ein Musikkonservatorium, Klavier und Viola da Gamba. Ihr Taschengeld gibt sie für Schallplatten aus, die heute bei mir im Regal stehen: Klavierkonzerte von Brahms, Sinfonien von Mozart, Streichquartette von Schubert. Ein paar Jahre lang gibt sie Klavierunterricht, manchmal lausche ich heimlich, wie sie ihren Schülerinnen und Schülern vorspielt, wie sie verbessert, lobt und tadelt, irgendwann lässt sie es sein. Ich habe sie mal gefragt, ob sie glücklich war, so ohne eigenes Geld, ohne Kollegen und Wertschätzung in einem Beruf. »Aber natürlich«, hat sie gesagt, »ich war immer gern mit euch zusammen«, doch ich glaube, dass sie das am wenigsten beurteilen kann und es sich auch nicht eingestünde, wenn es anders wäre.

Wir leben in einem großen Haus mit einem großen Garten, an den Wänden hängen gerahmte Bilder, in der Garage steht ein senfgelber Mercedes, so groß wie ein kleines Schiff, meine Bauklötze verteile ich auf Orientteppichen. Erst viel später werde ich begreifen, dass nicht jede Mutter ihren Kindern am Dienstagnachmittag Pfefferminztee und selbst gebackenen Käsekuchen serviert. Es dauert lange, bis zum Studium und ersten Reisen, bis mir klar wird, dass ich behütet, privilegiert und konsequent bürgerlich aufgewachsen bin, ja dass meine Kindheit absolut sorglos war und dass das natürlich toll ist, aber nicht nur – weil irgendwas immer zu kurz kommt und das ja gar nicht geht: nichts falsch machen, wenn man Kinder erzieht.

Der Preis meiner Kindheit war, dass ich lange gebraucht habe, bis ich sie abschütteln und, sagen wir mal: eine Steuererklärung ausfüllen oder eine Toilettenschüssel reinigen konnte. Nachdem ich jahrelang wie ein kostbares Stück Porzellan behandelt worden war, hatte ich mich zu einem verhätschelten Träumer entwickelt, ohne Sinn für die Wirklichkeit, auch ohne Talent für alles Handwerkliche oder Bürokratische. Mir wurde alles abgenommen, erleichtert oder erspart, weshalb ich heute regelmäßig Schweißausbrüche kriege, wenn ich auf einem Amt ein Formular ausfüllen oder wegen eines Auffahrunfalls mit einem Versicherungsmenschen telefonieren muss. Eine Szene verfolgt mich bis heute: Wie ich mit sechzehn den dringenden Wunsch verspürte, endlich auch mein eigenes Geld zu verdienen und in den Sommerferien, mehr aus Neugierde als Notwendigkeit, für zwei Wochen auf einer Baustelle anheuerte, wie mir dann der Bauleiter, als er mich in der halb fertigen Wendeltreppe entdeckte, panisch den Pickel aus der Hand riss und mich in den Tagen danach nur noch Holzlatten von einem Eck ins andere und wieder zurück schleppen ließ.

In Philip Roths Roman *Mein Leben als Mann* erinnert sich der Protagonist, dass sein Vater ihn immer besorgt fragte, ob er auch seine Vitaminkapseln genommen habe, und dass seine Mutter ihm, um herauszufinden, ob er sich erkältet und womöglich Fieber habe, beim Abendessen einen sanften Kuss auf die Stirn gab. Als ich die Passage das erste Mal las, war ich überzeugt, dass Roth heimlich unter unserem Frühstückstisch gesessen und sich Notizen gemacht haben muss, denn auch ich war immer etwas kränklich, und auch meine Eltern waren immer etwas besorgt.

Die Welt meiner Kindheit war nicht perfekt, aber sie kam mir so vor: Es gab keinen Mangel, keine Schwierigkeiten, keine nennenswerten Konflikte, und es hat lange, viel zu lange gedauert, bis ich begriffen hatte, dass die Art, wie wir als Familie zusammenleben, nur eine von vielen ist. Dass alles auch ganz anders sein kann, mit anderen Traditionen und Rollen und Ritualen, ja dass andere Kinder sich selbst Mirácoli kochen mussten, wenn sie von der Schule nach Hause kamen. Bis heute steht in unserem Esszimmer ein gerahmtes Familienporträt: mein Vater im dunklen Anzug mit Krawatte, meine Mutter im hübschen Sommerkleid mit merkwürdiger Frisur, meine Schwester und ich, lächelnd und herausgeputzt – eine Achtzigerjahre-Traumfamilie.

Die Atmosphäre innerhalb meiner Familie ist herzlich, liebevoll und liberal, nie engherzig oder dogmatisch; schon wohlhabend, aber nicht protzig, Bildung ist wichtig, vor allem Herzensbildung, auch die heilige Stabilität der Familie, aber nie, ohne Impulse von außen zuzulassen, nie bis zur Stagnation – die Familie nicht als Käfig, sondern als Fundament, was mich nicht daran hindert, die Etiketten aus meinen Wollpullovern zu schneiden und meine Haare verfilzen zu lassen, um auf Punkkonzerten weniger bürgerlich zu erscheinen, was mir natürlich nie gelungen ist, weil auch ein verwöhnter Junge mit stinkenden Haaren ein verwöhnter Junge bleibt – Alexander Dobrindt blieb ja auch Alexander Dobrindt, als er vor einigen Jahren von einer randlosen Politiker- zu einer Nerdbrille aus Horn umstieg.

Bei Familienfeiern sitzt mein Großvater, dem sie an der Ostfront ins Bein geschossen haben, am Kopf der Tafel. Wenn jemand aufsteht und mit dem Löffel gegen sein Glas schlägt, fällt garantiert ein lateinischer Sinnspruch, denn eines ist in unserer Familie klar: Ohne Latein und Altgriechisch, ohne Seneca und Plato kann man vielleicht existieren, aber das Leben begreifen? Niemals! Sophie Passmann hat mal in einem Interview erzählt, dass ihr Vater ihr als Mädchen aus Büchern von *Titanic*-Autoren vorgelesen habe, meiner zitiert Homer, die *Titanic* ist für ihn ein Schiff, das gegen einen Eisberg gefahren ist.

Die Rollen sind streng verteilt: Mein Vater ist das Oberhaupt, das Ruhe und Souveränität ausstrahlt, das Zentrum, in dem sämtliche Stränge zusammenlaufen. Meine Mutter ist sein Gegenstück, temperamentvoll, erratisch, kaum zu entschlüsseln, ein poetischer, ein geheimnisvoller und trotzdem praktischer Mensch, der die Schmutzwäsche nach Farben sortiert. Er trifft die wenigen großen, sie viele kleine Entscheidungen: Er zahlt das Haus, sie richtet es ein. Er bestimmt, wohin die nächste Reise geht, sie packt die Koffer, auch seinen. Im Grunde macht sie alles, wofür er keine Zeit oder wovon er keine Ahnung hat, und da kommt einiges zusammen: Ich habe meinen Vater nie mit einem Kochlöffel, Bügeleisen oder einer Bohrmaschine in der Hand gesehen und werde nie vergessen, wie verdutzt, ja vollkommen überfordert er war, als er mit fünfundsechzig zum ersten Mal seit dreißig Jahren in einem Supermarkt stand, als wäre er jahrzehntelang im Koma gelegen. Bis heute sitzt er bis Mitternacht mit der Fernbedienung auf dem Sofa und klickt sich durch den Videotext, »weil da alles kompakt zusammengefasst« und »nicht so durcheinander wie im Internet« ist.

Wenn wir in Urlaub fahren, sitzt mein Vater am Steuer, meine Mutter sitzt mit der Landkarte auf dem Schoß daneben, ruft: »Rechts raus, rechts raus!« und nörgelt liebevoll, wenn er die Ausfahrt verpasst. Bei Jubiläen hält er die Rede, und sie verdreht die Augen, weil er so oft das Gleiche mit anderen Worten sagt, dass alle schon wie verrückt in ihren Kaffeetassen rühren. Brauchen wir einen Heizungsinstallateur, weil ein Rohr oder eine Leitung kaputt ist, bekommt er es gar nicht mit. Es ist meine Mutter, die Wurstsemmeln macht, Bier holt und den Handwerker mit lustigen Geschichten bei Laune hält. Im Restaurant zieht sie bis heute ihre Geldbörse aus der Tasche und schiebt sie meinem Vater hin. Er hat nie Geld bei sich, eine Kreditkarte besitzt er gar nicht, weshalb er immer mich anruft, wenn er was aus dem Internet bestellen möchte, was so gut wie nie vorkommt, weil ihm nichts einfällt, was er brauchen könnte. Es ist tatsächlich so, dass er, würde man ihn in Gütersloh aussetzen, Straßenkunststücke aufführen und hoffen müsste, dass ihm ein netter Mensch ein paar Münzen vor die Füße wirft.

Er ist ein Patriarch und doch auch wieder nicht, weil er so weich und liebevoll und konfliktscheu ist. Bei Meinungsverschiedenheiten gibt er immer, wirklich immer nach, weil er keinen Streit ertragen kann. Manchmal bittet er um Entschuldigung, obwohl er gar keinen Fehler gemacht hat, einfach nur, damit wieder alles gut ist. Will er Fußball und meine Mutter *Doktor Schiwago* schauen, verzichtet er nicht nur, sondern holt auch noch eine Flasche Wein aus dem Keller und massiert ihr die Füße. Dass der eine Bayern gegen Köln und der andere, womöglich auf einem zweiten Gerät, einen Liebesfilm anschauen könnte, finden sie absurd, weil sie doch verheiratet sind und das ihrer Meinung nach heißt, dass man die Dinge gemeinsam macht.

Das ist die Welt, in der ich aufwachse, eine andere kenne ich nicht. Sie ist überaus angenehm, vor allem für mich. Dass sich jemand nicht wahrgenommen fühlen könnte, kommt mir gar nicht in den Sinn, weil ich kein Bewusstsein dafür habe, wie eindimensional die patriarchalische Ordnung funktioniert und dass ärmere, leisere, weniger privilegierte Menschen sich viel schwerer damit tun, sich glücklich zu fühlen oder es tatsächlich zu sein. Auf dem Schulhof wird jede Abweichung von der Norm ausgelacht, »Brillenschlange«, »Gichtsepp«, »schwule Sau«, »Behindi«, »Spasti« – keiner regt sich auf, alle gehen davon aus, dass es sich um Kinderkram handelt, der sich in einigen Jahren erledigt haben würde, was dann ja auch tatsächlich so war, vor allem, wenn man der war, der gemobbt hat, und nicht der, der gemobbt wurde.

Ich denke nicht darüber nach, warum ich in die große, schlanke Katharina und nicht die kleine, rundliche Monika verliebt bin. Ich wundere mich nicht, warum manche meinen, meine Schwester solle mit ihrem 1,0-Abitur nicht Ärztin, sondern Grundschullehrerin werden, weil das »nicht so stressig« sei – sie hat trotzdem Medizin studiert. Ich frage mich nicht, warum die Plastikpuppe, die ich im Erste-Hilfe-Kurs beatme, keinen Busen hat. Ich bin nicht irritiert, als wir im Lateinunterricht übersetzen, wie Zeus in Gestalt eines Stiers Europa, die Tochter des phönizischen Königs, entführt und dreimal schwängert, weil er doch ein Gott, ja sogar der höchste Gott von allen ist.

Überhaupt Religion – eine überaus ernst zu nehmende Angelegenheit: Ich gehe jeden Sonntag in die Messe und finde das völlig natürlich, bis ich mit dreizehn auf einmal Bands gut finde, auf deren Plattencover umgedrehte Kreuze abgebildet sind. Von da an habe ich ziemlichen Stress, meinen kindlichen Glauben mit meinem Musikgeschmack unter einen Hut zu bringen. Zum Beispiel hatte ich diesen Sampler, den ich über alles liebte, verschiedene Bands und Genres, abgefahrenes Zeug, allein mit dem fünften Lied hatte ich ein Problem, Titel: *God Is Dead*, und ich weiß noch, wie ich, sobald das Lied davor leiser wurde und zu verklingen drohte, vom Bad, vom Klo oder von der Küche in mein Zimmer zur Stereoanlage gesprintet bin, um das ominöse, womöglich biblische Strafen nach sich ziehende fünfte Lied zu überspringen, weil ich sicher war, dass ich sonst in der Hölle landen würde, und das wollte ich definitiv nicht.

Ich bin unpolitisch, weil auch meine Eltern unpolitisch sind. Sie lesen Zeitung und schauen das *heute-journal,* aber diskutieren höre ich sie nie, und wenn doch, dann über persönliche Dinge, nie über Politik. Wahrscheinlich weil sie im Großen und Ganzen damit einverstanden sind, wie die Dinge laufen. Vor Jahren habe ich meinen Vater mal gefragt, was er 1968 gemacht habe, damals sei er mit vierundzwanzig doch im besten Alter für einen Revolutionär gewesen. Seine Antwort: »Ich habe für mein Examen gelernt.«

Mein Vater war nicht friedensbewegt, sondern selbstlos und fromm. Rudi Dutschke war für ihn kein Idol, sondern ein fanatischer Schreihals, der gern im Mittelpunkt stand. Nie wäre er mit einem Transparent oder einer Sonnenblume durch die Straßen gezogen, weil er keinen Umsturz, sondern eine Familie gründen, seinen Traumberuf ergreifen und etwas Gutes in die Welt bringen wollte. Bis heute denkt er nicht systemisch, sondern an die Menschen in seiner Umgebung, in seiner Nachbarschaft. Bis heute ist er theoretisch konservativ und tatsächlich: radikal links, weil er alles teilt und jedem hilft, rund um die Uhr, mit allen Konsequenzen, sogar Leuten, die ihn gar nicht darum gebeten haben. Ich kann mich nicht daran erinnern, dass er jemals einen Drink in einer Bar bestellt hätte, stattdessen hat er sein Leben damit verbracht, kranke, einsame, sterbende Menschen zu besuchen und ihre Angehörigen zu trösten. Manchmal habe ich ihn dabei begleitet, dann fuhren wir übers Land, hörten die BR3-*Radioshow* mit Thomas Gottschalk und Günther Jauch und suchten den Waldrand nach Rehen ab.

Einmal besuchten wir einen fast hundertjährigen Mann, der seit Tagen im Sterben lag. Er sah aus wie eine Puppe aus Wachs, die Wangen eingefallen, die Augen geschlossen; dass er noch lebte, konnte man nur daran erkennen, dass sich der Brustkorb sachte hob und senkte. Ich werde nie vergessen, wie mein Vater an seinem Bett stand und ganz leise, ganz vorsichtig zu singen begann: »Am Brunnen vor dem Tore, da steht ein Lindenbaum. Ich träumt' in seinem Schatten so manchen süßen Traum.« Es war wie ein Wunder, und ich konnte es nicht fassen, wie sich die Lippen des Mannes auf einmal bewegten, wie er in dieses Lied einstimmte, unendlich zart und leise, aber ich stand da und lauschte, wie mein Vater gemeinsam mit ihm die erste Strophe sang, ein paar Tage später war er tot.

+++

1976, ein Jahr nach meiner Geburt, erscheint in Amerika das Buch *The Forty-Nine Percent Majority: The Male Sex Role,* in dem ein neues Männerbild für die postindustrielle Ära vorgestellt wird, das aus vier Säulen besteht:

- »No Sissy Stuff« – Männer sollen sich nicht wie Frauen benehmen.
- »Be a Big Wheel« – Männer sollen Erfolg, Prestige, Macht und Ansehen anstreben.
- »Be a Sturdy Oak« – Männer sollen unabhängig sein, keine Gefühle zeigen und durch entschlossenes Handeln überzeugen.
- »Damn the Torpedos, Full Speed Ahead« – Männer sollen mutig nach vorne schauen und kein Risiko scheuen.

In den späten Siebziger- und frühen Achtzigerjahren macht die Gesellschaft eine Rolle rückwärts: Männer haben Feministinnen so lange als Kratzbürsten diskriminiert, dass junge Frauen keine mehr sein wollen, frei nach Charles Bukowski, der schreibt, dass Feminismus nur existiere, um hässliche Frauen in die Gesellschaft zu integrieren. Herbert Grönemeyer singt, dass Männer außen hart und innen ganz weich sind. Deutschland wird von einem riesigen Mann aus der Provinz regiert, der am liebsten Saumagen isst. Es gibt sie schon, die Latzhosen und Lichterketten, aber sie bleiben ein Hintergrundrauschen, ehrlich gesagt kriege ich sie gar nicht mit.

Männer, die was auf sich halten, tragen Anzüge und sitzen in Büros mit spektakulärer Aussicht und Sekretärin im Vorzimmer, die sie »Fräulein« nennen. Alle paar Wochen brechen sie zu einer Dienstreise auf, um sich der eigenen Bedeutsamkeit zu versichern. Nach drei Tagen kommen sie zurück nach Hause, werfen den Mantel in die Ecke und fragen, was es zu essen gibt. Es sind Männer, die sich Gesetze ausdenken und dafür sorgen, dass sie eingehalten werden, Männer, die Pläne schmieden, Verträge unterschreiben und bestimmen, wo es langgeht, in der Schule, im Sportverein, in der Politik und in der Familie. Eigentlich wird die ganze verdammte Welt von Männern am Laufen gehalten, die sich am liebsten selbst reden hören und ihre Vorstellung von Männlichkeit an ihre Söhne weitergeben.

Es ist eine sexistische Welt, sehr weiß, sehr männlich, sehr heterosexuell, die von zahllosen Filmen und Werbespots reproduziert wird: Ein Mann lenkt seinen Wagen in einen Kleintransporter, weil er zu lange auf den Hintern einer Frau starrt (Allianz), eine Dirndl-Schönheit hängt ihr üppiges Dekolleté aus dem Fenster (Lila Pause), eine Frau joggt leicht bekleidet durch den Regen, und, oje, ihr weißes Unterhemdchen ist schon ganz durchnässt (duschdas). Frauen machen Werbung für Geschirrspülmittel, Gardinen und Waschpulver, Männer für Autos, Versicherungen und Weinbrand. Männer stehen für Freiheit, Abenteuer und Macht, Frauen für Saubermachen und Körperpflege. So was wie Lebensglück wird so gut wie immer von einem heterosexuellen Paar mit einem Sohn und einer Tochter symbolisiert – unnötig zu erwähnen, dass alle Mainzelmännchen, sagt ja schon der Name: männlich sind.

Trotzdem habe ich nicht das Gefühl, dass ich, zum Beispiel gegenüber meiner Schwester, privilegiert sein könnte, dass ihr weniger zugetraut oder gestattet wurde. Sie bekommt alles, was ich auch bekomme, das gleiche Taschengeld, die gleiche Liebe, an Weihnachten liegen genauso viele Geschenke auf der linken wie auf der rechten Seite des Baumes. Ich weiß nichts von der permanenten Unsicherheit, ohne die sich Frauen ihr Leben nicht vorstellen können, ich habe keine Ahnung, wie Mädchen sich fühlen, wenn ihnen der Sportlehrer am Reck »ein bisschen unter die Arme greift«. Ich denke nicht darüber nach, wie es sich anfühlt, mit einem Tampon zwischen den Beinen im Freibad rumzuliegen. Ich frage mich nicht, was es mit einer Frau macht, wenn ein Polizist von ihr wissen will, wie das Geschlechtsteil des Mannes ausgesehen habe, der im Park vor ihr onaniert hat. Erst Jahre später erfahre ich, dass es Armbänder mit K.-o.-Tropfen und verschraubbare Unterhosen gibt, erst Jahre später kapiere ich, warum viele Frauen mit dem Schlüssel in der Hand durch den Park joggen.

Mir ist tatsächlich erst bei der Arbeit an diesem Buch aufgefallen, dass ich mein halbes Leben lang fast ausnahmslos von Männern geprägt wurde, dass mein Taufpate, meine Klassenlehrer, mein Tennistrainer, mein Zahnarzt, mein Bürgermeister, mein Pfarrer, mein Fahrlehrer, meine Uni-Professoren, mein erster, zweiter, dritter Chef und irgendwie alle, die mir was beibringen wollten, Männer waren. Wenn ich an große Namen von früher denke, fallen mir hintereinander Boris Becker, Helmut Kohl, Franz Josef Strauß, Michail Gorbatschow, Ronald Reagan, Pierre Littbarski, Michael Jackson, Johannes Paul II., Jassir Arafat und dann erst Lady Di, Steffi Graf und Rita Süßmuth ein, die mal gesagt hat, dass Politik keine Männer- oder Frauenbilder entwerfen, sondern Bedingungen schaffen solle, dass Menschen partnerschaftlich ihre Rolle finden könnten, was man gar nicht oft genug wiederholen kann.

+++

Im Jahr 1986 passieren zwei folgenschwere Dinge: Im April explodiert der Reaktor von Tschernobyl, ein paar Wochen später kaufe ich die erste Schallplatte meines Lebens: *Slippery When Wet* von Bon Jovi. Eigentlich bekomme ich noch kein

Taschengeld, aber wenn ich was will, kriege ich es meistens, was keine empfehlenswerte Erziehungsmethode, aber wahnsinnig angenehm ist.

Und jetzt will ich dieses Album. Ich habe ein Lied im Radio gehört, möchte es wieder hören und gehe in den einzigen Plattenladen der Stadt, in dem es hinter einem Vorhang auch VHS-Kassetten mit Pornos gibt, die *Dornmöschen* oder *Analdin und die wunde Schlampe* heißen. Ich entdecke die Platte auf Anhieb, lege zwanzig Mark auf den Tresen und bin stolz und ein bisschen aufgeregt, weil ich mir nicht mehr wie ein Kind, sondern wie ein Teenager vorkomme. Rückblickend ist es natürlich schade, dass meine erste Platte von Bon Jovi und nicht von Kate Bush oder Prefab Sprout war, aber mit elf kann einem so was schon mal passieren.

Zu Hause lasse ich die funkelnde Scheibe auf den Plattenteller gleiten, die Nadel kratzt verheißungsvoll, ein gewaltiges Intro ertönt, gespielt auf einer Kirchenorgel. Ich lausche andächtig, versuche, die Songtexte mitzulesen, verstehe aber nur »alright« (weil ich ja Latein lerne), dann entdecke ich ein Foto auf der Plattenhülle: fünf Typen mit Sonnenbrillen und langen Haaren, einer grinsend auf einem Motorrad, mit nach oben gerecktem Daumen, die anderen fläzen in Cabrios und scheinen hervorragende Laune zu haben, was daran liegen muss, dass sich zwischen ihnen sechs Frauen in Bikinioberteilen rekeln, die sich mit feuchten Schwämmen an den Karosserien der Autos zu schaffen machen, obwohl die total sauber aussehen. Nur einer, ich glaube, es ist der Schlagzeuger, unterstützt sie dabei, seift aber kein Auto, sondern die braun gebrannten Pobacken einer der Bikinischönheiten ein. Gemeinsam wirken sie beneidenswert sorglos, ich kann mir gut vorstellen, dass sie auch nach dem Fototermin noch jede Menge Spaß zusammen hatten. Es ist der Moment, in dem ich ahne, wie aufregend so ein Erwachsenenleben sein kann, wenn man nicht in einem Büro mit Luftbefeuchter sitzen muss, weil man sich in weiser Voraussicht für ein Leben als

Rockstar entschieden hat. Von diesem Tag an interessiere ich mich wahnsinnig für Frauen und bewundere nicht mehr meinen Vater, sondern Musiker, Rebellen und Lumpen, mit anderen Worten: Ich bin ein ganz normaler Junge.

Zwei Jahre später finde ich Bon Jovi peinlich und höre Heavy Metal, aber nur zwei Jahre, danach Punk, Wave und Post-Punk: je ausgefallener, desto besser, extrem wütend, radikal melancholisch, alles, nur kein Bayern 3 und ohne Chart-Platzierung. Als ich mit zwanzig Wagners *Parsifal*-Ouvertüre lausche, fühle ich mich zum ersten Mal in meinem Leben verstanden. Thomas Mann hätte mich wohl »rauschempfänglich« genannt, weil ich ständig damit beschäftigt bin, mich an Orte zu träumen, an denen es keine Hausaufgaben, sondern Riesen, Zwerge und Vagabunden gibt, die auf Wiesen rumliegen oder mit dem Wanderstock durch die Welt ziehen: Ich lese nordische Sagen und romantische Märchen, Eichendorff, Novalis, Hesse, Schopenhauer, Nietzsche, Coleridge, Shelley, Hauptsache, am Ende ist einer unglücklich oder tot. Trotzdem sollen noch mal zwanzig Jahre vergehen, bis mir klar wird, dass alles, was meine Sehnsucht befeuert, jeder Song, jedes Gedicht, jede Sinfonie, nicht nur von Männern erschaffen worden ist, sondern auch von Männern handelt und nicht selten von einer aggressiven oder morbiden Energie getragen ist. Frauen kommen vor in dieser Welt, aber vor allem als Projektionsflächen für männliche Begierden oder unerreichbare Sehnsuchtsobjekte, zum Beispiel als Marmorstatue.

Ich merke es nicht und denke nicht darüber nach, aber die Wahrheit ist, dass ich mich den ganzen Tag mit Ideen, Meinungen und Fantasien von Männern beschäftige. Ich höre Musik von Männern, lese Bücher und schaue Filme von Männern über Männer, die gesamte Popkultur quillt über vor Männern, die etwas wollen und am Ende triumphieren oder sich bemitleiden, ja sogar die romantischen Rückenfiguren der Gemälde, die ich im Museum anschmachte: Wanderer, Gefährten, ein Mönch am Meer – Männer. Ich weiß noch, wie irritiert ich war, als ich mit siebzehn zum ersten Mal *Thelma & Louise* sah. Es war nur so ein Gefühl, eine Ahnung, ich mochte den Film, aber etwas störte und hinderte mich daran, in die Handlung einzutauchen. Heute weiß ich, woran es lag: Die beiden Hauptfiguren, die am Ende jubelnd mit dem Cabrio über die Klippe rasen, sind Frauen. Oder anders: keine Männer.

Ich schwärme für männliche Helden, die grandios auftrumpfen oder interessant scheitern: Sylvester Stallone als junger Rocky Balboa, wie er in Chucks durch die Straßen Philadelphias joggt, James Dean als Jim Stark, wie er seinem Freund Plato die rote Wildlederjacke um die Schultern legt, damit er nicht friert, während er stirbt, Sean Connery als James Bond, wie er auf einer karibischen Insel in einem Grandhotel eincheckt und an der Rezeption schon wieder eine Nachricht auf ihn wartet, Robert Redford als Jay Gatsby, wie er im eleganten Smoking keine Lust auf seine eigene Poolparty hat, Paul Newman als Brick Pollitt, wie er immer noch einen Drink in sich reinkippt, um nicht mit seiner Frau reden zu müssen, Michael Douglas als Gordon Gecko, wie er mit flackernden Augen Insiderdeals einfädelt, Robert De Niro als Travis Bickle, wie er mit seinem Taxi durchs verkommene New York geistert, Al Pacino als Tony Montana, wie er seine Nase in diesem gigantischen Kokainhaufen wälzt, Richard Gere als Julian Kaye, wie er der wichtigsten Entscheidung des Tages nachgeht: das passende Hemd auszuwählen. In *Das Schweigen der Lämmer* fasziniert mich nicht die FBI-Agentin Clarice Starling, sondern der Serienkiller Hannibal Lecter, selbstverständlich stelle ich mir E. T. männlich vor und Alf sowieso.

Auch in Büchern identifiziere ich mich ausnahmslos mit männlichen Helden, obwohl ich zu meiner Verteidigung sagen muss, dass es weibliche kaum gibt, zumindest nicht in den Romanen, die ich in die Finger kriege. Okay, vielleicht Lolita, aber die wird ja auch von einem älteren, notgeilen

Schriftsteller durch die Gegend kutschiert. Ansonsten: Krabat, Demian, Wilhelm Meister, Heinrich von Ofterdingen, Josef K., Hans Castorp, Holden Caulfield, Patrick Bateman und der namenlose Barbourjacken-Schnösel aus *Faserland,* der bei Fisch-Gosch auf Sylt rumsteht, weil ihm gerade nichts Besseres einfällt. Natürlich lasse ich mich von legendär kitschigen Männerfreundschaften mitreißen: Winnetou und Old Shatterhand, Narziss und Goldmund, Rocky Balboa und Apollo Creed – zwei Männer, die verschieden und gerade deshalb füreinander bestimmt sind, auf dass der eine den anderen ergänzen und komplettieren möge, das gefällt mir, das berührt mich. Man kann es nicht anders sagen: In meinen unreifen Gedanken und Träumen kommt keine Frau vor, und wenn doch, dann steht sie am Herd oder liegt auf dem Bett und sorgt mit ihren Reizen dafür, dass ein Mann über sich hinauswachsen kann.

Wahrscheinlich habe ich sogar unbewusst einen Bogen um Frauenfiguren gemacht und bin ihnen, ohne es zu merken, aus dem Weg gegangen: Oder warum habe ich als Tarantino-Fan ausgerechnet *Kill Bill* nie gesehen? Weil ausnahmsweise kein Mann, sondern eine Frau ihre Gegner niedermetzelt? Warum weiß ich unnützes Zeug über Robert Smith (The Cure), Andrew Eldritch (The Sisters of Mercy) und Ian Curtis (Joy Division), aber so wenig über Debbie Harry (Blondie), Kim Gordon (Sonic Youth) oder Patti Smith? Warum habe ich den kompletten Max Frisch gelesen, aber kaum eine Zeile von Ingeborg Bachmann? Warum nie *Effi Briest,* wenig Jane Austen und von Virginia Woolf nur *To the Lighthouse* (deutscher Titel: *Zum Leuchtturm),* aber nie die Essays, in denen ich auf die Passage über »die hypnotische Macht der Herrschaft« gestoßen wäre und erfahren hätte, dass der Mann »zweifelhafte Freuden der Macht und der Herrschaft genießt, während wir, ›seine‹ Frauen, im privaten Heim eingesperrt sind, ohne Anteil zu haben an den vielen Gesellschaften, aus denen sich seine Gesellschaft zusammensetzt«.[3]

In ihrem legendären Essay *A Room of One's Own (Ein eigenes Zimmer)* aus dem Jahr 1929 stellt Woolf das Gedankenexperiment an, wie es einer imaginären und genauso talentierten Schwester William Shakespeares im 16. Jahrhundert ergangen wäre. Die Kurzfassung geht so: Natürlich hätte auch sie schreiben und durch die Welt reisen wollen, wäre aber daran gehindert und mit einem reichen Mann verheiratet worden, wahrscheinlich hätte sie eine Zeit lang »ihre Pflicht getan«, wäre dann nach London abgehauen, um ihre Träume zu verwirklichen, aber von sämtlichen Theatern abgewiesen und irgendwann schwanger geworden. Am Ende hätte sie sich mit großer Wahrscheinlichkeit umgebracht.

Tatsächlich wurde Frauen bis weit ins 19. Jahrhundert die Führung eines literarischen Salons zugetraut, aber kein bedeutender Roman. Es gibt Ausnahmen, aber die meisten Frauen, die schreiben wollten, mussten ihre Leidenschaft in Briefen und Tagebüchern ausleben. Selbst die Erfinderin von *Harry Potter* veröffentlichte auf Anraten ihres Verlegers unter dem Namen J. K. Rowling, dem man nicht ansah, ob er zu einem Autor oder einer Autorin gehörte. Und so habe ich mich jahrelang Fantasien hingegeben, die begnadete, aber eben oft auch selbstsüchtige Männer in stickigen Biedermeierstuben und herrschaftlichen Strandhäusern zu Papier bringen konnten, während ihre Frauen die Kinder bei Laune hielten oder sich einsam fühlten.

Ich kann mich gut daran erinnern, wie euphorisiert ich war, als ich im Englischunterricht zum ersten Mal dieses legendäre Schwarz-Weiß-Foto von Ernest Hemingway sah: der weiße Vollbart, der grobmaschige Rollkragenpullover, von dem ich heute noch sicher bin, dass er nach Salz und Schweiß roch, dazu dieser Blick, zärtlich und bedrohlich zugleich. Der Mann auf diesem Bild verkörperte meine Hoffnung auf ein großes, intensives Leben. In seinem Blick lagen Sehnsucht, Abenteuer, Liebe und Tod. Was für ein Kerl muss das sein, dachte ich, der erst ein Nashorn totschießt, dann eine Flasche Bourbon trinkt und danach eine Kurzgeschichte in die Schreibmaschine hämmert, die so tief und traurig und wahr ist, dass man sie nicht lesen kann, ohne dass einem die Tränen kommen. Ein Mann, von Lebensüberdruss geplagt, der immer noch mehr leben wollte, in Paris und Key West, auf Kuba und in den Rocky Mountains, ein Schriftsteller, so geheimnisvoll und widersprüchlich wie das Leben, ganz anders als die Stars von heute, die einen mit ihren Grünteegeschichten langweilen und ein Katzenbaby nach dem anderen in die Kamera halten, weil die am besten geklickt werden.

Diese Filme, Platten und Bücher sind der Sound, zu dem ich erwachsen werde, den ich aufsauge und wie einen Schatz durchs Leben trage. Dass ich zweifelhaften Egomanen huldige und eher ästhetisch als moralisch über das Leben nachdenke, dass die ultracoolen New-Wave-Typen, wie die Popjournalistin Ingeborg Schober mal geschrieben hat, auch nur »langweilige, blasierte Reagenzglaskinder aus dem 15. Stock eines Hochhauses« waren, ja dass ich mich von der grandiosen Mythenmaschine des weißen Mannes verführen lasse und einer Weltsicht auf den Leim gehe, die von Männern geprägt und kontrolliert wird, fällt mir nicht auf, weil ich nicht darüber nachdenke. Ich bin ein kleiner Nachwuchsromantiker, lasse mich ergreifen von sämtlichen Identifikations- und Verkörperungsangeboten, stürze mich hinein in diese Welt aus Leid und Schönheit und Sehnsucht, fühle mich mal getröstet, mal herausgefordert, aber immer gemeint. Ich mache mir keine Gedanken darüber, dass die gesamte Kulturgeschichte von Männern erdacht und an Männer weitergegeben wurde, dass Männer so lange die Norm waren, dass es sich irgendwann nicht mehr wie eine Konvention, sondern natürlich anfühlte, als wäre es vom lieben Gott so gewollt.

Damals kenne ich Simone de Beauvoirs These noch nicht, laut der Männer Transzendenz, also Geist, und Frauen Immanenz, also Körper, seien, aber hätte ich sie gekannt, ich hätte heftig genickt, ohne zu verstehen, was sie genau meint.

Das Elitäre des romantischen Menschen zieht mich an, und dieser Mensch ist meistens: ein Mann. Es ist tatsächlich so, dass ich Männer poetischer finde, als wären sie Träger eines geheimen Wissens, zu dem Frauen keinen Zugang haben, weil sie dem Alltag, dem Realen verpflichtet sind.

»Frauen sind Gemälde. Männer sind Probleme«, hat Oscar Wilde mal geschrieben. Für mich sind Männer Gemälde und Frauen Problemlöser, die wissen, wie man Kalkreste aus dem Wasserkocher bekommt. Männer haben immer ein bisschen Lust auf Untergang. Männer ziehen sich in Wälder zurück, weil sie die Menschheit nicht mehr ertragen (Henry David Thoreau), tapezieren die Wände ihres Schlafzimmers mit Kork, legen sich ins Bett und schreiben einen Jahrhundertroman (Marcel Proust) oder gehen auf den Champs-Élysées spazieren und werden von einem herunterfallenden Ast erschlagen (Ödön von Horváth). Frauen, das sind für mich meine Mutter, die den Sand aus meinen Tennissocken wäscht, meine Schwester, die allen Ernstes U2 hört, und Frau Schmidbauer, die einmal in der Woche zum Putzen vorbeikommt, pragmatische Wesen, die mit hausfraulicher Geduld jede Schwierigkeit meistern und beim Anblick eines Mühlrads nicht gleich ans Sterben denken.

Und dann sind da noch die Unerreichbaren, die es in Wahrheit gar nicht gibt oder die zu weit weg sind, Wesen aus einer anderen Welt, auf der Leinwand und in den Zeitschriften: Holly Golightly aus *Breakfast at Tiffany's*, Kleists Penthesilea, die Achill mit Küssen und Bissen zerfleischt, Sharon Stone, der ich in *Basic Instinct* für eine halbe Sekunde auf die Vulva starren darf, Samantha Fox, die »Touch me« singt (und vielleicht damals schon eine Frau gemeint hat), Cindy Crawford, Demi Moore, Pamela Anderson, all diese gesunden, kurvigen, geheimnislosen Frauen, die in meinem Kopf herumgeistern, wenn ich nachts nicht einschlafen kann.

Wie hätte ich begreifen sollen, dass ich keine weiblichen Stimmen wahrnahm, weil sie in einer männerzentrierten

Gesellschaft überhört, ignoriert oder mundtot gemacht wurden? Wie hätte ich verstehen sollen, dass mir eine von Männern gemachte Kultur genau die Helden als Identifikationsfiguren zur Verfügung stellte, die der Legitimierung ihrer Herrschaft dienten?[4] Wie hätte ich ahnen sollen, dass die Art, wie wir als Familie zusammenlebten, enorme Auswirkungen darauf hatte, wie ich Männer und Frauen wahrnahm, ja dass die Männer, die mich faszinierten, bereits dekonstruierte Helden waren, Sinnbilder einer fragwürdigen Männlichkeit in der Dauerkrise, die mich zur Identifikation einluden, gerade weil sie sich überfordert fühlten, weil sie nicht souverän, sondern schwach und verunsichert waren, dass sie sich und andere in Gefahr bringen mussten, um sich lebendig zu fühlen.

Es sind ihr Fetisch des »win or lose«, ihre Unvollkommenheit und kindische Selbstüberschätzung, die mich anziehen: Ich muss nur einen halbseidenen Typen mit der Kippe im Mundwinkel an der Straßenecke stehen sehen, schon explodiert etwas in mir, eine Sehnsucht, ein Fernweh, eine unbändige Lust, etwas zu erleben, das ich noch nie erlebt habe. Erst heute, mit knapp fünfzig, verstehe ich vollumfänglich, wie mich all diese Männer, die ein letztes Mal davonkommen oder ihren Untergang als gigantische Kränkung inszenieren, geprägt und getröstet, aber irgendwie auch fürs Leben versaut haben.

+++

Roger Willemsen, einer der größten Männer unseres Landes, hat mal geschrieben, »We are the Champions« von Queen und »I'm a loser, baby, so why don't you kill me?« von Beck seien die beiden großen liturgischen Zeilen der Popkultur – Triumph oder Tod, alles andere sei nicht der Rede wert.

Die Idole meiner Jugend sind strahlende Sieger oder jämmerliche Verlierer, Kämpfer oder Zweifler, harte Hunde oder verzärtelte Flaneure, die alles sind, nur nicht gewöhnlich, die auf dem Gipfel stehen oder in der Gosse liegen, bewundert oder verachtet werden, zu laut oder zu leise, oft fragwürdig, unerlöst und genau deswegen aufregend sind: Einzelgänger, Gauner, Krieger, Boxer, Geheimagenten, Künstler und Casanovas, die nie eine WC-Ente bei Rossmann kaufen würden. Lieber betrügen, demütigen und besiegen sie andere – und meistens auch sich selbst. Das ist oft gewalttätig, verletzend, unmoralisch, aber nie langweilig, auf jeden Fall hat es schon seine Richtigkeit, warum über Familienväter, die mit dem Hollandrad eine Stange Bio-Lauch vom Bauernmarkt besorgen, eher keine Filme gedreht werden.

Zu Beginn des 21. Jahrhunderts fliegen den Männern diese Heroisierungsgeschichten um die Ohren: »Männlichkeit hat ihren positiven Klang verloren«, schreibt der Journalist Rainer Hank, nichts als Rollenbilder – »performativ hergestellt« und »sozial konstruiert« zur »Legitimation und Durchsetzung von Macht«.[5] Meine Helden von damals sind die Lachnummern von heute: Clint Eastwood, Sylvester Stallone, Bruce Willis, unreife Ego-Maschinen, die auf andere eindreschen, um sich ein bisschen geiler vorkommen zu können. Als Teenager fiebere ich mit, wie sie blutverkrustet über halbe Armeen triumphieren, heute sind sie nichts als dümmliche Machos, die den Mund nicht aufkriegen und sich ständig für irgendwas rächen müssen, weil sie nicht in der Lage sind, eine Kränkung bei einem Glas Merlot zu besprechen. Natürlich war mir auch damals klar, dass die *Rambo*-Reihe künstlerisch eher nicht so wertvoll ist, trotzdem kann ich noch jeden Satz auswendig, was vielleicht auch daran liegt, dass so wenige gesagt werden: »Wer ist dieser Rambo? Ist er Gott?« – »Nein! Gott kennt Gnade.«

Vor Jahren erschien in der *Süddeutschen Zeitung* folgender Witz: Im Flugzeug sitzt eine Frau neben einem Mann. Sie kommen ins Plaudern, die Frau erzählt, dass sie auf einem Sex-Kongress gewesen sei. »Aha«, sagt der Mann, »und was ist dabei herausgekommen?« Darauf die Frau: »Dass die Indianer und Schwaben die besten Liebhaber sind«, worauf der Mann sagt: »So, so. Aber ich habe mich Ihnen noch gar nicht vorgestellt. Gestatten, Winnetou Schäufele.« Sechs Jahre danach steht in derselben Zeitung, dass dieser Witz heute aus mehreren Gründen nicht mehr möglich sei. Erstens: Sexismus. Zweitens: Rassismus. Drittens: Flugscham. Viertens: Schwabenwitz. Fünftens: Wo bleibt das Gender-Sternchen?[6]

Heute ist tatsächlich alles, was in meiner Jugend cool war, fragwürdig, peinlich oder verboten. Daran muss man sich erst mal gewöhnen, was leichter gesagt als getan ist, weil man verinnerlichte Rollenbilder nicht an- und ausknipsen kann wie eine Nachttischlampe: Ein schlecht rasierter Typ, der allein am Tresen steht, ist nicht mehr lässig, sondern deprimierend, wenn er nicht gerade auf sein Tinder-Date wartet. Eine weiße Frau mit großen Brüsten ist kein Sexsymbol mehr, sondern diversitätsfeindlich. Und ein Surfer, der mit dem VW-Bus durch die Welt gondelt, kein Romantiker, sondern ein Klimasünder. Harald Schmidt ist nicht mehr subversiv, sondern reaktionär, Thomas Gottschalk nicht mehr schlagfertig, sondern sexistisch, Morrissey nicht mehr poetisch, sondern rechtsradikal, der Papst kein Stellvertreter Gottes, sondern der weltfremde Boss eines Missbrauchsvereins, und ein Typ im Porsche kein Gewinner, sondern ein jämmerlicher Verlierer und außerdem verantwortungslos, weil so ein Auto heute kein Freiheitsversprechen mehr ist, sondern eine Umweltbelastung und ein unnötiges Risiko, weshalb die Autos der Zukunft ihre Fahrer zu umweltbewusstem Fahren animieren werden, indem sie für vernünftiges Fahren mit virtuellem Geld belohnt werden, das sie an der nächsten Raststätte für einen Hafermilch-Cappuccino einlösen können.

Überhaupt das Auto: Welch gigantische Kränkung für eine gesamte Männergeneration, die sich rührselig daran erinnert, wie sie von ihrem Traumwagen geträumt und diesen dann das erste Mal spazieren gefahren hat, zwölfmal im Kreis, immer an dieser Caféterrasse vorbei, in der Hoffnung, dem Mädchen zu begegnen, das man heimlich gut findet. Ich weiß noch, wie ich die Tage vor meinem achtzehnten Geburtstag damit verbracht habe, eine Neunzig-Minuten-Kassette mit exakt den Songs in exakt der Reihenfolge zusammenzustellen, die ich für meine erste Fahrt ohne Fahrlehrer perfekt fand, wie ich eingestiegen und holpernd losgefahren bin und nach ein paar Kilometern die Lautstärke aufgedreht, das Fenster runtergekurbelt und dann: aufs Gaspedal getreten habe. Ich hätte weinen können vor Glück, so frei fühlte ich mich, so unendlich viele Möglichkeiten tauchten am Horizont auf.

Ein Auto, das war immer mehr als ein Fahrzeug, war ein kulturelles Objekt, ein Fetisch, ein Abenteuer, die Verkörperung des freien Willens. Mit einem Auto durch die Gegend fahren, das war etwas Libidinöses, etwas Körperliches, wie Sex ohne Versagensängste. Man war kein Passagier, sondern Fahrer, hatte nicht nur das Lenkrad, sondern das ganze Leben in der Hand. »Mein Maserati fährt 210, schwupps, die Polizei hat's nicht geseh'n«, sang Markus während der Neuen Deutschen Welle. Er gab Gas, um Spaß zu haben, ein bisschen wegen des Reims, aber halt nicht nur. Heute sollte man eher nicht mehr ziellos durch die Nacht fahren, weil es sich »so romantisch« anfühlt. Heute ist so ein Auto nur noch Mittel zum Zweck, mit 360-Grad-Kameras und Augenerkennung, das schon lange kein erotisches Hochgefühl mehr auslöst, sondern vor allem Frust, wenn man nach der zehnten Runde um den Block immer noch keinen Parkplatz findet.

Das Wesen des Kraftfahrzeugs, schreibt der Journalist Niklas Maak, ändere sich gerade grundlegend: Sei das Auto früher die Verlängerung des privaten Raums im öffentlichen gewesen, ein – mit Ledersesseln, Holzfurnier und Musikanlage behaglich eingerichtetes – Wohnzimmer auf Rädern, werde es nun zu einer Datenerhebungsmaschine, die zu diesem Zweck Menschen befördere, ausspähe und bewerte. Aus Freiheit werde Bevormundung, aus freien Menschen würden steuerbare Bürger.[7]

In einer hypermoralischen Welt mit Gesundheit, Sicherheit und (vermeintlicher) Selbstbestimmung als obersten Werten haben sich die Dinge in ihr Gegenteil verkehrt: Der Charmeur ist heute ein Lüstling, der Rebell ein Verlierer, der Flaneur ein Langzeitarbeitsloser, der Einzelgänger ein potenzieller Amokläufer und der Gentleman ein verkappter Sexist, der Frauen manipulieren und in die Laken locken will. Im akademischen Milieu gelten Eleganz und Weltläufigkeit als verdächtig, ja verpönt, weil ihre Repräsentanten mit hoher Wahrscheinlichkeit das Klima schädigen, Geschäftspartner über den Tisch ziehen und Frauen wie Trophäen sammeln. In einer ZDF-Doku zum Thema Männlichkeit berichtete einer der interviewten Männer, wie er als »Macho-Arschloch« beschimpft wurde, nachdem er einer Frau die Tür aufgehalten hatte. Seien früher vor allem Mut, Leistungswille oder Autonomie von Männern hoch im Kurs gestanden, schreibt auch der Soziologe Walter Hollstein, würden sie heute als Aggressivität, Karrierismus oder Unfähigkeit zur Nähe stigmatisiert.[8]

Als sich der deutsche *Playboy* vor ein paar Jahren in einer Sonderausgabe (ohne nackte Brüste, dafür mit Tipps zum Umweltretten) vom traditionellen Mann verabschiedete, war endgültig klar, dass eine Ära zu Ende geht. »Eine ganze Ästhetik tritt ab, ein Wille zu Freiheit und Schaffenskraft, ein letztes Aufbäumen«, schrieb die Autorin Sarah Pines damals. »Eine träg glitzernde Welt der Dekadenz und der großzügigen Freizügigkeit geht verloren. Alte Männer in weißen Diktatorenanzügen und übermaskierten, pappmascheeartigen Gesichtern verschwinden, und mit ihnen die jungen Geliebten, die sich auf Gartenliegen rekeln, auffällige Sonnenbrillen tragen und an feinen Champagnergläsern nippen.«[9]

Es ist die Glitzerwelt der zweiten Hälfte des 20. Jahrhunderts, die Rockstars, Rennfahrer, Hollywoodproduzenten und Gigolos mit ihrem unmoralischen Glamour, dieser halb peinlichen, halb raffinierten Mischung aus Sex, Geld und Geschwindigkeit, die es nur noch in Gesellschaften gibt, auf die wir naserümpfend herabblicken, in China, Russland und den Arabischen Emiraten. Und ja, es fühlt sich vernünftig, ja richtig an, wenn diese Welt samt ihren erotischen Raubzügen, Lastern und Lügen untergeht, aber wenn ich ehrlich bin, fehlt sie mir trotzdem, als Korrektiv und Projektionsfläche, wenn ich mal wieder mit einer Flasche Abflussreiniger in der Supermarktschlange stehe. Glamour, erklärte die amerikanische Autorin Virginia Postrel mal, sei eben mehr als Schönheit oder Luxus, Glamour sei »ein imaginativer Prozess, der eine ganz spezifische emotionale Reaktion hervorrufe, eine scharfe Mischung aus Projektion, Verlangen, Bewunderung und Ambition. Er wecke im Publikum Hoffnungen und Träume und lasse sie erreichbar erscheinen, während er zugleich genügend Distanz aufrechterhalte, um der Fantasie weiter Nahrung zu geben.[10]

In Frédéric Beigbeders Roman *Der Mann, der vor Lachen weinte* gibt es eine Stelle, die das Lebensgefühl von damals auf den Punkt bringt: »In den 1990er-Jahren floss das Geld in Strömen ... Die Werbung war Königin (...). Er erinnerte sich an herrlich verschwenderische Dreharbeiten in Südafrika, an Empfänge in Cannes, die in eine Orgie ausarteten, an Seminare in Palästen auf Mauritius und daran, wie er jeden Tag um fünfzehn Uhr ins Büro kam, zur selben Zeit wie sein Kreativchef. In den 1990er-Jahren wurden nicht nur in der Kommunikationsbranche die Mitarbeiter überbezahlt, das Fernsehen überbezahlte seine Moderatoren, die Zeitungen überbezahlten ihre Redakteure, die Modeindustrie überbezahlte ihre Models ...« – und dann kam das Internet.[11]

Bis heute packt mich ein Phantomschmerz, wenn ich Videos aus den Achtzigern anschaue, weil zwar vieles oberflächlich, korrupt und verkommen, aber auch angstfrei, spontan und unmittelbar war, was vor allem daran lag, dass niemand ein Handy hatte, um den Moment, in dem man etwas erlebt, zu entzaubern. Es ist ein bisschen wie mit Serienkillern: Klar stopfen sie zerstückelte Menschen in Müllsäcke, trotzdem schafft man es nicht, nicht fasziniert von ihnen zu sein. Mir jedenfalls waren leichtfertige Männer immer lieber als langweilige, widersprüchliche lieber als eindeutig vernünftige.

»Wer sich nicht in Gefahr begibt, der kommt drin um«, hat Wolf Biermann gesungen. Wenn er recht hat, schweben die Männer in meinem Viertel in akuter Lebensgefahr. Okay, sie könnten mit dem E-Scooter in die Trambahnschienen geraten oder auf der A 95 zwischen Wolfratshausen und Garmisch mit dem Plug-in-Hybrid liegen bleiben, aber auch dafür haben sie sicher eine Servicenummer im Handy, überhaupt haben sie für alles eine Lösung oder App, weil sie eines unbedingt vermeiden wollen: in eine Situation zu geraten, in der sie ins Stocken geraten, ja womöglich nicht weiterwissen. Ahnen sie nicht, dass sie das Leben verpassen, indem sie es lückenlos kontrollieren wollen? Dass sich prägende Erfahrungen nicht herstellen lassen wie ein iPhone, ja mehr noch, dass sie sich schrecklich unerotisch benehmen?

Mir fehlen nicht nur Männer, die aufs Ganze gehen, ohne über Likes und Konsequenzen nachzudenken, sondern auch Eleganz, Großzügigkeit, Spontaneität, Risikofreude und Exzess, und das, obwohl ich in meiner Jugend nicht im Studio 54 in New York rumstand, sondern an einer Bushaltestelle zwischen Mitterdorf und Michelsneukirchen. Ich vermisse sie, weil ich sie als Versprechen auf ein großes Leben mit mir herumtrug und mich ehrlich gesagt verarscht fühle, wenn 35-jährige Typen auf einmal nur noch Quittenmarmelade einkochen. Wo sind die Männer, die sich nicht optimieren, sondern verschwenden, die nicht achtsam, sondern aufrichtig sind, die sich im Kalender keine Brückentage anstreichen, sondern verrückt aufs Leben sind?

Vor ein paar Jahren war ich in Maputo, der Hauptstadt von

Mosambik. Die Sonne schien zäh und gnadenlos aus einem riesigen Himmel. Mein Hotelzimmer hatte ich nicht mehr, in wenigen Stunden ging mein Flug nach Johannesburg und von dort zurück nach München. Mit meinem Gepäck in der Hand stolperte ich durch das gleißende Licht, entdeckte eine Bar mit Terrasse, setzte mich in den Schatten und bestellte: Wasser. Ich wollte nur noch Wasser, am besten mit Kohlensäure, was es in Afrika leider nie gibt, aber wenigstens kalt, eiskalt. Am Nebentisch saß ein Mann, Mitte vierzig, Portugiese vielleicht oder Brasilianer, dunkle Augen, unrasiert, in Jeans und Hemd und Sonnenbrille, keine Uhr, kein Ring am Finger. Guter Typ, dachte ich. Ob er hier lebt? Ob er Kinder hat, Familie, einen Job?

In den zwei Stunden, die wir einander gegenübersaßen, sagte er kein einziges Wort. Er saß einfach nur da, schaute auf die Kreuzung und bestellte alle zwanzig Minuten einen Whiskey und einen Espresso. Ich konnte nicht erkennen, ob er verzweifelt oder glücklich, auf der Flucht oder gelangweilt war, er verzog keine Miene, bewegte sich nicht, er sah aus wie eine Skulptur – ich musste an Jean-Paul Belmondo in *À bout de souffle* (deutscher Titel: *Außer Atem)* denken: »Ich bin vielleicht kein schöner Mann, aber ich bin ein guter Boxer.« Möglich, dass er tief empfand, möglich, dass er ein Hohlkopf war, auf jeden Fall war er der coolste Typ, den ich je gesehen hatte, und er brachte mich wieder mal dazu, davon zu träumen, ein anderer zu sein, als ich bin, ein Mensch ohne Interdentalbürsten, lästige Erwartungen und vielleicht sogar ohne den Druck, ihnen gerecht werden zu müssen.

Heute steht hoch im Kurs, wer niemandem schadet, sich selbst nicht, seinen Mitmenschen nicht und der Umwelt auch nicht. Das ist toll, scheint aber in eine sonderbare Distanz zwischen den Menschen zu münden, die von einer ausgestellten Freundlichkeit flankiert wird: höchste Toleranz bei gleichzeitiger Gleichgültigkeit. In der Coronapandemie hat sich diese Tendenz noch verstärkt, als auf einmal jeder, der beim Bäcker neben einem stand, zur Lebensgefahr wurde. Zu Beginn des 21. Jahrhunderts macht alles richtig, wer auf Autos, Plastiktüten, Fernreisen, T-Bone-Steaks und Glühbirnen verzichtet, viel lächelt, nie laut oder eindeutig wird und Sätze twittert, in denen die Wörter »Respekt« und »Vielfalt« vorkommen. Und das alles ist löblich und wahrscheinlich auch notwendig, aber leider halt auch oft so freudlos, dass man sich drei Folgen *Monaco Franze* hintereinander anschauen muss, damit einem wieder einfällt, wie unterhaltsam so ein Leben auch sein kann.

»Das Leben ist herrlich«, ruft der Künstler Baal im gleichnamigen Drama von Bertolt Brecht. »Wie wenn man auf einem reißenden Strom auf dem Rücken hinschießt, nackt, unter orangefarbenem Himmel (…), wenn man mit spitzen, knirschenden Zähnen eine saftige Frucht zerfleischt … oder einen Feind niedertrampelt … oder aus einer Trauer Musik macht … oder schluchzend vor Liebeskummer einen Apfel frisst.«[12] Natürlich scheitert er, der Hedonist, der Dichter und Momentmensch. Für einen wie ihn hat die Gesellschaft keinen Platz. In seinen letzten Stunden sucht er Zuflucht in der Natur, er stirbt allein und verlassen. »Ich horche noch auf den Regen« sind seine letzten Worte.

BÖSE MÄNNER

»Niemand ist Frauen gegenüber aggressiver als ein Mann, der sich seiner Männlichkeit nicht ganz sicher ist.«
Simone de Beauvoir

Es gibt ein gutes Argument gegen dieses Buch. Viele Männer sind tatsächlich ziemlich scheiße: Adolf Hitler, Dschingis Khan, Charles Manson, Osama bin Laden, Donald Trump, Anders Breivik, Kim Jong-un, Attila Hildmann, Björn Höcke, Darth Vader – lauter Männer. Terroristen, Taliban, Amokläufer – Männer. Hells Angels, Clanchefs, Puffbesitzer – Männer. Die Typen von der Kölner Domplatte – Männer. Die Wirecard-Gang – Männer. Autobahn-Raser – Männer. Grapschende Priester – Männer. Die aufgeweckten CDU-Boys, die während der Coronapandemie ein paar Euro nebenher gemacht haben – Männer.

Für eine böse Frau muss man lange überlegen. Beate Zschäpe? Vielleicht. Eine langweilige, anstrengende, oberflächliche? Kein Problem – ein Blick auf Instagram genügt. Aber eine, die kriminell oder sogar gewalttätig ist? Schwierig. Und wenn einem eine einfällt, ist meistens ihr Vater oder Ehemann schuld. Männer vergewaltigen mehr, töten mehr und verschicken definitiv mehr Fotos von ihrem Geschlechtsteil, die keiner haben will.

Eigentlich geht es in diesem Buch nicht um böse Männer, sondern um den Rest, also alle anderen, die in Ordnung, aber unbeholfen, schwerfällig und durcheinander sind, weil sich so vieles verändert, dass sie die Welt und manchmal sich selbst nicht mehr verstehen. Es ist ja tatsächlich so, dass wir heute anders essen, reisen, fernsehen, reden, flirten und streiten als noch vor zehn oder zwanzig Jahren: Ein DAZN- *und* Amazon-Prime-Abo, um Champions League schauen zu können? Sternchen, Unterstriche und Doppelpunkte in Texten? Speisekarten als QR-Codes? Geschäfte, die kein Bargeld mehr annehmen? Ein Touchscreen im neuen Auto, aber keine Handschaltung? Veganes Hack? Manche kommen da nicht mehr mit, manche wollen auch nicht mehr mitkommen. Sie wollen nicht wahrhaben, dass es vorbei ist mit der Normalität der letzten Jahrzehnte, dass sich unsere Gesellschaft gerade tiefgreifend wandelt. Über Männer, die sich deswegen radikalisiert haben, Rechte, Querdenker und frauenfeindliche Incels, gibt es schon viele gute Bücher, zum Beispiel *Politische Männlichkeit,* in dem die Journalistin Susanne Kaiser beschreibt, warum rechte Mobilisierung heute vor allem über Gender-Themen funktioniert. Bei der Lektüre habe ich mich so geschämt, ein Mann zu sein, dass ich ein paar Tage lang jede Frau, die mir auf der Straße begegnete, um Vergebung bitten wollte.

Diese Männer sind die Kehrseite einer Welt im Wandel, die Zusammenrottung gekränkter Egos. Feiglinge, die wollen, dass das Morgen genauso ist wie das Heute, die Angst vor einer Zukunft haben, in der sie keine Rolle mehr spielen, nachdem sie von Frauen, Algorithmen oder aufgeschlosseneren Männern zur Seite gedrängt worden sind. Und deswegen müssen wir auch kurz über sie sprechen, weil die Krise ihrer männlichen Identität verknüpft ist mit einer Krise unserer politischen Strukturen. Weil die Angst und der Frust dieser Männer unsere Demokratie so bedrohen, dass wir sie nicht ignorieren sollten. Weil schon Jean-Paul Sartre in seinem Essay *Kindheit eines Chefs* beschreibt, wie eine fragile Männlichkeit, die sich nach sozialer und sexueller Bestätigung sehnt, in rechtes Denken münden kann.

Nachdem das Patriarchat über Jahrtausende wie ein Geschwür vor sich hin wuchern konnte, wird es seit einigen Jahren massiv hinterfragt und attackiert. Es gab diesen Versuch immer wieder, während der Französischen Revolution, zu Beginn des 20. Jahrhunderts und in den Siebzigerjahren (»Das Weib sei willig, dumm und stumm. Diese Zeiten sind jetzt um.«), aber diesmal fühlt es sich so an, als wäre es das – zumindest in der westlichen Welt – tatsächlich gewesen mit der Vorherrschaft des weißen Mannes, als wären groteske Machtgesten von Putin (besetzt mal eben eine Halbinsel) oder Lukaschenko (entführt mal eben ein Flugzeug) die letzten Zuckungen einer untergehenden Epoche.

Im Moment sind die Leute verrückt nach Büchern, die den Untergang einer männlich dominierten Zivilisation beschwören. Sie heißen *Sei kein Mann – Warum Männlichkeit ein Albtraum für Jungs ist*, *Female choice – Vom Anfang und Ende der männlichen Zivilisation* oder einfach nur *Alte weiße Männer – Ein Schlichtungsversuch.* Ein Kultbuch von Margarete Stokowski aus dem Jahr 2018 trägt den Titel *Die letzten Tage des Patriarchats.* Vier Jahre später schleppt es sich mit rasselndem Atem von Niederlage zu Niederlage.

Der Mann ist nicht mehr der Garant der sozialen Ordnung und die Frau nicht mehr sein launisches Beiwerk. Die Zeiten, in denen eine männliche Monokultur Frauen aus Politik, Wirtschaft, Kultur und Wissenschaften ausschließen konnte, sind vorbei. Nur die katholische Kirche wehrt sich noch gegen die allmähliche Entmachtung der Männer, aber die ist mit ihren zweitausend Jahren auch schon alt und nicht mehr so beweglich.

Ansonsten gilt: Ein Unternehmensvorstand ohne Frau, ein dauergeiler Chefredakteur, *Germany's Next Topmodel* ohne Transmensch – flutscht nicht mehr einfach so durch, ohne dass jemand den Finger hebt. Von Google über Hollywood bis zur Jungen Union berichten Frauen über Diskriminierung und verkrustete Rollenklischees, nicht tuschelnd auf dem Frauenklo, sondern laut und öffentlich. Seitdem #MeToo mächtigen Männern die Freiheit, den Ruf oder das Leben gekostet hat, geht die Logik, dass das meist weibliche Opfer viel und der meist männliche Täter nichts zu befürchten hat, nicht mehr auf. Im Gegenzug haben Millionen Frauen erfahren, dass ihre individuellen Erfahrungen nicht einfach Pech, sondern die Folge eines ungerechten und oft perfiden Systems sind.

Der Filmproduzent Harvey Weinstein wurde zu dreiundzwanzig Jahren Haft verurteilt, der Musiker Marilyn Manson von seiner Plattenfirma verstoßen. Die 900-seitige Philip-Roth-Biografie des Autors Blake Bailey wurde drei Wochen nach Erscheinen vom Verlag zurückgezogen, nachdem zwei Frauen behauptet hatten, von Bailey vergewaltigt worden zu sein. Der britische Verteidigungsminister Michael Fallon trat zurück, nachdem er auf einem Parteitag seine Hand beharrlich auf das Knie einer Journalistin gelegt hatte, der walisische Minister Carl Sargeant brachte sich wenige Tage nach seiner Suspension wegen angeblichen sexuellen Missbrauchs gleich selbst um. Der Hollywood-Schauspieler Kevin Spacey verlor seinen guten Ruf genauso wie der Jahrhunderttenor Plácido Domingo. Mit dem Ersten will keiner mehr spielen, mit dem Zweiten keiner mehr singen. Beide waren Weltstars und sind heute: Witzfiguren.

Je selbstbewusster Frauen von Missbrauch berichten und Spitzenpositionen fordern, desto größer wird der Druck auf Männer, sich zu positionieren: Will man ein zeitgemäßer oder ein altmodischer Mann sein? Einer wie Robert Habeck, der für die erste grüne Kanzlerkandidatin zwei Schritte zurücktritt? Oder wie Horst Seehofer, der nach dem Sonntagsbraten ein paar Syrer zurück ins Kriegsgebiet schickt? Im Moment zieht sich ein Graben durch die Männerwelt. Anfangs gab es noch Brücken, auf denen man von der einen auf die andere Seite laufen konnte, aber inzwischen sind sie eingestürzt oder gesprengt worden. Auf der linken Seite heißt es: Männer müssen sich anpassen. Auf der rechten: Männer sind, wie sie sind – ein gigantischer Haufen Testosteron. Die einen haben sich in der neuen Vielfalt gekonnt positioniert, die anderen verstehen die Welt nicht mehr, weil sie von Menschen kritisiert, beschimpft und verdrängt werden, die sie vorher nicht mal bemerkt haben. Zum Beispiel beschwerten sich bei einer Mitarbeiterbefragung der Berliner Verkehrsgesellschaft etliche Männer über »Quotenmösen«, nachdem gezielte Frauenförderprogramme aufgelegt worden waren, um Frauen zu Busfahrerinnen ausbilden zu lassen.[13]

Laut Studien definieren sich Männer stärker über Hierarchien und Abgrenzung als Frauen. Je weiter rechts sie politisch stehen, desto größer ist ihre Sehnsucht nach Autorität und militärischen Strukturen. Es sind also vor allem bürgerliche, konservative und rechte Männer, die Schnappatmung bekommen, wenn die Ordnung, die ihnen ein Leben lang natürlich vorgekommen ist, ins Wanken gerät. Im Moment kämpfen sie darum, in einer sich rasant wandelnden Welt noch ein bisschen mitmischen zu dürfen, aber es hilft nichts, die Zeit arbeitet gegen sie, ihre Schollen werden kleiner, die Fliehkräfte stärker, es geht ihnen wie Leonardo DiCaprio in *Titanic*, wenn er nicht mehr auf diese schmale Holztür passt, weil da schon Kate Winslet drauﬂiegt, und schließlich tragisch, aber irgendwie auch ergreifend im Eismeer versinkt.

Diese Männer haben das heftige Gefühl, dass ihnen etwas weggenommen wird. Und damit haben sie, man kann es nicht anders sagen: vollkommen recht. Sie verlieren tatsächlich Privilegien, die sie jahrhundertelang auf Kosten anderer innehatten. Und nun? Fühlen sie sich permanent bedroht: im Büro von selbstbewussten Frauen, auf Twitter von quengelnden Feministinnen, in der Fußgängerzone von McDonald's-Bestellcomputern, auf der Straße von Gorillas-Fahrradkurieren mit diesen wahnsinnig schnellen E-Bikes mit den breiten

Reifen. Manchmal genügt es, dass sie von einer Studentin mit Achselhaaren gefragt werden, ob sie ihren Kaffee mit »normaler« oder »Hafermilch« wollen, schon wird ihr Körper von Adrenalin geflutet, schon kriegen sie einen Hass auf junge Frauen, Öko-Spießer, Typen mit lackierten Fingernägeln, Fitnessarmbänder, drahtlose Kopfhörer und tausend andere Sachen, die es ihrer Meinung nach nicht braucht.

Zuletzt haben sich viele von ihnen radikalisiert, beschimpfen Frauen auf der Straße, schicken Hassmails an Gender-Beauftragte, stürmen das Kapitol in Washington, D.C. oder heißen Björn Höcke, steigen aufs Podium, streichen sich eine widerspenstige Nazi-Locke aus der Stirn und rufen: »Wir müssen unsere Männlichkeit wiederentdecken, denn nur wenn wir unsere Männlichkeit wiederentdecken, werden wir mannhaft. Und nur wenn wir mannhaft werden, werden wir wehrhaft, und wir müssen wehrhaft werden, liebe Freunde!«[14]

Alice Schwarzer hat schon recht: Rechtsradikale und Islamisten – lauter gekränkte Männer, die an Minderwertigkeitskomplexen *und* Größenwahn leiden, ihren Bedeutungsverlust durch Aggression kompensieren und den Gedanken nicht ertragen, die traurigen Überbleibsel einer untergehenden Ära zu sein, während die Frauen, auf die sie herabsehen, von einer strahlenden Zukunft geküsst zu sein scheinen. Als sich der Rasierklingenhersteller Gillette 2019 in einem Werbespot vom Image des selbstverliebten Machos verabschiedete, um den modernen Mann zu feiern, fühlten sich viele Männer so angegriffen, dass sich innerhalb von achtundvierzig Stunden 200 000 Kommentare zum Shitstorm des Jahres zusammenbrauten. Die Kommentare waren eindeutig, manche eindeutig dämlich: »Boykottiert Gillette!«, »Bravo! Sie haben sich gerade mit ihren eigenen Klingen die Eier abgeschnitten!«, »Soll ich meine drei Söhne entmannen, damit ein paar lesbische Katzendamen mit ihrem Scheißleben besser klarkommen?«

+++

»Wenn du Privilegien gewöhnt bist, fühlt sich Gleichheit wie Unterdrückung an« ist ein Slogan der Männerrechtsbewegung aus den Neunzigerjahren. Er ist nicht ganz falsch.

Viele Männer tun sich schwer mit einem Kultur- und Normenwandel, auch mit neuen Anforderungen, die an sie gestellt werden. Die Vorstellung, dass Frauen und Männer nicht nur theoretisch, sondern tatsächlich gleiche Rechte haben, empfinden sie nicht als Fortschritt, sondern als Angriff auf ihre Identität, ja als Niederlage. Als Reaktion schalten sie in den Überlebensmodus und überschreiten allzu oft die Grenzen des guten Geschmacks oder des Erlaubten. Oft genügt die Einforderung zivilisatorischer Mindeststandards oder der Ruf nach einer Frauenquote, schon fühlen sie sich gekränkt, entmannt, kastriert, schlagen verbal und physisch um sich, inszenieren sich als Opfer und machen den Feminismus dafür verantwortlich, dass sie sich in der Wirklichkeit nicht mehr zurechtfinden. In Internetforen, die wie Fantasyromane heißen (»Return of Kings«), lassen sie ihrem Hass auf Feministinnen, politische Korrektheit und »links-grün versiffte« Medien freien Lauf. Der amerikanische Soziologe Michael Kimmel spricht von »einer Art Umkleidekabine, einem Ort, an dem die Jungs über all die schlimmen Dinge maulen können, die ihnen von Frauen, von People of Color, vom Feminismus angetan werden.«[15] Ihre These: Der Feminismus verunsichert Kinder in ihrer sexuellen Identität, zerstört die »natürliche Hierarchie der Geschlechter«, zerbricht Familien, ja die gesamte westliche Zivilisation und will sich für jahrhundertelange Unterdrückung rächen, indem er alles Männliche verdrängt oder vernichtet. Seit Jahren quellen die Kommentarspalten im Netz über mit ihrem Hass auf erfolgreiche Frauen, von denen sie im Privatleben geknechtet und im Job überflügelt werden. Allein der Gedanke, dass es Menschen gibt, die weder Mann noch Frau, sondern irgendwas dazwischen sind, steigert ihr Gefühl des Kontrollverlusts, ihre Lust auf Gewalt.

In einer Mischung aus Wut, Angst und Hilflosigkeit setzen sie auf Populisten wie Trump, Erdoğan oder Orbán, die ihre Frauenfeindlichkeit offen zur Schau stellen und sich den Frust dieser Männer zunutze machen, indem sie ihnen einflüstern, dass sich ihr Status konservieren ließe, dass alles so bleiben könne, wie es ist, oder noch besser: wieder so werden könne, wie es mal war: ein Leben ohne Klimaschutz, Flüchtlinge, Streamingdienste und junge Demonstranten, die mit ihren Transparenten und Turnschuhen die Straßen verstopfen. Der populistische Nationalismus von heute ist eng mit einer Krise der Männlichkeit verknüpft. Da wie dort geht es um vermeintliche Gefahren, die abgewehrt werden müssen, die Verteidigung des Vaterlandes geht Hand in Hand mit der Feier des virilen Mannes: Wladimir Putin reitet mit nacktem Oberkörper durch die Wildnis, Alexander Lukaschenko empfiehlt Wodka gegen das Coronavirus, Steve Bannon fragt: »Was wäre Ihnen lieber: Wenn Ihr Kind an Feminismus oder an Krebs leiden würde?«

Für Rechtspopulisten ist autoritäre Männlichkeit die Lösung für alles, wovon sie sich bedroht fühlen: muslimische Flüchtlinge, gierige Techkonzerne, lästige Gendersternchen, tätowierte Frauen mit Nasenring, nervige Veganer, aufmüpfige Klimaaktivisten und das permanente Gefühl, den Boden unter den Füßen zu verlieren. Manchmal können sie an gar nichts anderes mehr denken, wie man nicht mehr von einem Gemälde wegschauen kann, das leicht schief an der Wand hängt. Weil sie die Gegenwart als »ver-rückt« empfinden, nehmen sie Zuflucht bei verklärten Erinnerungen an die Vergangenheit, von denen sie sich trösten lassen. Manchmal genügt ein alter Schimanski-Tatort, schon können sie für einen Moment vergessen, dass ihnen die Zeit davonrast, schon fühlen sie sich verstanden und geborgen. Im Gegenzug verteufeln sie die Generation Greta und überhaupt alle, die ihnen ihre Erinnerungen nachträglich vermiesen wollen.

Diese Männer sind Nachfahren jener Freikorpssoldaten,

die der Kulturtheoretiker Klaus Theweleit vor vierzig Jahren in seinem zwölfhundert Seiten starken Standardwerk *Männerfantasien* analysierte, in dem er Briefe aus den 1920er-Jahren auswertete: soldatisch geprägte Männer, die statt einer Beziehung einen Panzer ausbilden, »um das angsterfüllte, instabilere Innere im Zaum zu halten«, unterkühlte Männer, »die Frauen nur denken konnten als Huren, Mütter oder weiße Krankenschwestern«, unfreie Männer, die darunter leiden, »nicht zu Ende geboren zu sein«.[16] Diese Männer sind oft fragil, manchmal gefährlich und fast immer »brutal weinerlich«[17] – wie der ehemalige IWF-Direktor Dominique Strauss-Kahn, der, nachdem er von dem Model Zoe Beck abgewiesen worden war, weinend auf dem Bett gesessen und vor sich hin gestammelt haben soll, dass sie ihn nur nicht wolle, weil er zu dick sei – eine Idee, auf die man erst mal kommen muss, wenn man als sechzigjähriger Mann eine junge Frau anbaggert.

Während die westliche Welt weiblicher, liberaler und ökologischer wird, fühlen sich diese Männer funktionslos, ja entwertet. Es ist wie in einem Paternoster: Die einen fahren rauf, die anderen runter, und zwar mit Schwung ins Souterrain. Die Frauen aber lassen sich nicht mehr einschüchtern. Sie sind gekommen, um zu bleiben. Sie sind nicht mehr bereit, die Schwäche von Männern auszugleichen und dabei auch noch blendend aussehen zu müssen. Jede Gemeinheit, jeder Übergriff wird kritisch zurückgespiegelt. Sie taufen den »Weltfrauentag« am 8. März in »Frauenkampftag« um, schließen sich zu Protestmärschen zusammen, werden lauter, mutiger, fordernder im Netz, im Beruf, in der Familie, verzichten auf Rasieren und Diäthalten, präsentieren selbstbewusst vermeintliche Makel, wehren sich gegen verbale Belästigung, indem sie die Sprüche, die ihnen hinterhergerufen werden, sogenannte Catcalls, mit Kreide auf die Straße schreiben:

- »Die ist bestimmt geil zu ficken, Mütter sind immer wild im Bett.«
- »Ey, geile Milchbeutel!«
- »Wir sind die Wölfe, und du bist das Schaf.«
- »Ey, probier es doch mal mit Magersucht!«
- »Hey, Fidschi, hast du Bock auf Ficki-Ficki?«[18]

Auch Politikerinnen veröffentlichen inzwischen die Mails, die sie lange verschämt in den Papierkorb geschoben haben, manchmal sind es Briefe, handgeschrieben, mit seitenlangen Tötungs-, Vergewaltigungs- und Verstümmelungsfantasien:

- »Falls ich Sie zufällig einmal sehen sollte, werde ich alles versuchen, so schnell als möglich zu Ihnen zu gelangen und Ihr Genick zu brechen.«
- »Dumm wie die Sau, die Alte, da zuckt die Faust.«
- »Niemand wird dich je lieben. Du bist so eklig. Ich hasse dich von ganzem Herzen. Einsperren und aushungern lassen sollte man dich zusammen mit Hitler, Stalin, Mortler.«
- »Du wirst mit deutscher Gründlichkeit vergewaltigt und dann grausam abgemurkst.«

Vor zwei Jahren ging eine Umfrage der Bloggerin Isabell Gerstenberger viral. Gerstenberger hatte ihre Instagram-Follower gefragt, was sie einen Tag lang unternehmen würden, wenn es das jeweils andere Geschlecht nicht gäbe. Mehr als 36 000 Frauen und ein paar Tausend Männer hatten teilgenommen. Das Resultat war schockierend und lustig zugleich: Vor allem junge Männer antworteten, dass sie »nichts anderes als sonst« tun würden, viele schrieben, sie würden »warten, bis ihre Freundin wieder da ist«. Ganz anders die Frauen, die sich einig waren, dass sie ordentlich einen draufmachen würden, weil sie nachts endlich mal allein durch den Park spazieren, im Fitnessstudio unbeobachtet trainieren und ohne Pfefferspray in der Tasche U-Bahn fahren könnten.

Die Gewaltstatistiken sind erschütternd: Jede zehnte Frau in der EU wurde schon mal vergewaltigt. In Deutschland erlebt alle dreiunddreißig Minuten eine Frau häusliche Gewalt. Alle zwei Tage versucht ein Mann, seine Partnerin oder Ex-Partnerin umzubringen, alle drei Tage gelingt es. Besonders gefährdet sind Frauen in der Schwangerschaft, nach einer Trennung oder wenn sie beruflich erfolgreich sind. Die Zeitungen berichten dann von einem Eifersuchtsdrama und verschleiern, was eigentlich passiert ist, nämlich dass ein Mann eine Frau getötet hat, weil sie eine Frau ist. Meistens konzentriert sich die Berichterstattung auf den Täter und nicht das Opfer.

Als der Künstler Saul Fletcher im Sommer 2020 erst seine Lebensgefährtin, die Kunstexpertin Rebeccah Blum, und danach sich selbst tötete, schrieb die Kunstzeitschrift *Monopol:* »Fotokünstler ersticht mutmaßlich Ex-Partnerin und tötet sich selbst«, obwohl auch Blum im Kunstmilieu erfolgreich war. »Wir sind erschüttert, entsetzt und schockiert über den tragischen Verlust von Rebeccah Blum und Saul Fletcher«, schrieben die drei Galerien, die Fletcher vertraten, als wären die beiden gemeinsam bei einem Autounfall ums Leben gekommen.[19] In der britischen Crime-Serie *The Fall* sagt die einsame Kriminalkommissarin Stella Gibson: »Fragt man Männer, warum sie Angst vor Frauen haben, antworten sie: Weil wir Angst haben, dass sie uns auslachen. Fragt man Frauen, warum sie Angst vor Männern haben, antworten sie: Weil wir Angst haben, dass sie uns umbringen.«

Viele Attentäter handeln (auch) aus frauenfeindlichen Motiven: Anders Breivik, der 2011 auf der norwegischen Insel Utøya sechsundneunzig Menschen ermordete, widmete in seinem 1500-seitigen Manifest allein hundert Seiten der These, dass der Feminismus eine Gefahr für die europäische Zivilisation darstelle. Der rechtsextremistische Attentäter von Halle Stephan Balliet, der 2019 am jüdischen Feiertag Jom Kippur in der voll besetzten Synagoge ein Massaker anrichten wollte und zwei Menschen tötete, äußerte vor Gericht, dass er seinen Anschlag für die weißen Männer begangen habe, um die es »ziemlich scheiße« stehe. Der 22-jährige Amokläufer Elliot Rodger, der 2014 in Kalifornien sechs Menschen tötete und es vor allem auf Frauen abgesehen hatte, weil die ihm »Spaß, Sex und Vergnügen« verwehrt hätten, wird in der Incel-Szene als Held verehrt. Als der türkische Präsident Erdogan den Austritt der Türkei aus der Istanbul-Konvention bekannt gab, die Frauen unter anderem vor sexueller Belästigung, Stalking und Zwangsheirat schützt, rief eine Gruppe siebzehnjähriger Türken dazu auf, »loszuziehen und Frauen zu vergewaltigen«.[20]

Michael Kimmel schreibt über den Zusammenhang von Männlichkeit, Gewalt und Extremismus: »Das sind junge Männer, die sich klein fühlen, die es hassen, dass die Welt sie dazu bringt, sich klein zu fühlen, und die versuchen, sich wieder groß zu fühlen, indem sie andere zerstören.«[21]

+++

Nach der amerikanischen Präsidentschaftswahl 2016 reiste der Blogger Sam Altman durch die USA und fragte die Menschen, warum sie Donald Trump gewählt hatten. Vor allem männliche Farmer und Industriearbeiter ohne Hochschulbildung, die abseits der urbanen Zentren in traditionellen Milieus leben und oft so abschätzig »einfache Menschen« genannt werden, forderten: »Hört auf, uns Rassisten zu nennen. Hört auf, uns Idioten zu nennen. Hört uns zu, wenn wir euch erklären wollen, warum wir weder Rassisten noch Idioten sind. Und hört endlich auf, euch über uns lustig zu machen.«[22]

Es gibt diese Männer nicht nur in Amerika, sondern überall auf der Welt. In Deutschland leben sie in Gelsenkirchen, Magdeburg oder auf dem Land, früher haben sie SPD gewählt, heute wählen sie die Linke, die AfD oder gar nicht mehr, weil sie die Hoffnung aufgegeben haben, dass sich die Dinge noch mal bessern könnten. Sie haben registriert, dass in den Talkshows kaum noch über sie gesprochen wird, dass sich niemand mehr für ihr Schicksal, ihre Leistungen und Probleme zu interessieren scheint, weil auf einmal alle darüber diskutieren, wer sich vor zwanzig Jahren beim Karneval als Indianer verkleidet hat. In den schicken Vierteln von Berlin, Hamburg und München sieht man sie praktisch nie. Sie stehen nicht vor dem Foodtruck mit den Veggieburgern, buchen keine Hot-Stone-Massage für 78 Euro und waren noch nie in einem Barbershop, wo der moderne Gentleman »zwischen klassischem Handwerk« und »authentischem Service« entschleunigen kann. Und wenn sich doch mal einer von ihnen dorthin verirrt, findet man ihn rührend, fehl am Platz, bemitleidenswert.

Diese Männer haben das Gefühl, alles richtig gemacht zu haben. Sie sind stolz auf ihre Biografie, fühlen sich aber alleingelassen, weil sich soziale Strukturen und traditionelle Bindungen auflösen, weil sich ihr Aufstieg in die Mittelschicht, von dem sie ein Leben lang geträumt haben, wertlos anfühlt. Sie sind im Fußball-, Trachten- oder Schützenverein, in einer Gewerkschaft oder Kirchengemeinde, sie engagieren und kümmern sich, wenn ein Karnevalsumzug oder ein Gemeindejubiläum anstehen, trotzdem wird ihnen permanent vermittelt, dass sie den Sprung in die digitale Gegenwart verpasst haben, weil sie nicht mobil, vernetzt und flexibel genug seien, ja dass alles, wofür sie gelebt und woran sie geglaubt hätten, ein Trugbild sei, von dem nichts zurückbleiben werde außer ein paar Fotoalben. In ihrem Frust klammern sie sich an gewissenlose Populisten, denen sie genauso gleichgültig sind wie dem Rest, und setzen Zeichen, die niemanden interessieren: In Amerika zum Beispiel boykottieren Tausende von Trump-Anhängern die Kaffeehauskette Starbucks, weil die 1971 von linken Hippies gegründet worden ist, und trinken stattdessen eine Röstung namens »Right Wing Brew«, die mit dem Slogan beworben wird: »Dieser Kaffee kann Sie dazu verleiten, Waffen zu lieben, Adler zu reiten, Steaks zu essen, Republikaner zu wählen, für die Nationalhymne aufzustehen und sich weniger um Europa zu kümmern.«[23]

Diese Männer sind Emanzipationsverlierer, die die vertrauten Koordinaten nicht mehr finden, bemitleidenswerte Opfer einer linken Politik, die sie zurückstößt, weil sie wertvolle kulturelle oder soziale Interessen nur noch bei Minderheiten ausmacht. Wie Tramper stehen sie am Straßenrand, aber kein Auto hält an, niemand kurbelt das Fenster runter und nimmt sie mit. Oder wie die Kabarettistin Lisa Eckhart mal gesagt hat: »Der alte weiße Mann ist nicht immer Manager, sondern eben auch oft der Rentner, der früher Maschinenbauer war. Doch jetzt baut sich die Maschine selbst, kontrolliert zunehmend den Menschen, und mancher alte weiße Mann sucht verzweifelt nach den Privilegien, die ihm die ganze Zeit unterstellt werden.«[24]

Und natürlich will es niemand hören, aber vielleicht hätten sich die Amerikaner den peinlichsten Präsidenten ihrer Geschichte ersparen können, wenn sich Hillary Clinton und weite Teile der sich kulturell überlegen fühlenden Lifestyle-Linken gegenüber diesen Menschen weniger snobistisch verhalten hätten.

»Es gibt eine Zeit, da man die eigenen Verluste auf die Außenwelt projiziert und politisch wird«, hat Roger Willemsen mal geschrieben.[25] Nichts anderes passierte am 6. Januar 2021, als ein Mob gedemütigter Trump-Anhänger in einem Akt maßloser Verblendung das Kapitol in Washington, D.C. stürmte und für mehrere Stunden besetzt hielt, der eine mit Kriegsbemalung, Speer und Büffelhörnern, der andere mit seinen Stiefeln auf dem Schreibtisch von Nancy Pelosi – Karikaturen traditioneller Männlichkeit, pervertierte Cowboys, Trump selbst nennt sie bis heute »die Ungewaschenen«. An diesem Abend waren sie alles auf einmal: jämmerlich, tragisch und bedrohlich. Ich saß die halbe Nacht halb amüsiert, halb besorgt vor dem Fernseher und konnte nicht aufhören, mir immer wieder die gleiche Frage zu stellen: Was um Himmels willen habt ihr erlebt, dass ihr so geworden seid?

Wir können davon ausgehen, dass viele Männer, die sich in den letzten Jahren radikalisiert haben, einsam waren oder sind. Zwar hatten sich auch organisierte Gruppen wie die Proud Boys zum Sturm aufs Kapitol verabredet, aber »viele der Rechtsanarchisten hatten sich solo radikalisiert und stolperten durch den Tag wie durch die private Realität eines Videospiels«, schreibt Nils Minkmar.[26] Es ist dies die Einsamkeit in einer globalisierten und digitalisierten Gesellschaft, die nicht nur private Interessen über kollektive Überzeugungen stellt, sondern auch jeden, der sich ihrer Idee von Fortschritt widersetzt, gnadenlos aussortiert.

Der Duden definiert Kränkung als »Verletzung der Gefühle oder des Selbstgefühls eines anderen«. Dass sich zuletzt vor allem Männer radikalisiert haben, muss mit einer spezifischen Erfahrung der Erniedrigung zu tun haben. Um diese besser nachvollziehen zu können, nahm die amerikanische Feministin Susan Faludi mehrere Monate lang an einer Therapiegruppe für gewalttätige Männer teil. Sie hörte Männern zu, die ihre Jobs und ihre Familien verloren hatten, Männern, die weniger feindselig als hilflos schienen. Am Ende begriff sie: »Ihr größter Wunsch war es, ihre Pflicht zu erfüllen und irgendwo dazuzugehören, die Rollen, die ihnen die Gesellschaft als Männer vorgeschrieben hatte, präzise zu erfüllen (...). Es war fast absurd, wie diese Männer Woche für Woche darum kämpften, sich als Beherrscher zu begreifen, obwohl sie so eindeutig von der Welt um sie herum beherrscht und zugrunde gerichtet wurden.«[27]

Es waren vor allem Männer, die bis Mitte der Neunzigerjahre in Normalbeschäftigungsverhältnissen gestanden hatten und nun aufgefordert wurden, ihren traditionellen Job zugunsten flexibler Dienstleistungsberufe aufzugeben. Es waren Männer, die nicht nur ihre Arbeit, sondern auch ihr Selbstwertgefühl einbüßten und sich auf einmal in prekären Verhältnissen wiederfanden. Natürlich, heißt es in dem Buch *Politische Männlichkeit,* hätten damals auch viele Frauen ihre Jobs verloren, seien aber mit der Situation viel souveräner umgegangen, weil sie im Laufe der Geschichte viel häufiger prekär beschäftigt gewesen seien als Männer. »Es geht eben nicht darum, dass Männer ihre Jobs verlieren, sondern darum, dass Männer gewohnt sind, diese sicheren Jobs zu haben, und meinen, dass sie einen Anspruch hätten auf die gesellschaftliche Rolle als Ernährer, als Familienoberhaupt und als derjenige, der ganz selbstverständlich die Entscheidungen trifft.« Letztlich bedeute der neoliberale Wandel für die Männer einen Abstieg auf die Positionen, die Frauen seit Langem gewohnt seien.[28]

Michael Kimmel, eigentlich ein Kritiker toxischer Männlichkeit, sagt: »Ich fühle insofern mit diesen Typen, als dass ich tatsächlich glaube, dass sie über den Tisch gezogen wurden.« Schuld seien aber nicht die Einwanderer, die Feministinnen oder Schwule, Lesben und Transmenschen, sondern die Wirtschaftseliten, die ihnen räuberische Kredite für ihre Häuser angedreht hätten. »Diese Menschen haben ein Recht, wütend zu sein, aber ihre Wut richtet sich gegen die Falschen.«[29]

Ich glaube, dass wir diese Männer nicht nur verachten und bekämpfen, sondern auch unterstützen sollten, dass uns nicht nur ihre Vergehen, sondern auch ihre Verluste und Niederlagen etwas angehen, dass nicht nur die Politik, sondern jeder Einzelne von uns sich mehr für ihre Erfahrungen und Nöte interessieren sollte, aber das ist eine andere Geschichte und ein anderes Buch.

CLOWNS UND HELDEN

»Ich bin schwul. Ich bin süchtig. Ich bin ein Genie.«
Truman Capote

»Unglücklich das Land, das keine Helden hat«, ruft Andrea Sarti. »Nein«, korrigiert ihn sein Lehrer Galileo Galilei im gleichnamigen Stück von Bertolt Brecht: »Unglücklich das Land, das Helden nötig hat.« So gesehen müssten wir so glücklich sein wie nie zuvor: Weil heute nämlich nicht der außerordentliche Mensch, der Held oder das Genie, zählt, sondern das Team, die Mannschaft oder die Gruppe, und jede Glanzleistung (oder Niederlage) am Ende das Ergebnis gelungener (oder misslungener) Kooperation ist.

Das postheroische Zeitalter, das auch ein postphallisches ist, mag keine Helden, die unbeirrbar ihren Weg gehen, keine Großkünstler, Steppenwölfe oder Chefs, die ihren Q7 um Mitternacht aus der Tiefgarage steuern, sondern Angestellte, die sich gesund ernähren, nach Feierabend ihre Mails checken und die richtigen Kollegen in CC setzen, damit Prozesse optimiert und Abläufe beschleunigt werden können. Maßvolle Zurückhaltung sticht jedes Ego, jeder Anflug von Originalität oder Temperament wird skeptisch beäugt, zu stark erinnert er an die verhassten Alphamänner, die ihre Erfolge ohne Rücksicht auf Verluste einfuhren. Wer heute von Helden spricht, meint keine Kriegshelden, Sportler oder Entscheider, nein, Helden, das sind heute fast immer Helden (und Heldinnen) des Alltags, Pflegekräfte, Kita-Betreuer und Supermarktkassiererinnen, also Menschen, die viel Applaus und wenig Geld bekommen.

Aber ist eine Gesellschaft ohne Helden – also ohne besondere Menschen, egal, ob männlich oder weiblich – überhaupt gerechter? Oder beraubt sie sich einer Kraftquelle, ja einer wertvollen Ressource? Und stoßen wir im Zuge der Cancel Culture falsche Helden vom Sockel, weil wir die Welt besser oder uns wichtigmachen wollen? Der Philosoph Dieter Thomä findet den Begriff »postheroisch« ungemein entlastend, »wie ein Zauberwort«, weil man endlich den schweren Rucksack los sei, in dem »Wackersteine aus der Vergangenheit« lagerten: »die Kriegshelden, die Supermachos, die welthistorischen Individuen, die ihre Blutspur quer durch die Jahrhunderte gezogen hatten.«[30] Trotzdem berge der Verzicht auf Heldenfiguren Gefahren, denn wer sich in einer postheroischen Gesellschaft einrichte, sitze einer Lebenslüge auf und überlasse das Heldentum in fahrlässiger Großzügigkeit denjenigen, die damit ein florierendes Geschäft betrieben, zum Beispiel autoritären Machthabern, die all jene abfischten, die in der schönen neuen Welt der Vielfalt unter die Räder gekommen seien. »Nicht jede Heldin ist demokratisch, aber jede Demokratie braucht Heldinnen«, schreibt Thomä, und dass wir unsere Sehnsucht nach besonderen Menschen im Zuge der Gleichbehandlung aller nicht aufgeben sollten, weil schon Friedrich Nietzsche gemahnt habe: »Wirf den Helden in deiner Seele nicht weg.« Kindheit und Jugend seien nun mal mehr als eine Lebensphase, vielmehr eine Lebenshaltung, die für Unruhe, Ungestüm, Unbeholfenheit, aber auch für Beweglichkeit, Neugier und Veränderbarkeit stünde.

Klar ist die Gestalt des dämonengeplagten Genies reichlich abgehangen, ja komisch, aber soll man sie deswegen wirklich aufgeben? Der Historiker Jacob Burckhardt sah in der Bereitschaft, sich »für Größe offenzuhalten«, noch eine

»Bedingung höhern geistigen Glückes«. Heute gehört es in Sport, Wirtschaft und Politik zum guten Ton, die eigene Leistung galant unter den Tisch fallen zu lassen und sich dafür umso herzlicher bei Kolleginnen und Kollegen zu bedanken. Bei Preisverleihungen bekennt jeder, dass er oder sie ein Vorbild für andere sein und das Leben vieler (und idealerweise benachteiligter) Menschen berühren wolle.[31] Ich bewundere jeden, der diese hohlen Formeln noch ernst nehmen kann, die leicht von den Lippen gehen, garantiert gelikt, aber nie überprüft werden. Oder wie mal in der *Zeit* stand: »Der Moralist hat inzwischen immer recht, weil er ein kleiner alter Holzmichel ist, der alle anderen daran erinnert, dass es im Allgemeinen besser zugehen solle – was alle auch gerne hören, ohne dass es sie weiter schert.«[32]

Kaum noch auszuhalten ist es beim Fußball, wenn Jungprofis, die drei Medien-Workshops durchlaufen haben, minutenlang reden, ohne dass ihnen ein bemerkenswerter Satz unterliefe: »Ich möchte mich vor allem bei meinen Mitspielern bedanken«, »Wir gewinnen zusammen und verlieren zusammen«, »Ich spiele da, wo der Trainer mich hinstellt«. Manchmal frage ich mich, wie viele Tore man heute eigentlich schießen muss, damit man sich wenigstens ein bisschen geil finden darf. »Die meisten Fußballer sind einfach unfassbar langweilig«, hat Harald Schmidt mal gesagt, »alles wird gegengelesen und glattgebügelt, beim Interview sitzt der Pressereferent daneben, hinterher wird's noch mal gecheckt im Verein. (…) Wenn's beim Fußball losgeht mit Besuchen in Schulklassen, dann ist's aus. Ich will so Charismatiker, Profis, die den Ferrari am Laternenpfahl parken und zweihundert Verwandte in der Disco bewirten.«[33]

Es ist schon eine Weile her, aber wer sie gesehen hat, wird die Szene nicht vergessen haben: Wie die deutsche Fußballnationalmannschaft bei der EM 2012, nachdem sie von den Medien wochenlang für ihr modernes Männerbild gefeiert worden war, im Halbfinale gegen Italien nicht einfach nur verlor, sondern vor den Augen der halben Welt gedemütigt wurde. Wie der italienische Stürmer Mario Balotelli nach einem genialen Pass in die Tiefe den Ball am ratlosen Manuel Neuer vorbei zum 2:0 ins Tor hämmerte, sich das Trikot vom Körper riss und gefühlte zwei Minuten wie ein tätowierter Stammeskrieger nach gewonnener Schlacht auf dem Platz posierte, es fehlte eigentlich nur noch die blutverschmierte Axt. Der *Spiegel* kommentierte damals: »Der kleine, ewig milchige Philipp Lahm, dem Balotelli vor dem 0:2 einfach davongelaufen war, schlich über den Platz wie ein Schuljunge, der sich ohne Gegenwehr sein Pausenbrot hat abknöpfen lassen.«[34]

Die Blamage liegt zehn Jahre zurück und wurde vom WM-Sieg 2014 vergessen gemacht, danach aber haben der Nivea-Fan Jogi Löw und der selbst ernannte Marketingexperte Oliver Bierhoff aus der Nationalmannschaft eine Truppe geformt, die vor lauter Artigkeit keine Leidenschaft mehr entfacht, eine Ansammlung von Einzelspielern, die in ihrem wohltemperierten Auftreten an eine Sekte erinnern, die – wie Mehmet Scholl mal über deutsche Nachwuchsspieler gesagt hat – »achtzehn Systeme rückwärtslaufen und furzen« können.

Ständig bedanken sich alle bei Mitspielern, Fans, Ausstattern, Physiotherapeuten, Busfahrern und formen Herzen aus Daumen und Zeigefingern. Alle zusammen sind sie das Gegenteil des ehemaligen englischen Stürmerstars Wayne Rooney, den die *Süddeutsche Zeitung* mal als »Ein-Mann-Büffelherde« bezeichnet hat. Natürlich wirkt einer wie Matthias Ginter sympathischer als Cristiano Ronaldo, weniger abgehoben, menschlicher, moderner, vielleicht kann man sich mit ihm auch anregender über Musik oder französische Filme unterhalten, aber komischerweise schießt Ronaldo halt immer ein Tor, wenn's drauf ankommt.

Wenn die testosterongetränkte Fußballwelt von früher auf die gefühlssensible von heute trifft, wird es immer ein bisschen lustig: Als der Liverpool-Stürmer Mohamed Salah beim Champions-League-Finale 2018 nach einer Verletzung unter

Tränen ausgewechselt werden musste, kommentierte der ZDF-Experte Oliver Kahn in der Halbzeitpause: »Dass die immer alle weinen! Das kann man doch in der Kabine machen. Ich weiß nicht, was sich da eingebürgert hat. Jeder weint immer.«

Auch bei der EM 2021 rächte sich die Strategie, die mitreißenden »Aggressive Leaders« von einst durch sogenannte »Emotional Leaders« zu ersetzen, vorausschauend agierende Großregisseure, die smarte Lösungen auf dem Platz finden, ohne ihre Gegner physisch oder psychisch in Mitleidenschaft zu ziehen: Die deutsche Mannschaft schied kläglich im Achtelfinale gegen England aus, ohne sich erkennbar gegen die Niederlage zu stemmen – selbstverständlich waren auch danach alle wahnsinnig nett zueinander. Keiner der Beteiligten wollte formulieren, was offensichtlich war: Dass der deutschen Nationalmannschaft in den Jahren zuvor jede Negativität ausgetrieben worden war, dass die Spieler zwar gesitteter und weltgewandter geworden waren, aber offenbar verlernt hatten, sich zur Wehr zu setzen, wenn ein paar wilde Typen auf sie zulaufen, die dringend ein Tor erzielen wollen. Wenn die deutsche Nationalmannschaft zu alter Stärke zurückfinden soll, wird der neue Bundestrainer Hansi Flick nicht nur Freistöße und Ecken einstudieren, sondern seinen Spielern vor allem diese falsch verstandene Konfliktscheu und kitahafte Artigkeit abtrainieren, also die richtige Balance zwischen traditioneller und zeitgemäßer Virilität finden müssen.

Früher hießen Fußballer »Schädel« (Horst Hrubesch), »Pitbull« (Edgar Davids) oder »Gravedigger« (Thomas Gravesen), heute heißen sie »Floh« (Lionel Messi), »Bambi« (Jamal Musiala) oder »die Bender-Zwillinge«. Und ja, natürlich handelt es sich um einen zivilisatorischen Fortschritt, wenn die stumpfe und korrupte Welt des Fußballs aufbricht, wenn sie transparenter und moralischer wird, aber ein bisschen traurig ist es auch, wenn wir uns auf YouTube immer wieder die alten Ausraster-Videos anschauen müssen, weil die Gegenwart keine erinnerungswürdigen Momente mehr produziert: Wie Günter

Netzer übers Wochenende nach Las Vegas flog und sich am Montagmorgen mit Trenchcoat und Hut vom Flughafen zum Trainingsgelände von Real Madrid chauffieren ließ. Wie sich die deutsche Nationalmannschaft am Schluchsee, der als »Schlucksee« in die Geschichte einging, vögelnd, saufend und Karten spielend auf die Weltmeisterschaft 1982 in Spanien vorbereitete – um dann Zweiter zu werden. Wie Rudi Assauer als Manager von Schalke 04 vor dem UEFA-Cup-Finale 1997 gegen Inter Mailand seinen Tormann Jens Lehmann mit Zigarre im Mundwinkel warm schoss. Wie Johannes Rau als Ministerpräsident von Nordrhein-Westfalen 1998 gefragt wurde, ob man das neue Fußballstadion in Gelsenkirchen nicht nach einer Frau benennen könne, und er, weil er sich das nun wirklich nicht vorstellen konnte, belustigt zurückfragte: »Wie sollen wir das denn nennen? Dem-Ernst-Kuzorra-seine-Frau-ihr-Stadion?«

+++

Ich bin selbst schuld, wäre ich halt nach Dortmund gezogen oder im Bayerischen Wald geblieben, aber jetzt lebe ich im Münchner Glockenbachviertel und habe den Quinoa-Salat: Kaum verlasse ich meine Wohnung, sehe ich nur noch Männer, die nichts, aber auch gar nichts mit den Idolen meiner Jugend zu tun haben: Die einen krempeln im Winter ihre Hosenbeine nach oben, damit man ihre tätowierten Waden sehen kann, die anderen ziehen einen Rollkoffer mit integrierter Laptop-Tasche hinter sich her. Und die nächsten stoßen, kabellose Kopfhörer in den Ohren, joggend einen Kinderwagen vor sich her, archivieren ihre Körperdaten in der Cloud, legen Filter auf Selfies und freuen sich über siebzehn Likes für ein Wolkenfoto.

Schaue ich ihnen zu, werde ich traurig, weil mir etwas fehlt, ein Geheimnis, ein Zauber, ein Risiko, weil mintgrüne Socken zum Anzug nicht reichen, um als verwegen durchzugehen. Kennen Sie diese Szene aus *Ein Herz und eine Krone* aus dem Jahr 1953? Wie Gregory Peck mit Audrey Hepburn auf der Vespa durch Rom saust, sie die schmalen Arme um seine Hüften geschlungen, er im taubengrauen Anzug mit schmaler Krawatte und – natürlich: ohne Helm? Alles vorbei, verloren, veraltet, vergessen.

Ich sehe menschenähnliche Algorithmen mit weggewachstem Achselhaar und den Sneakers der Saison. Ich sehe kompromissbereite, gesundheitsbewusste Männer, deren Sexualität in guten Momenten gerade noch zu ahnen ist. Manchmal, wenn ich einen von ihnen im ICE-Bordrestaurant beobachte, blass und makellos rasiert, auf dem Notebook eine Excel-Tabelle, auf dem Tisch ein Wasser ohne Kohlensäure, fällt mir ein, was Martin Mosebach mal geschrieben hat: »Es muss sich einfach eine Menge von Missverständnissen ansammeln. Das nennt man dann Erfolg.«

Vor zehn Jahren erschien eine ganze Serie von Texten über die sonderbare Verweichlichung junger Männer: Die neue Männergeneration sei ängstlich und gehemmt, der *Spiegel* rief den »Anti-Desperado« aus, die *Zeit* schrieb von »Schmerzensmännern«, »Waschlappen« und »Kuschel-Wesen mit Strickjacke und Hornbrille«, die unentschlossen, harmoniesüchtig und selbstmitleidig seien, letztlich Kinder im Körper eines ratlosen Mannes.[35] Auch Musiker und Schauspieler konnten gar nicht schwächlich genug sein, einer dürrer und blasser als der andere, übersät von Leberflecken, mit schmalen Schultern und traurigen Augen, auf einmal versuchten alle so kränklich wie ein Jil-Sander-Model auszusehen. Tocotronic sangen »Im Zweifel für den Zweifel«, ein paar Jahre vorher war das Album *Quiet Is the New Loud* von Kings of Convenience erschienen – kuschelige Innerlichkeit, akustische Gitarren, gehauchte Stimmen, Popmusik wie ein Abend unter der Wolldecke mit der Teetasse in der Hand.

Inzwischen haben sich die Melancholiker von damals in gnadenlose Pragmatiker verwandelt, deren Lebensziel darin zu bestehen scheint, keine Fehler zu machen, niemanden vor den Kopf zu stoßen und auf einem Handy mit möglichst langer Akkulaufzeit herumzuwischen. Wenn sie mit einer mediterranen Bowl in den Hotspots urbanen Lebensgefühls rumsitzen oder zur »Power Hour« im Fitnessstudio aufkreuzen, muss ich immer an Gärten in Neubausiedlungen denken, in denen vor lauter geometrischer Kiesbeete nichts mehr blüht oder duftet. Man ahnt das Potenzial, aber alles ist gebändigt und zurechtgestutzt, nichts schießt über, wächst wild oder bricht sich Bahn – selbstverständlich gehen sie regelmäßig zur Haarentfernung mit Bio-Wachs.

Diese Männer sind zielstrebig und haben ein ausgeprägtes Interesse an Sicherheit. Sie sind brav, beflissen und gefällig, ein bisschen wie Kinofilme mit Matthias Schweighöfer. Enttäuschungen beugen sie vor, Versuchungen können sie glänzend widerstehen, auf Spiele, die sie verlieren könnten, lassen sie sich gar nicht erst ein. Ihre Träume kommen der Wirklichkeit nicht in die Quere, weil sie keine haben. Das Rauschen der iPad-Lüftung ist der Sound ihres Lebens, auf die Knie fallen sie nur, um das Notebook-Kabel einzustecken, selbstverständlich vertrauen sie Algorithmen mehr als Menschen, weil die nie müde werden, längst ist jeder Winkel ihrer Seele digital erreichbar. Ihre Dämonen haben sie verdrängt, ihre Abgründe versiegelt, rauschhafte Ausschweifungen sollen ihnen nicht die Wochenperformance verhageln – am Ende ihres Lebens werden sie die meiste Zeit mit ihrem Notebook verbracht haben, dabei sind sie, und das macht die Sache nicht leichter, oft ganz sympathisch.

»Wenn ich sterben würde und wäre nicht erschöpft, dann wäre das tragisch«, hat Joseph Beuys mal gesagt. »Wer erschöpft ist, sollte mehr Power-Naps einlegen«, sagen diese Männer. Sie wollen nicht schnell und gefährlich, sondern gesund und lange leben, weshalb sie YouTube-Kanäle zu den Themen Ernährung und Achtsamkeit abonniert und dieses internetaffine Spinning-Bike erworben haben, auf dem sie zusammen mit Webdesignern aus Tel Aviv ihre Performance steigern. Ständig fliegen sie nach Berlin (beruflich) oder Ibiza (privat), blättern in einem Gelassenheitsratgeber, um eine halbe Sekunde nach der Landung panisch ihr Handy zu entriegeln. Suchen sie Entspannung, schauen sie ein Kaminfeuer-Video, suchen sie Spaß, verabreden sie sich in einer Event-Location, wollen sie lässig wirken – und das wollen sie immer, weil sie ahnen, dass sie es nicht sind –, tragen sie zum Anzug weiße Turnschuhe, was wirklich nur achtzigjährige Franzosen tun sollten, die im Park Boule spielen.

Seit Neuestem interessieren sie sich für Politik, die Grünen finden sie »erfrischend«, wirklich am Herzen aber liegt ihnen vor allem die Zurschaustellung ihres guten Geschmacks. Ihre Selbstverwirklichung mündet fast immer in Selbstdarstellung und Konsum, weshalb sie pausenlos überteuerte Bildbände und japanische Küchenmesser erwerben. Auf Twitter etikettieren sie sich selbst als »Mensch«, »father« oder »citizen«, und ich denke seit Jahren darüber nach, was sie mir damit sagen wollen, aber ich komme nicht drauf. Ihr Geld lassen sie nicht in Bars, sondern stecken es in Nachhaltigkeits-Fonds mit solider Wertentwicklung – KI, grüner Wasserstoff, E-Mobilität, keine Waffen, keine Fluglinien. Ständig wischen sie über das Display ihres Smartphones, sagen: »Kein Thema, da bin ich flexibel«, definieren Ziele, abonnieren Apps, schreiben Listen, lesen Ratgeber zur Stärkung des Selbstwertgefühls, kommunizieren viel und sagen wenig, die Chefetagen der Firmen sind verrückt nach ihnen: Distanzmenschen mit glatt geschliffenem Temperament und einem Algorithmus für jede Lebenslage, Idealbewohner künftiger Smart Citys mit Holzhäuschen und Dachbegrünung, in denen nie ein böses Wort fällt, weil sich niemand mehr begegnet, außer in einer Bar, die staatlich alimentiert wird, um so was wie Lebendigkeit vorzutäuschen.

Als Udo Lindenberg fünfundsiebzig wurde, verriet er einem Journalisten, wie er sich seine Verrücktheit und Sehnsucht bewahrt habe: Er sei eben nicht zu dem geworden, was man sich in Deutschland als erwachsen vorstelle. Stattdessen habe er alle Normalitätsangebote abgelehnt. »Ich habe mir meine Seele als eine Art Rutschbahn eingerichtet, auf der ich bis in meine Kindheit oder Jugend zurückrutschen kann.« Die Männer von heute machen es umgekehrt: Ihre Jugend verbringen sie damit, ihr Erwachsenenleben zu planen, dann machen sie einen Bachelor in irgendwas und fangen zehn Jahre später an, sich wie Rentner zu benehmen, also ihre Wochenenden vor allem damit zu verbringen, Mürbeteig zu kneten oder Pfirsiche einzuwecken. Sie können nichts dafür, dass sie in halben Zügen vor sich hin existieren, sie passen sich lediglich den Anforderungen der spätmodernen Gesellschaft an, dafür sind sie ein bisschen egoistisch, ein bisschen ökologisch, ein bisschen moralisch, ein bisschen originell, ein bisschen vernünftig, ein bisschen flexibel, ein bisschen verlogen und sichern allzu übermütige Textnachrichten lieber mal mit einem Zwinkersmiley ab. Die Ersten verlassen kaum noch ihre Wohnung, weil sich ihre Digital-Abos (Peloton, Netflix, Hellofresh, Amazon Prime) sonst nicht lohnen.

Viele zeitgemäße Männer verachten die Alphatypen des 20. Jahrhunderts mit den Manschettenknöpfen und nehmen doch am gleichen Rattenrennen um Prestige und Anerkennung teil, nur halt nicht mit Senator-Karte und Basta-Sprüchen, sondern Regenbogen-Tweets und zoomtauglichen Hemden – oben Kragen, unten Sweatshirt. Sie begreifen sich als radikal aufgeklärt, dabei haben sie oft nur die Vorzeichen getauscht, die Muster sind geblieben. Sie sind berechenbar und opportunistisch, ihre Sprache ist diskriminierungsfrei, ihr Handeln nicht immer, vor Jahren haben sie mal vier Tage in einem indischen Kloster verbracht, um sich selbst zu finden – »eine wahnsinnig tiefe Erfahrung«.

»Schaut mich an«, rufen sie mit jedem Blick und jeder Geste, »schaut mich an, ich habe verstanden, ich bin tolerant, ich bin modern, ich bin zeitgemäß.« Und damit das auch jeder kapiert, empören sie sich pausenlos über toxische Geschlechtsgenossen und empfehlen jedem, der sie nicht darum gebeten hat, diese geniale Rooftop-Bar in Bangkok, die garantiert in keinem Reiseführer steht; oft melden sie sich drei Jahre nicht, um dann, wie aus dem Nichts, einen »schnellen Gruß aus NYC« zu senden.

Manchmal frage ich mich, wie sich die Dinge so fatal in ihr Gegenteil verkehren konnten, dass junge Männer nicht mehr Künstlern und Rebellen nacheifern, sondern den Typen, die früher verloren mit dem Aktenkoffer auf dem Schulhof rumstanden, wenn ihr Kopf nicht gerade in einer Kloschüssel steckte, dass Teenager also davon träumen, Informatiker, Programmierer oder Influencer zu werden, die nebenbei Marathon laufen, Intervallfasten praktizieren und knitterfreie Hosen tragen. Ich sehe Mark Zuckerberg, Elon Musk und Jeff Bezos, ich sehe ihre Augen und ihre Weltraumraketen und frage mich, ob ihre Visionen vielleicht nichts anderes sind als ein gigantischer Rachefeldzug gegen alle, von denen sie in der Jugend gedemütigt wurden, weil sie, wenn sie es tatsächlich ernst meinten mit einer »besseren Welt«, doch schon mal mit ein paar Steuernachzahlungen anfangen könnten.

»Unsterblich werden und dann sterben« – so antwortet der Schriftsteller Parvulesco in *À bout de souffle* (deutscher Titel: *Außer Atem*) auf die Frage, was die größte Ambition seines Lebens sei. Ganz anders die Tech-Gurus von heute: Mit ihrem Glauben an die Kontrollierbarkeit jeder menschlichen Regung haben sie eine Religion erschaffen, an die wir uns klammern, obwohl sie keinen Trost spendet, im Gegenteil: Ihr Ziel, für jedes Problem eine technische Lösung zu finden und jede Eventualität zu prognostizieren, ist unendlich traurig, weil am Ende das optimierte Leben auf uns wartet, mit Speicherchips im Körper, genetischen Eingriffen und überwachten Vitalfunktionen, weil sie aus unserer Lust am Leben die Gier gemacht haben, nicht mehr sterben zu müssen.[36]

+++

In Gottfried Kellers Novelle *Kleider machen Leute* wird der arme Schneiderlehrling Wenzel Strapinski nur seiner edlen Kleidung wegen für einen polnischen Grafen gehalten. In der Gegenwart werden Typen nur ihrer schleimigen Tweets wegen für Feministen, zeitgemäße oder, noch drolliger: gute Menschen gehalten. Im Gegenzug werden Männer, die nach reiflicher Überlegung zu dem Schluss kommen, sich dem Zeitgeist nicht in *sämtlichen* Punkten anzuschließen, als vormoderne Trampel diffamiert, die den Sprung in die Gegenwart verpasst haben.

Heute gilt: Je temperamentloser ein Mensch, desto wahrscheinlicher wird er befördert, unterstützt, gelikt, während alle, die Vorbehalte gegen die Ödnis allgemeinen Gutmeinens äußern, zurückgepfiffen oder an die Leine genommen werden. Im Moment kann man sich kaum retten vor Männern, die ihre vermeintliche Integrität wie eine Trophäe vor sich hertragen, die »morgens googeln und abends bügeln«[37], nie laut, aber auch nie originell werden, Männer wie der Hugo-Boss-CFO Yves Müller, der mit einer Kordelzug-Hose zur Bilanzpressekonferenz kommt und erklärt, er sei »fluide gekleidet«, der kanadische Premier Justin Trudeau, der öffentlich um Entschuldigung bittet, weil er sich vor zwanzig Jahren als dunkel geschminkter Aladin verkleidet hat, oder Oliver Bierhoff, der sagt, es sei nicht auszuschließen, »dass der Nachfolger von Jogi Löw auch eine Frau hätte sein können«, obwohl, wenn wir für drei Sekunden ehrlich sind, genau das (noch) ausgeschlossen ist.

Man kann es nicht anders sagen: Diese Männer wollen für ihre Äußerungen geliebt, befördert oder zumindest nicht abgesetzt werden. Der Feminismus hat sich auch unter Männern zu einem profitablen Label entwickelt und die korrekte Haltung in Wertefragen zur wertvollsten Währung in der Bekenntnishölle der sozialen Netzwerke. Leider zählt die Verpackung mehr als der Inhalt, der Effekt mehr als aufrichtige Gewissensprüfung. Es ist ein Überbietungswettbewerb im

Korrektsein entstanden, in dem differenziertes Denken nicht nur nicht goutiert wird, sondern stört, und nicht wenige Männer zeigen auf Twitter mit dem Finger auf andere, während sich ihre Lust auf autoritäres Verhalten immer dann Bahn bricht, wenn keiner hinschaut – oder alle hinschauen und trotzdem nichts sehen, weil nicht sein kann, was nicht sein darf.

1975 waren John Lennon und Yoko Ono in der Fernsehshow von Dick Cavett zu Gast: Gemeinsam hatten sie den Song »Woman Is the Nigger of the World« geschrieben, ein Lied »about the women's problem«, ein Manifest gegen Sexismus und weibliche Unterdrückung, das wegen des Gebrauchs des N-Worts heftig diskutiert und von einigen Radiostationen bewusst nicht gespielt wurde. Nun saßen die beiden auf dem Sofa, halb Amerika schaute zu, und Lennon erzählte, dass Yoko Ono bereits 1969 von »der Frau als Nigger der Welt« gesprochen und er zunächst Bedenken gehabt, sich am Ende aber von ihr überzeugen habe lassen. Das Interview dauerte drei Minuten, man kann es sich auf YouTube anschauen und Zeuge werden, wie ausgerechnet der Friedens- und Gerechtigkeitskämpfer John Lennon Yoko Ono kein einziges Mal zu Wort kommen lässt. Er redet und redet, ab und zu verdeckt er sie, als er das Plattencover in die Kamera hält, einmal rückt sie zur Seite, um besser gesehen werden zu können, aber es hilft nichts, sie darf sich nicht äußern, findet nicht statt, immer wieder spricht Lennon in der dritten Person von ihr. »Das Ganze sah aus wie der ungewollte Beweis des Songtitels«, schreibt der Autor Ralf Bönt, die Zuschauer wohnten »der Geburt des Feminismus unter männlicher Schirmherrschaft bei«.[38]

Der Mensch des 21. Jahrhunderts fordert Haltung, am liebsten in sozialen Medien, dabei sind viele, die ihre vermeintliche Toleranz zu einer florierenden Marke entwickelt haben, nicht nur als Schönfärber in eigener Sache unterwegs, sie unterbieten auch regelmäßig ihre eigenen Ansprüche –

»verbale Aufgeschlossenheit bei weitgehender Verhaltensstarre« hat der Soziologe Ulrich Beck das vor fünfunddreißig Jahren mal genannt: Viele Unternehmen präsentieren sich als jung, dynamisch und mit Gratis-Smoothies, rekrutieren aber immer noch homogene Mitarbeiter. Zum Beispiel hat Delivery Hero kürzlich ein »Diversity & Inclusion Advisory Board« gegründet, aber immer noch keine einzige Frau im Vorstand. Die FDP schreibt sich einen »liberalen Feminismus« ins Programm, aber Christian Lindner macht beim Parteitag sexistische Witze auf Kosten seiner früheren Generalsekretärin. Franck Ribéry betet vor jedem Spiel zu Allah – und lässt anschließend ein siebzehnjähriges Mädchen zum Sex (in einem Flughafen-Hotel!) aus Paris einfliegen. Göran Lindberg, der ehemalige Polizeichef von Uppsala und Rektor der schwedischen Polizeiakademie, hält jahrelang Vorträge gegen sexuellen Missbrauch – und wird mit einer Tasche Dildos auf dem Beifahrersitz aufgehalten, auf dem Weg zu einer Vierzehnjährigen, mit der er sich im Internet verabredet hat.[39]

Umgekehrt werden viele Männer für Klein- und Kleinstvergehen unverhältnismäßig scharf attackiert und manchmal auch: sozial vernichtet. Oft genügt ein ungelenker Spruch, schon fühlen sich einige provoziert, schon beginnt das Blut in ihren Adern zu rauschen. Der Autor Hajo Schumacher hat mal geschrieben, dass er nach manchen *Spiegel*-Kolumnen von Sibylle Berg am liebsten ein Bettlaken vom Balkon wehen lassen würde mit der Aufschrift: »Lasst die Männer in Ruhe und drescht auf böse Menschen ein!«[40]

Zuletzt genügte ein aus dem Kontext gerissener Satz, um aus der Gemeinschaft der Guten verstoßen zu werden. Der Kulturkritiker Hilmar Klute spricht von der »rührenden Ehrpusseligkeit«, mit der »Achtsamkeitsstreber« ihre Agenda spielten: »Unablässig lassen sie Verdachtsmomente aufploppen, die letzten Unbescholtenen versuchen sie auf Teufel komm raus zu diskreditieren und selbst harmloseste Ereignisse ziehen sie als Belege für Schuld, Sexismus und Inhumanität heran.«[41]

Als 2019 ein weltweiter Shitstorm über die knapp achtzigjährige Barlegende Charles Schumann hereinbrach, weil er zehn Jahre zuvor in einem Interview gesagt hatte, dass Frauen nachts hinterm Tresen nichts verloren hätten (gemeint war: um sie vor übergriffigen Gästen zu schützen, aber das interessierte niemanden), wurde er nicht nur als »misogyner Sexist« und »asshole« beschimpft, ein besonders engagierter Zeitgenosse schrieb sogar, dass Schumann wahrscheinlich auch behaupte, dass die Zahl der Holocaust-Opfer übertrieben sei. Auf einmal waren sich alle einig, die diesem Mann noch nie begegnet sind, dass es sich um einen »müden Dinosaurier« und »Frauenfeind« handeln müsse, der Frauen daran hindere, in der Gastronomie Geld zu verdienen, irgendjemand twitterte sogar: »at least #charlesschumann will probably be dead soon.« Tatsächlich ist Charles Schumann ein Mann, der austeilen und einstecken kann, der mal barsch, mal liebenswürdig, aber immer aufrichtig ist, ein Wirt in der Tradition eines Wiener Kaffeehauses, harte Schale, liebenswerter Kern.

»Ich bin nur eklig zu meinen *Stammgästen*«, hat er mal gesagt. »Warum? Weil die es so wünschen. Nur so fühlen sie sich geliebt.« Es handle sich um seine Form der Anerkennung, nicht mehr als ein Spiel, alle anderen behandle er respektvoll, vor allem Kinder und Touristen. Manchmal sitzt er in der Morgensonne hinter der Bar vor einer Blechschüssel und schält Kartoffeln, dann wieder drückt er einem verdutzt dreinschauenden Penner ein Lachsbrot in die Hand oder schlendert im weißen Arbeitskittel durchs voll besetzte Lokal und murmelt Dinge, die kein Mensch versteht, wahrscheinlich nicht mal er selbst. Und dann schaut man ihm zu, diesem Glücksritter, Bauernsohn und liebenswürdigen Grobian aus der Oberpfalz, wie er einem Stammgast das Geschirrtuch auf den Rücken haut oder einem jungen Menschen, den er mag, ein paar Bratkartoffeln aufs Haus serviert, und denkt: Mein

Gott, was soll aus dieser Stadt nur werden, wenn du weg bist? Wenn sich keiner mehr daran erinnert, dass eine Bar mehr ist als ein Raum zum Cocktailtrinken, dass sie ein literarischer Ort sein kann, auch Zuflucht und Heimat, und das Trinken eines Martinis, wie Luis Buñuel mal geschrieben hat, ein Sakrament. »Solche Typen wie ihn gibt es eigentlich heute nicht mehr«, schrieb Johanna Adorján zu seinem achtzigsten Geburtstag, »schon gar nicht in Groß- und weiteren Weltstädten, wo der Mensch zum Konformismus neigt und ihn die herrschende Marktwirtschaft dazu anhält, nach oben zu buckeln und zu den Seiten hin zu schleimen.«[42]

Wenn wir uns solche Unbekümmertheit nicht mehr zumuten, wird unsere Gesellschaft nicht gerechter, sondern weniger lebendig, dann verliert sie Esprit, Temperament und am Ende das Menschliche selbst, dann sind unsere Gespräche nicht mehr interessant, sondern gehemmt, unsere Abende nicht mehr magisch, sondern vorhersehbar, dann ist alles gut gemeint, aber funkelt nicht mehr, dann ist unser Leben quadratisch, praktisch, gut, aber sterbenslangweilig, wie eine Neubausiedlung am Sonntagabend, wenn hinter zugezogenen Vorhängen der *Tatort* flimmert.

Natürlich sollten wir so diskriminierungsfrei wie möglich miteinander umgehen, aber bitte differenziert und mit einem großen, offenen Herzen: Viele unserer Hassdebatten ließen sich mit einem Minimum an Humor, Souveränität und gesundem Menschenverstand aus der Welt schaffen, wenn wir nur wollten, wenn es uns um die Sache ginge und nicht darum, mit einer pointierten Beschwerde ein paar Scheinwerfer auf uns zu lenken. Es gibt einen Unterschied zwischen alltäglichem Sexismus und echter Misogynie, also der abstrusen Vorstellung, dass Männer grundsätzlich mehr wert sind als Frauen, weshalb wir immer wieder aufs Neue fragen müssen: Wer ist ein Frauenfeind, Rassist oder Antisemit? Und wem ist eine frauenfeindliche, rassistische, antisemitische Formulierung lediglich unterlaufen, weil er sich im Ausdruck vergriffen hat, im Eifer des Gefechts übers Ziel hinausgeschossen ist oder nicht über die nötige Bildung verfügt?

Ersteres muss angeklagt, bekämpft und bestraft, Letzteres aufgeklärt, moderiert und dann: abgehakt werden. Wer das verharmlosend findet, kann ja mal darüber nachdenken, wie viel Narzissmus in der dauernden Sehnsucht steckt, eine Diskriminierung nach der anderen aufzudecken, weil doch klar ist, dass heute niemand mehr Aufmerksamkeit bekommt als Menschen, die sich überzeugend als Opfer präsentieren. Der Philosoph Robert Pfaller schreibt, dass am Ende vieler Emanzipationsstränge ein Rückfall in die Kindlichkeit stehe, eine Pseudopolitik, welche die Menschen infantilisiere, indem sie sie zur Empfindlichkeit ermuntere.[43]

Wenn einer wie Thomas Gottschalk eine Jimi-Hendrix-Perücke aufsetzt und ein Foto davon postet, ist er unsensibel und vielleicht auch ein Dummkopf, aber doch kein Rassist. Man sollte ihn darauf aufmerksam machen, sich beim nächsten Kostümfest als Außerirdischer oder Giraffe zu verkleiden (obwohl manche sicher auch das diskriminierend fänden). Ihn öffentlich zu brandmarken, dürfte überzogen und kontraproduktiv sein, denn natürlich ist auch ein Kostüm rassistisch, von dem man nicht weiß, dass es rassistisch ist, aber darauf kommt es nicht an, sondern auf die Haltung dahinter, und die dürfte bei Gottschalk einer leidenschaftlichen Hendrix-Verehrung entspringen. Es ist geschmacklos, an sich harmlose Männer für törichte Halbsätze zu verurteilen, während wir gleichzeitig Rappern huldigen, die vor Tausenden jungen Leuten folgende Textzeilen zum Besten geben:

- »Dein Chick ist ’ne Broke-Ass-Bitch, denn ich fick sie, bis ihr Steißbein bricht.« (Kollegah & Farid Bang)
- »Bring deine Alte mit, sie wird im Backstage zerfetzt.« (Gzuz)
- »Und wenn sie heiraten will und nach drei Tagen Chillen schon dein ganzes Haus und deinen Leihwagen will – erschieß sie.« (Cro)

In der Frage, was sexistisch oder rassistisch ist, hat sich der Blick im öffentlichen Diskurs gewandelt: Die Perspektive des Empfängers ist gegenüber der des Senders in den Vordergrund getreten. Das ist im Prinzip richtig, weil so endlich Menschen eine Stimme bekommen, die lange übersehen, unterdrückt und zur Seite gedrängt worden sind, trotzdem muss jede Formulierung differenziert unter die Lupe genommen werden. Oder wie es die Schriftstellerin Emma Cline ausdrückt: »Wenn jemand von Hunderttausenden über das Internet gecancelt wird, kommt das einer Überlastung gleich. Wir legen den Schwerpunkt stark auf das schlechte Verhalten Einzelner, wollen Individuen bestrafen, anstatt strukturelle Veränderungen herbeizuführen.«[44]

Leider ist es in der Gender- und Identitätsdebatte momentan so, dass die benachteiligte Gruppe festlegt, was als unzumutbar gilt und folglich nicht gesagt werden darf. Das mag auf den ersten Blick logisch erscheinen – immerhin handelt es sich um Betroffene, die aus ihrer Erfahrung von Benachteiligung das Recht ableiten, über das Sagbare zu bestimmen –, ist aber in letzter Konsequenz problematisch, weil Opfer so nicht nur zu Klägern, sondern auch gleich zu Richtern werden, was mit freiheitlich-demokratischem Denken eher weniger zu tun hat.[45]

Zuletzt beschwerten sich vor allem Konservative über Sprech- und Denkverbote: Man dürfe nicht mehr alles sagen, abweichende Meinungen würden mundtot gemacht, eine gnadenlose Cancel Culture verhindere Meinungsfreiheit. Ich verstehe, was sie meinen, finde aber nicht, dass sie recht haben. Man darf auch heute noch alles sagen, die Meinungsfreiheit gilt, trotzdem ist der Preis, den man dafür zahlen muss, oft hoch, oder anders ausgedrückt: Es wird schnell einsam um Menschen, die vom Twitter-Mob in eine Ecke gestellt werden.

Ich glaube nicht, dass irgendjemandem geholfen ist, wenn wir in sämtlichen Winkeln unseres Sprechens, Denkens und

Handelns Diskriminierungen wittern. Besser wäre es, wenn wir alle gemeinsam aus den Schmollwinkeln und der Spirale gegenseitiger Schuldzuweisung herauskämen und anfingen, uns erwachsen zu verhalten. Oder wie es bei Albert Camus heißt: »Ein Mensch hält sich zurück. Das macht die Zivilisation aus.«[46]

+++

Wer im 21. Jahrhundert was werden will, zum Beispiel Abteilungsleiter oder Bundeskanzler, sollte so unscheinbar wie möglich auftreten. Im Kampf um Macht sind nämlich schon lange nicht mehr Mut oder Originalität, sondern eine möglichst kleine Angriffsfläche gefragt. Deswegen hat es für Annalena Baerbock auch nicht fürs Kanzleramt gereicht, weil sie im Gegensatz zu Armin Laschet und Olaf Scholz in Zukunft alles anders machen wollte, weil sie nicht moderat, sondern disruptiv und kämpferisch auftrat. Das finden die meisten Deutschen zwar couragiert, aber höchstens für ein paar Wochen, dann kriegen sie kalte Füße, weil, Klimakatastrophe hin oder her, eigentlich geht es ihnen doch ganz gut.

Als die SPD Olaf Scholz zu ihrem Kanzlerkandidaten machte, schimpfte die *Zeit*, dass die Parteien genau darauf zu achten scheinen, sich für besonders langweilige Kanzlerkandidaten mit »mangelnder Strahlkraft« zu entscheiden.[47] Ein paar Wochen später folgte Armin Laschet als Kanzlerkandidat der Union, der bekanntermaßen nichts mehr fürchtet, als dass er aus Versehen polarisieren könnte. Das wiederum brachte ihm schlechtere individuelle Zustimmungswerte ein als die von Helmut Kohl, und zwar im Jahr seiner Abwahl. Keine der drei großen Parteien sei ihrer Verantwortung gerecht geworden, kommentierte der *Spiegel* wenige Wochen vor der Wahl. Keine habe »ihre Besten aufgestellt«, stattdessen hätten alle aus »sachfremden Motiven« oder »Gremienkalkül« auf »B-Player oder Personen« gesetzt, von denen sie selbst nicht überzeugt seien.[48] Die Folge: Auf die Frage, wen von den drei Kandidaten sie am liebsten als nächsten Kanzler hätten, antworteten wenige Wochen vor der Wahl 45 Prozent mit »Keinen davon«.[49]

In Politik, Kunst und Medien sei heute nur erfolgreich, wer genügend Zustimmung finde, schreibt die Publizistin Thea Dorn. Respekt vor Leuten, die Unbequemes sagen, Ungewöhnliches riskieren, kurz: sich unpopulär betragen, gehöre schlicht nicht mehr zum Repertoire der Spätmoderne. Dies aber führe zu immer blasseren, biegsameren Figuren, deren größte Begabung darin liege, sich jeglicher Haltung zu enthalten.[50]

Es ist traurig, aber vor allem öde, wenn Männer, die etwas sind oder werden wollen, nicht mehr als komplexe oder widersprüchliche Persönlichkeiten zu erkennen sind, wenn sie konkrete Aussagen umschiffen und immer nur sagen, was sowieso jeder weiß oder ahnt, als spulte ein Chip in ihrem Kleinhirn ein Programm ab, das garantiert niemanden verschreckt oder zu Widerspruch anregt: Florian Silbereisen, Guido Cantz, Kai Pflaume, Mark Forster, Max Giesinger, Toni Kroos, Matthias Schweighöfer oder die Musiker von The BossHoss, die mit Cowboyhut und Stiergürtelschnalle durch Berlin-Mitte laufen, aber perfekt bei einer Castingshow auf ProSieben mitmachen könnten, was sie ja auch tun.

Wir haben uns in ein unauflösbares Dilemma hineinmanövriert: Auf der einen Seite sehnen wir uns nach echten, temperamentvollen, charismatischen Persönlichkeiten, auf der anderen sanktionieren wir jeden missglückten Blick oder schiefen Satz in den sozialen Netzwerken. Wer gelegentlich seine Widersprüchlichkeit aufblitzen lässt, wer auch mal überfordert, patzig oder verdutzt reagiert, wird zwar bewundert, gilt aber auch schnell als unberechenbar und wird, wenn es drauf ankommt, eher nicht berücksichtigt – siehe Robert Habeck.[51] Wie ihm ging es zuletzt vielen Männern, die unbequeme Wahrheiten aussprechen oder ungefiltert verraten, was ihnen durch den Kopf geht. Männer, deren Seele wenigstens noch zu erkennen ist, auch wenn sie ein paar dunkle Flecken hat: Mehmet Scholl, Hansi Flick (bei Bayern München), Lothar Matthäus, Peer Steinbrück, Boris Becker, Dieter Bohlen, Thomas Gottschalk, Friedrich Merz, Harald Schmidt – praktisch alle, die, gerade weil sie kein Problem damit haben, nicht von allen gemocht zu werden, unseren Konsensalltag mit Unvernunft, Größenwahn oder Streitlust bereichert und dem heuchlerischen Medienbetrieb eine menschliche, manchmal allzu menschliche Seite abgerungen haben, wurden abserviert und durch farblos routinierte Typen ersetzt, die grammatikalisch korrekte, aber leider auch wahnsinnig einschläfernde Dinge sagen. Und dass wir uns hier nicht falsch verstehen, ich bin kein Fan dieser Männer, aber aushalten, finde ich, kann man sie schon, ja mehr noch: Männer, die gelegentlich eine Zumutung darstellen, können wertvoll sein, weil sie, indem sie drängen, nörgeln, fordern, vielleicht nicht immer richtigliegen, aber doch unsere selbstzufriedene Trägheit torpedieren und nebenbei daran erinnern, dass man alles auch ganz anders sehen kann.

Manche Männer haben die Rebellion gegen die Wirklichkeit komplett eingestellt. Sie empfinden überhaupt keine Sehnsucht danach, dass alles intensiver, aufregender, aufrichtiger sein könnte. Sie bemerken nicht oder finden es »logisch«, dass aus der Absturzkneipe um die Ecke ein Wellnessclub geworden ist. Das überdrehte Glücksgefühl der Jugend haben sie eingetauscht gegen die stille Zufriedenheit der Erwachsenen. Wer nach den Sternen greift, sagen sie, verbrennt sich nur die Finger, lieber nicht zu viel erwarten, dann wird man am Ende nicht enttäuscht. Sie wollen nicht anecken, versprechen lieber gar nichts als zu viel, sind vorsichtig, manchmal übervorsichtig, am liebsten leben sie geräuscharm vor sich hin und haken abends ab, was sie sich morgens vorgenommen haben. Dabei sind unerreichbare Ziele wichtig, weil man sonst erlahmt, auch Sehnsucht, weil in ihr »die Kraft der Veränderung zum Besseren« liegt, weil aus ihr ein Handeln entsteht, das auf Veränderung zielt.[52] Was Hartmut Rosa mal geschrieben hat, gilt uneingeschränkt: »Die Welt spricht und singt nicht dort zum Menschen, wo sie beherrscht wird, sondern wo der Mensch für sie entbrennt.«[53]

Sie aber posten Bildchen, picknicken im Park, studieren Hotelbewertungen im Internet, bestellen dies, abonnieren jenes, trinken mal ein Bierchen, »aber nicht mehr«, finden alles nett und praktisch und dufte. Nichts quält oder irritiert sie, kein Mangel, keine Leere, kein Überdruss. Sie fühlen sich von den Zwängen der Gegenwart nicht gestört, nicht vom Leistungszwang, nicht vom Gesundheitszwang, nicht vom Überwachungszwang, nicht vom Kontrollzwang, nicht vom Anpassungszwang, im Gegenteil, sie nehmen sie gar nicht wahr, sondern kaufen, joggen und konferieren einfach so vor sich hin. Ich bewundere und verachte sie gleichzeitig, weil ich einerseits auch gern so flexibel, so anpassungsfähig wäre, aber andererseits ahne, dass Menschen, die jede Veränderung im Handumdrehen mitmachen, meist auch vorher keine Haltung hatten. Oder wie Navid Kermani mal geschrieben hat: »Wenn alles gleich gut und gleich gültig, also gleichgültig ist, erübrigt sich Toleranz.«

Wie soll ich dem Aufklärer Jan Böhmermann folgen, wenn ich den Romantiker Harald Schmidt verehrt habe? Wie Mark Forster, wenn ich mit Falco groß geworden bin? Wie Alexander Zverev, wenn ich mit diesem rothaarigen Jungen aus Leimen namens Boris Becker mitgefiebert habe, vor dem Fernseher, mit heruntergelassenen Jalousien, während draußen die Sonne vom Himmel brannte? Wie Guido Cantz, wenn ich mich jahrelang samstags auf *Wetten dass..?* mit Thomas Gottschalk gefreut habe, gemeinsam mit den Eltern auf dem Sofa, innige Familienmomente, in denen alles, wirklich alles perfekt war? Manchmal schaue ich den Typen mit ihren akkurat ausrasierten Nacken auf den E-Rollern hinterher, muss an James Dean in ... *denn sie wissen nicht, was sie tun* denken und frage mich: Was ist nur passiert?

Für drei Sekunden denke ich: Eigentlich toll, dass Teenager

heute nicht mehr mit dem Auto auf eine Klippe zurasen müssen, um ihre Gefühle auszudrücken, dass ein paar Instagram-Posts völlig genügen, trotzdem ist es gar nicht so leicht, das dauernde Nachdenken über Moral, Gesundheit und Sicherheit reizvoll zu finden, wenn man in den größenwahnsinnigen Achtzigern groß geworden ist, als Werbeagenturen Teams aus zwanzig Leuten für vier Wochen in die Sahara geschickt haben, um ein Glas Wasser im Sand zu fotografieren. Ich jedenfalls schaffe es nicht, mich mit Stars zu identifizieren, die gesellschaftliche Konventionen pedantisch einhalten (und damit im Internet angeben), nachdem mir jahrzehntelang eingeimpft worden ist, dass eigentlich nur cool ist, wer gesellschaftliche Regeln möglichst unterhaltsam mit Füßen tritt. Für mich ist »I see your sister in her Sunday dress« von Guns N' Roses nun mal eine überzeugendere Songzeile als »Haben es uns gemütlich gemacht in unserem Quadrat, ein kleines Nest gebaut in drei Zimmern« von Max Giesinger. Und wenn die Unterwäschefirma Victoria's Secret auf einmal behauptet, dass Plus-Size-Models supersexy sind, kann ich nur sagen: Okay, kann schon sein, aber gebt mir ein bisschen Zeit, nachdem ihr mir vierzig Jahre lang erfolgreich eingeredet habt, dass ich makellos schlanke Frauen begehren soll und nicht übergewichtige mit unreiner Haut.

Ich bin aufgewachsen mit Stars, die sich ostentativ danebenbenommen haben, ja deren kindische Rebellion gegen die Regeln der bürgerlichen Gesellschaft überhaupt erst die Voraussetzung ihres Erfolgs war: Sie hauten Fünf-Sterne-Suiten kaputt, bissen Fledermäusen den Kopf ab, schliefen nach Konzerten mit sehr vielen sehr jungen Frauen oder ließen sich – wie Peter Steele von Type O Negative – mit ansehnlicher Erektion für ein Cover fotografieren. Der Deal war, dass Künstler stellvertretend für fest angestellte Büromenschen in Abgründe blickten, Grenzen sprengten, über die Stränge schlugen, sich öffentlich danebenbenahmen: der Künstler als Gegenentwurf zum Philister, der Künstler als Mensch, der sich nicht nur verhalten darf, wie er will, sondern muss und sich dabei ins Grab oder auf die Intensivstation soff. Laut eigener Aussage trank der *Basic Instinct*-Drehbuchautor Joe Eszterhas auf dem Höhepunkt seiner Karriere jeden Tag »drei oder vier Flaschen Weißwein plus ein bisschen Gin, Tequila oder Bourbon plus hier und da ein paar Biere«, dazu rauchte er drei Schachteln – aber light.[54]

Schlechte Manieren wurden nicht versteckt, sondern aggressiv vermarktet. Ich kann mich nicht erinnern, dass laut protestiert worden wäre, außer von kirchlichen Gruppen, aber die wurden immer nur ausgelacht. Im Nachhinein so zu tun, als hätte man es immer gewusst, ist ein bisschen heuchlerisch, denn wahr ist: Je frivoler sich Rock- und Filmstars benahmen, desto leidenschaftlicher wurden sie angehimmelt: je kaputter, desto glamouröser. Im Grunde waren sie ständig auf der Suche nach noch einem Drink, noch einer Line, noch einem Groupie und noch einer Villa mit noch spektakulärerem Meerblick. Man verschwendete, erschöpfte, zerstörte sich, auf dass am Ende irgendwas dabei herauskommen möge, das größer sein könnte als die eigene Existenz, ein grandioser Film oder ein Jahrhundertsong. »Ich habe als junger Märtyrer in den Katakomben mein Leben für euch aufs Spiel gesetzt, um coole Texte zu schreiben«, hat Udo Lindenberg mal gesagt.[55]

Im Rückblick schmeckt diese Ära wie eine zu stark gewürzte Suppe. Sie wurde als dekadent und unmoralisch durchschaut, als eine Zeit, in der weiße Männer viel Spaß auf Kosten von Frauen und Minderheiten hatten. Das Problem ist, dass man sie trotzdem vermissen kann, und zwar umso schmerzlicher, je stärker die Gegenwart von Moral, Sicherheit und Verzicht im Namen einer religiös übersteigerten Angst vor dem Weltuntergang geprägt ist. Und nun tun sich eben vor allem Männer mit dem dramatischen Kultur- und Normenwandel schwer, weil sie jahrelang nicht nur unhinterfragt männlich sein konnten, sondern von den Massenmedien dabei noch unterstützt, angespornt und gefeiert wurden. Was die anderen vernünftig finden, empfinden sie als Freudlosigkeit, was die anderen im Namen der Freiheit zukünftiger Generationen zu tun bereit sind, als Gängelung.

Nun ist das Bedauern groß, die Verluste, Abschiede und Niederlagen häufen sich, die Ersten schleppen sich wie angeschossene Tiere durch eine Wirklichkeit, die ihnen angepasst und geheimnislos erscheint, wenn eine Rockband wie Coldplay heute Werbesongs für BMW schreibt – »The joy is electric«. Oder wie der Musiker Noel Gallagher sagt: »Das Internet beeinflusst die Haltung der Menschen. Es füttert ihre Neurosen, zerstört die Spontaneität, tötet die Magie, entwertet die Musik. Alles am Internet ist Fake! Bis auf den Hass, der ist echt.« In den Neunzigerjahren sei alles viel spontaner gewesen, jetzt dächten alle alles immer bis zum Ende durch, um ja keinen Shitstorm loszutreten.[56]

Ich bin zerrissen zwischen einer fragwürdigen Vergangenheit und einer Gegenwart, die ich in guten Momenten als gereift und in schlechten als kleinkariert erlebe. Dann vermisse ich die »pulsierenden Jahrzehnte« (Jens Balzer) meiner Jugend, die Direktheit, die Unkompliziertheit, die Unbedingtheit, die trägen Sommer, die Konzerte ohne Handys, die Nächte ohne Netflix, vermutlich vermisse ich auch mich selbst als jungen Mann, der draufloslebte, ohne über die Sicherheit seines Passworts nachzudenken.

Es schmerzt zu begreifen, wie verkommen die Jahre waren, die man als Kindheit in seinem Herzen trägt. Wie so vieles, vor dem man einst ehrfürchtig stand, völlig zu Recht vom Sockel gestoßen wird. Es schmerzt, wenn man zu ahnen beginnt, dass man die falschen Götter angehimmelt und die Augen vor dem verschlossen hat, was rückblickend offensichtlich erscheint.

Und heute? Jeden Tag ein neuer Skandal, ein neuer Stich ins Herz, immer noch ein Rockstar, Politiker, Schauspieler, der erst alles abstreitet und am Ende doch um Verzeihung bitten oder ins Gefängnis wandern muss. Die Helden von früher? Entzaubert! Philip Roth? Ein misogyner Frauenverzehrer.

Kevin Spacey? Ein genialer Schauspieler, aber halt nicht nur. Mario Testino? Ein Fotograf, der eine Ära geprägt, aber wohl auch ein paar Supermodels unterdrückt hat. Gottfried Benn? Ein großer Dichter – und veritabler Frauenfeind. Marilyn Manson? Ein begnadeter Selbstdarsteller, aber offenbar auch: ein Arschloch. Angeber könne man ja mögen, schreibt der Kulturwissenschaftler Diedrich Diederichsen, leider habe sich in den letzten Jahren immer häufiger herausgestellt, dass große, auch sympathische Angeber tatsächlich Vergewaltiger gewesen seien.[57]

Wahrscheinlich konnte ich nur deshalb so unbekümmert aufwachsen, weil ich keine Ahnung hatte von der Welt da draußen, weil alle dichthielten, wegschauten oder heimlich davon profitierten, während um sie herum gegrapscht, missbraucht, unterdrückt und vertuscht wurde. Nun schaue ich ratlos zu, wie sich die Fundamente meiner Erinnerung auflösen und alles, was mir bedeutsam schien, an Glanz verliert, durch den Schmutz gezogen, auf die Anklagebank gesetzt wird. Ich ahne, dass es so sein muss, aber der Abschied fällt schwer, weil man sich, nur weil man etwas als falsch durchschaut hat, noch lange nicht über Nacht davon lösen kann, weil alles, das Gute wie das Schlechte, einfließt in das Bild des Menschen, der man zu sein glaubt und an dem man sich festhält.

Natürlich kann man sich über die Männer lustig machen, die sich schwertun mit der Gegenwart und ihren Gesetzen, Gängelungen und Empfindeleien, man kann aber auch versuchen, ihre Gefühle nachzuempfinden. Vielleicht sind viele von ihnen gar nicht so böse, so schlecht, sondern einfach nur damit beschäftigt, ihre Wunden zu lecken und ihre Rolle in einer veränderten Welt zu finden.

NO COUNTRY FOR OLD MEN

»Den Irrtum muss man hassen, den Irrenden aber lieben.«
Augustinus

Kommen wir nun zu den Männern, von denen dieses Buch eigentlich handelt: Männer mit Sky-Abo und kreisrundem Haarausfall, die zwei vegane Gerichte draufhaben und nicht »Fotze« flüstern, wenn eine Frau in hohen Schuhen neben ihnen an der Bushaltestelle steht, aber trotzdem verunsichert sind, weil sich die Welt um sie herum so rasant verändert, dass sie kaum noch hinterherkommen. Oder wie Jan Weiler mal geschrieben hat: Männer, die keine passenden Antworten auf Fragen finden, die ihnen früher aber auch nie gestellt wurden.[58]

Ich kenne solche Männer, manchmal bin ich selbst einer, aber nur für ein paar Sekunden. Dann merke ich es entweder selbst oder werde von meiner Freundin daran erinnert, dass ich mal wieder weinerlich bin: »Du bist sechsundvierzig, nicht sechsundachtzig!«, sagt sie dann. Oder: »Wenn du dir selbst leidtust, ist leider kein Platz mehr für mein Mitleid.«

Wenn ich behaupte, dass dieses Buch von gewöhnlichen Männern handelt, ist das natürlich Unsinn, weil es das ja gar nicht gibt, einen gewöhnlichen Mann, und wenn doch, könnte er ja trotzdem ein Arschloch oder Vergewaltiger sein. »Er war doch immer so freundlich«, sagen die Nachbarn dann wieder. Trotzdem ist klar, wen ich mit gewöhnlichen Männern meine: kreuzbrave Kollegen aus dem Großraumbüro, die vielleicht einen Punkt in Flensburg haben, weil sie im Feierabendverkehr den Mindestabstand nicht eingehalten haben, aber *nicht* rechtsradikal, *nicht* gewalttätig, *nicht* frauenfeindlich und vor allem: *keine* bösen Menschen sind. Es sind diese Männer, die sich im Moment etwas überrollt fühlen, weil vieles, was früher keinen interessiert hat, wichtig geworden ist, und vieles, was eben noch wichtig schien, keine Bedeutung mehr hat. Auf einmal sollen sie nicht mehr »H wie Heinrich«, sondern »H wie Hannover« buchstabieren, neulich wären sie um ein Haar in ein E-Auto gelaufen, das unverschämt lautlos um die Kurve bog, und überall stehen Frauen und junge Menschen mit Schildern und schimpfen auf alles, was sie eigentlich mögen: Last-Minute-Flüge nach Mallorca, billige Schweinenackensteaks und teure Autos.

In ihrer Orientierungslosigkeit klammern sie sich an Statussymbole, die keine mehr sind, und Wahrheiten, von denen sie spüren, dass sie bedrohlich ins Rutschen gekommen sind. Sie ahnen, dass ihre Strategie nicht aufgehen, dass sich die Übersichtlichkeit, nach der sie sich sehnen, nicht mehr einstellen wird, ja dass die Frauen und Teenager gar nicht so unrecht haben, aber zuletzt war alles ein bisschen viel, ging alles ein bisschen schnell: Manche wurden von der tätowierten Kollegin überflügelt, die eben noch im Praktikantenzimmer gesessen war, andere finden es übertrieben, wenn bei jedem Gruppenfoto nachgezählt wird, ob auch wirklich genauso viele Frauen wie Männer zu sehen sind, wieder andere kommen nicht damit klar, dass Donald-Duck-Hefte nachträglich »gesäubert« werden, Facebook sechzig verschiedene Geschlechter zur Auswahl anbietet und nicht mehr Martin Walser, sondern Juli Zeh die *Spiegel*-Bestsellerliste anführt. Garantiert regen sich manche auf, weil ein paar Cis-Chefs, die gestern noch ihre Hand auf dem Hintern einer Praktikantin hatten, heute schon ihre Diversity-Strategie in ein Headset säuseln, und wahrscheinlich leiden auch einige vor sich hin, weil sich Begegnungen mit Frauen heute manchmal anfühlen, als würde man mit einer Augenbinde über ein Minenfeld laufen – ein falsches Wort, schon explodiert was.

Die meisten dieser Männer kommen zurecht. Sie haben verstanden, dass sie ein bisschen Platz machen müssen. Sie haben kapiert, dass ihre Blondinen- und Ossi-Witze nicht mehr funktionieren und eigentlich schon damals nicht lustig waren. Vielleicht ahnen sie sogar, dass man es nicht zwanghaft benennen muss, wenn jemand dick, dünn, klein, groß, schwul, lesbisch ist oder abstehende Ohren hat. Mit vielen Forderungen des Zeitgeists sind sie einverstanden, manche finden sie zumindest nicht verkehrt, es sind eher die Geschwindigkeit und die Radikalität, mit denen sie zur Totalrevision aufgerufen werden, die ihnen zu schaffen machen.

Vielleicht haben sie in der Zeitung gelesen, dass sie demnächst für die Verhütung zuständig sein sollen, eine spezielle Unterhose sei bereits erfunden, welche die Hoden für mehrere Stunden pro Tag in den Bauchraum schiebe und auf Körpertemperatur bringe, um die Spermienproduktion zu unterbinden.[59] Vielleicht haben sie auch von dem neuen non-binären Kartenset oder der feministischen *Monopoly*-Version gehört, bei der Frauen automatisch mehr Geld kriegen, wenn sie über »Los« gehen. Wohin sie auch schauen, überall stoßen sie auf Unternehmen, die »leider keinen Job für sie haben«, weil sie »jünger und weiblicher« werden wollen, manchmal fühlen sie sich richtig umzingelt von Frauen-Sonderheften, Frauen-Kongressen und Frauen-Netzwerken, von Ausbildungsprogrammen, Gesetzesänderungen und Umschulungsmöglichkeiten für Frauen, von der Women's Night im Baumarkt, von Ausstellungen, Lesungen und Clubabenden – »nur für Frauen«.

Sie wissen, diese Angebote sind kein Angriff, sondern eine notwendige Korrektur, aber sie können nicht aus ihrer Haut, manchmal scheint es ihnen, als würden Frauen nicht nur unterstützt, sondern Männer ausgebremst, manchmal kommen ihnen die Frauenfördermaßnahmen wie Männerbenachteiligungsmaßnahmen vor. Vor einigen Jahren veröffentlichte die *Wirtschaftswoche* eine Titelgeschichte über die Frauenquote: Die Diskriminierung habe nach dem öffentlichen Dienst und den Hochschulen nun auch die Wirtschaft erreicht – gemeint war die Diskriminierung von Männern.[60]

Ich habe keine Feldstudien betrieben, glaube aber, dass Millionen mehr oder weniger anständiger Männer die Zeichen der Zeit erkannt, aber ihre neue Rolle noch nicht gefunden haben. Dass viele sich kritisch durchleuchten, für vergangene Fehler, Versäumnisse und Ausrutscher schämen, aber gekränkt sind von der pauschalen Aggression, mit der sie zuletzt verteufelt wurden, als handelte es sich bei älteren weißen Männern grundsätzlich um gefühlsgestörte Trampel.

Natürlich sind sie keine Traumtypen, sondern Spießer, Schleimer, Schwätzer und mittellustige Scherzkekse, natürlich interessieren sie sich für Felgen und Fußball, ganz sicher unterläuft ihnen auch mal ein unappetitlicher Spruch, trotzdem sind die meisten grundanständig, ja vielleicht sogar rechtschaffener als so mancher »moderne Mann«, der auf Twitter seine Herzchen zählt, die er für einen feministischen Kalenderspruch abgesahnt hat. Sogar Alice Schwarzer sagt, dass sie Superfeministen schwierig finde, die in Wahrheit keine seien. Ihr sei Gelassenheit viel wichtiger, ein Typ wie Sepp Maier, der sicher kein moderner Mann sei, aber halt einer, mit dem man Spaß haben könne.

Diese Männer sind nicht fehlerfrei, ihr Gekumpel nervt, ihr Gejammer auch, viele hocken zu breitbeinig in der U-Bahn, machen dumme Witze oder melden sich nach zwei Jahren Funkstille mit »Long time no see«, weil sie gerade allein in einem Hotelzimmer rumliegen. Ehrlich gesagt erschrecke ich selbst, wenn ich in der Umkleidekabine meines Fitnessstudios merke, dass es die Typen, von denen man sonst immer nur hört, tatsächlich gibt, die Bartöl-Benutzer, Kitzbühel-Fahrer und Porsche-Leaser mit »Faith«-Tattoo auf dem Oberarm, die sich über Soundsysteme und die Qualität von Pulverschnee unterhalten. Fast alle beherrschen PowerPoint, fast keiner kennt den Unterschied zwischen einem Sperling und einem Buchfinken. Wenn ich ihnen zuhöre, muss ich an Theaterstücke von René Pollesch denken, weil ihre Unterhaltungen so komisch, so surreal sind, als hätte sie sich ein genialer Kopf mühsam ausgedacht, aber nein, sie purzeln diesen Männern einfach aus dem Mund, während sie ihre makellos rasierten Hoden einseifen. Sie wollen wissen, wie jämmerlich Männer sein können? Gehen Sie für eine halbe Stunde in einen Erotik-Chat und plaudern Sie mit »Horsecock16« oder »Aroma-Glied«.

Es stimmt schon, Männer sind sich weniger peinlich als Frauen, sie umarmen sich unbeholfen, labern zu viel oder zu wenig, manche waschen am Wochenende ihr Auto und pfeifen Schlager dazu, andere wissen mehr über den Glutenanteil von Nudeln als Ernährungsberater, stellen sich im Bad vor den Ganzkörperspiegel, fotografieren ihre Erektion, mustern das Ergebnis, löschen es und versuchen es noch mal, diesmal mit schmeichelhafterem Licht und ohne Zehen am unteren Bildrand, irgendwann sind sie zufrieden, mit sich und dem Foto, und schicken es halb unsicher, halb notgeil an die Ex, aber reicht das, um sie für die Finanz-, die Corona-, die Klimakrise und überhaupt alles, was jemals schlecht lief in der Geschichte der Welt, verantwortlich zu machen? Um sie als historische Quelle des Bösen zu brandmarken, mit sexistischen Rappern und notgeilen Großkünstlern in einen Topf zu werfen, ja als Feinde der ganzen Welt anzuprangern? Oder kann es sein, dass aus einem berechtigten Kampf für eine gerechtere Welt eine stigmatisierende Männerfeindlichkeit geworden ist, bei der jeder mitmachen darf, der sich irgendwie zu kurz gekommen fühlt?

Im Moment ist es eine Mode, Männer als zurückgebliebene Wesen darzustellen, als machtgeile Narzissten oder rückschrittliche Trottel. Man begegnet ihnen in Filmen, Werbeclips und Büchern, und jeder darf mal lachen, ohne Gewissensbisse befürchten zu müssen. »Nach heutiger Lesart vollzieht ein hellhäutiger Mensch mit XY-Chromosom in seinem Leben zwei wesentliche Schritte«, schreibt der Publizist Jörg Thomann. »Er reift vom Knaben zum Manne. Und er mutiert vom Mann zum alten weißen Mann.« Letzteres müsse als schlimmer Rückschritt gelten. Als alter weißer Mann sei man im Endstadium der Evolution gelandet, eine Entwicklung – eine positive gar – scheine unmöglich.[61]

+++

Der Soziologe Walter Hollstein beschäftigt sich seit Jahrzehnten mit der Kulturgeschichte der Männlichkeit. Vor zwanzig Jahren sagte er in einem Interview: »Der Geschlechterkrieg kommt erst noch!« Es werde noch mal einen gewaltigen Sprung an Forderungen geben und eine Reaktion der Männer darauf. Die momentane Entspannung sei ein Zwischenstadium, eine Verschnaufpause. Es werde erst noch richtig losgehen, eine große Explosion im Geschlechterkrieg stehe bevor.[62]

Der Mann hat sich nicht getäuscht. In den letzten Jahren hat es ordentlich geknallt, vor allem im Netz, wo der Wind der Geschichte weißen Männern von allen Seiten ins Gesicht bläst; wenn sie Dieter Nuhr oder Harald Martenstein heißen, ist es ein Sturm. Wie vorhersehbar sich der inzwischen über Männer ergieße, bereite ihm bisweilen Unbehagen, schreibt Jörg Thomann: »Jeder Hinterbänkler, jeder Vize-Ressortchef eines Dorfblatts, jeder Zwanzig-Follower-Account scheint da geeignet, sich an ihm für Tausende Jahre Patriarchat zu rächen, auch wenn er selbst davon gerade 50 Jahre miterlebt hat.«[63]

Vielen Männern geht es wie Jogi Löw in seinem letzten Jahr als Bundestrainer – was sie auch sagen, was sie auch tun, es ist falsch: Wer sich gar nicht bewegt, ist ein Macho. Wer

Bedenken äußert, steht im Shitstorm. Wer die Seiten wechselt, wird von den Kumpels verarscht. Als der alte weiße Mann Thomas Gottschalk von der *Süddeutschen Zeitung* um einen Gastbeitrag für eine Post-Corona-Rubrik mit dem Titel »Was folgt« gebeten wurde, schien er regelrecht verdutzt und schrieb: Die Bitte, sich hier äußern zu dürfen, sei nicht nur eine Genugtuung, sondern auch ein erfreulicher Widerspruch zu dem, was die nachwachsende Generation von den Alten, »denen er schuldlos angehöre«, sonst stets erwarte, nämlich einfach mal die Klappe zu halten.[64]

Und das alles wäre verkraftbar, wenn das Engagement nicht so oft von einer kaltschnäuzigen Destruktivität und überschäumenden Urteilslust flankiert würde: Jeder Halbsatz wird unter die Lupe genommen, jede Geste interpretiert, jeder Tweet ausgeschlachtet, jeder Fehler aufgerechnet, verglichen, auf eine imaginäre Liste gesetzt, manchmal hat man den Eindruck, als hielten manche permanent mit dem Feldstecher Ausschau, ob sich mal wieder ein Kegelverein ohne Frau fotografieren hat lassen, um endlich drauflostwittern zu können. Ein verunglückter Satz, ein schiefer Blick, ein unbeholfenes Kompliment – wird alles nicht mehr registriert, sondern mit Rasterfahndungsmethoden aufgespürt und an den Pranger gestellt, die französische Journalistin Caroline Fourest spricht von der »Plage der Sensibilität«.

Inzwischen sind die Adjektive »weiß«, »männlich« und »alt« so ideologisch aufgeladen, dass sie den Rassismus transportieren, den zu bekämpfen sie vorgeben. Im Zweifel für den Angeklagten – das gilt schon lange nicht mehr. Natürlich war #MeToo wichtig, natürlich wurden die meisten Männer zu Recht angeklagt, natürlich finde auch ich richtig, dass Harvey Weinstein nicht mehr auf einem Luxusbett, sondern einer Gefängnispritsche übernachten muss, trotzdem wurden manche Männer ohne Verfahren und Urteilsspruch sozial vernichtet. Das macht sie nicht zu Unschuldslämmern, aber wenn wir Männern eher ein Verbrechen als Frauen eine

Lüge zutrauen, dann sollten wir auch aufhören, stolz auf unseren Rechtsstaat zu sein. Anders ausgedrückt: Die Unschuldsvermutung ist ein hohes Gut, was nicht heißt, dass der Tatverdacht ausgeschlossen werden darf.

Vor drei Jahren postete die amerikanische Studentin Oumou Kanoute auf Facebook, dass ein Hausmeister und ein Angestellter der Campus-Polizei sie beim Mittagessen in einem Aufenthaltsraum gefragt hätten, was sie dort mache. Sie habe um ihr Leben gefürchtet, weil sie vermutete, einer der Männer sei bewaffnet. Sie schrieb: »Alles, was ich gemacht habe, war, schwarz zu sein.« In den Tagen danach berichteten sämtliche Zeitungen über den Vorfall, die College-Leitung entschuldigte sich, stellte den Hausmeister frei und führte Antirassismus-Trainings für weiße Angestellte ein. Leider zeigte ein später veröffentlichter Untersuchungsbericht, dass einiges, was die Studentin behauptet hatte, nur halb oder gar nicht stimmte. Der Campus-Polizist war nicht bewaffnet, sondern im Gegenteil ziemlich höflich, und einer der Hausmeister, die Kanoute später auf Facebook an den Pranger gestellt hatte, war nicht mal vor Ort – trotzdem blieb die Universitätsleitung bei den Maßnahmen.[65]

Natürlich ist es tragisch, wenn in Deutschland nur 10 Prozent der Frauen, die Opfer einer Vergewaltigung werden, Anzeige erstatten, wenn von den Vergewaltigungen, die vor Gericht landen, nicht mal 10 Prozent zu einer Verurteilung führen, wenn Frauen, die Polizisten von ihrer Misshandlung berichten, gefragt werden, ob sie einen kurzen Rock anhatten – trotzdem hat eine Gesellschaft, bei der die öffentliche Meinung regelmäßig das Gericht ersetzt, ein Problem. Die Erziehungswissenschaftlerin Margrit Stamm warnt davor, Männer »in defizitären Kategorien« wahrzunehmen: Viele Männer fühlten sich in Kollektivhaftung genommen und von der Diskussion über gesellschaftliche Veränderungen ausgeschlossen, im Grunde bliebe ihnen keine andere Rolle übrig, als zu schweigen.[66]

Tatsächlich beobachte ich, wie Männer sich in die innere Emigration zurückziehen und erst aufatmen, wenn sie für zwei Stunden unter sich sind, beim Fußball oder in der Kneipe. »Endlich kann man frei reden«, sagen sie. Oder: »Endlich muss man keine Angst haben, was Falsches zu sagen.« In beruflichen Meetings fallen sie in minutenlanges Schweigen, manchmal verdrehen sie die Augen oder werfen sich verschwörerische Blicke zu, um gleich danach entrüstete E-Mails in den Rechner zu hacken, wie deprimierend alles sei und dass man nichts gesagt habe, weil es sowieso nichts bringe. Ein paar Sekunden später bekommen sie eine Mail von dem Kollegen, mit dem sie gelegentlich in der Kantine hocken, in der das Gleiche steht. Am Ende ist man sich einig: Ja, darüber müsse man unbedingt in Ruhe sprechen, vielleicht abends bei einem Bierchen, das mache ja keinen Spaß mehr, früher sei alles lockerer, nicht so verkrampft gewesen, so jedenfalls gehe es nicht weiter – und am Ende geht es natürlich doch so weiter, und alles wäre in bester Ordnung, wenn nicht so viele Verletzungen dabei herauskämen.

Ich kenne Männer, die seit Jahren das Gefühl in sich hineinfressen, nicht verstanden zu werden, ja nicht mehr verstanden werden zu wollen, Männer, denen mit einer Mischung aus Häme und Mitleid begegnet wird, ungefähr so, wie Fahrradneuerdings auf Porschefahrer im Feierabendverkehr herabschauen. Während immer mehr Frauen in Aufbruchsstimmung geraten, wirken sie gehemmt und schauen, sobald sie den Mund aufmachen, in mitleidige oder genervte Gesichter. Es ist, als drängen sie mit ihren Ansichten nicht mehr durch, ja als müssten sie sich dafür schämen, dass sie Vertreter der normierenden Mehrheitsgesellschaft sind.

Garantiert haben einige von ihnen schon mal gedacht, dass man dieses oder jenes doch wohl noch sagen dürfe, und dann den Mund gehalten, weil man das natürlich auf keinen Fall darf. Und wenn doch einer den Mut hatte, seine Gefühle zu äußern, wurde ihm Weinerlichkeit vorgeworfen. Wie Pubertierende suchen sie nach einer neuen Identität, weil die alte nicht mehr greift, weil sie spüren, dass sich was verändert hat, das sie nicht benennen können. Für Teenager ist diese Phase nach zwei Jahren vorüber, sie fangen zu kiffen an oder hören mit dem Duschen auf, irgendwann geht es wieder. Ein erwachsener Mann mit Familie und Festanstellung hat es nicht so leicht: Manche werden bitter, andere treiben sich auf merkwürdigen Internetseiten herum oder werfen halt doch mal einen Blick ins AfD-Wahlprogramm, am Ende stolpern sie in eine Identitätskrise mit ungewissem Ausgang.

+++

Amerikanische Soziologen fanden heraus, dass Menschen ihre Einstellungen nach dem dreißigsten Lebensjahr praktisch nicht mehr ändern. Im Gegenteil: Ihre Flexibilität und Anpassungsfähigkeit lassen nach, Überzeugungen, Vorurteile und moralische Bauchgefühle haben sich tief in die Persönlichkeit gegraben. Sie wollen vom Zeitgeist keine Vorschriften entgegennehmen, sondern ihr Leben so weiterleben, wie sie es gewohnt sind, wie sie es als angenehm oder praktisch empfinden: »In meinem Alter muss ich nicht mehr alles mitmachen«, sagen sie, und wer könnte ihnen widersprechen? Kultureller Wandel vollzieht sich eben nicht, weil vielen Menschen über Nacht ein Licht aufgeht, sondern weil eine Generation stirbt und die nächste nachrückt.[67] Anders ausgedrückt: Ohne Greta Thunberg würde Markus Söder heute keine Bäume umarmen.

Alte Männer sind wie Öltanker – es dauert, bis sie die Fahrtrichtung geändert haben. Vielleicht haben sie den Kurs schon korrigiert, zumindest denken sie darüber nach, aber sie sind schwerfällig und eingerostet. Nichts ist schwerer, als Dinge nach fünfzig oder sechzig Jahren auf einmal ganz anders zu machen, erst recht, wenn man vieles nicht mehr versteht, weil man ein Passwort dafür braucht, an das man sich beim besten Willen nicht erinnern kann. Wer ihnen diese

Trägheit vorwerfen will, sollte daran denken, dass auch er eines Tages von der nachfolgenden Generation gerichtet werden wird. Wer eine Ordnung, auch eine fehlerhafte, ein Leben lang als natürlich empfunden hat, braucht Zeit, um sich anzupassen, lieb gewonnene Gewissheiten zu verabschieden und neue zuzulassen. Jeder, der schon mal in einer toxischen Beziehung festgesteckt ist, weiß, dass es nicht so leicht ist, sich daraus zu befreien. Der Verstand ruft: »Lauf weg!«, das Herz flüstert: »Ach, bleib doch noch ein Weilchen.«

Selbst ein so aufgeschlossener Mann wie Robert Habeck sagt: »Für Männer ist es nicht so leicht, aus dem Verhaftetsein in der starken Rollenperformanz auszubüxen.«[68] Dass er recht hat, bewies er nach seiner Niederlage gegen Annalena Baerbock im Rennen um die Kanzlerkandidatur, als er seine »persönliche Niederlage« beeindruckend ehrlich einräumte, sich aber nicht die Bemerkung verkneifen konnte, dass Baerbocks Frausein »ein zentrales Kriterium« in einem männerdominierten Wahlkampf gewesen sei. Habeck war souverän, weil er nicht so tat, als wäre er es, aber auch ein gekränkter Mann, weil er seine Gegnerin zur Quotenfrau abstempelte, die im Kampf um die Macht bewusst die »Frauenkarte« gezogen habe.

Im Moment müssen ältere Männer einiges verdauen. Nicht nur, dass sie sich an neue Regeln und Normen gewöhnen sollen, sie müssen auch drei Schritte zurücktreten und zuschauen, wie sich die einst unerschütterlichen Fundamente ihres Lebens auflösen. Die Folge ist ein Veränderungsschmerz, der sich nicht per Knopfdruck kurieren lässt. Jahrzehntelang haben sie sich – oft unschuldig schuldig – als Norm empfunden, auf einmal sehen sie sich zur strategischen Minderheit geschrumpft, die mit allem assoziiert wird, was überholt und verkommen ist.

Souverän ist es nicht, aber menschlich, wenn sie sich zu wenig gesehen fühlen und den Jahren hinterhertrauern, die gottlob nie wiederkehren werden. Diese Männer hatten lange kein

Bewusstsein für ihre Fehler, weil unsere Gesellschaft, auch die meisten Frauen, keines hatte. Was jahrelang in wissenschaftlichen Zirkeln diskutiert wurde, sickert nur allmählich in die Mitte der Gesellschaft: Dass es nicht nur Männer und Frauen, sondern jede Menge dazwischen gibt. Dass Sprache Diskriminierungen transportieren kann. Dass viele eine bravouröse Zeit hatten, aber auf Kosten von Frauen und Minderheiten, ja des ganzen Planeten, kurz: die Erkenntnis, dass die gute alte Bundesrepublik zwar ein friedliches, aber zutiefst ungerechtes Land war.

Stefan Zweig hat geschrieben: »Immer, wenn die Zeit rasch vorwärtsstürzt und sich überstürzt, gewinnen Naturen, die es verstehen, ohne jedes Zögern sich in die Welle zu werfen, den Vorsprung.« Wenn sich Dinge verändern, gibt es Gewinner und Verlierer. Die einen profitieren, weil sie schnell reagieren oder Prinzipien über Bord werfen, die anderen müssen sich umstellen oder neu erfinden. Manchmal sind die Verlierer selbst schuld, weil sie die Zeichen der Zeit nicht erkannt haben, weil sie zu bequem oder ängstlich waren, fast immer sind sie Opfer von Zusammenhängen, die sie nicht kontrollieren können – wie viele Bergleute, die in den letzten Jahren arbeitslos wurden und, wenn sie Glück hatten, ihren eigenen Arbeitsplatz abreißen durften.[69] Es sind diese Männer, schreibt die Schriftstellerin Nora Bossong, die von der »Fridays for Future«-Bewegung »Kohlenazis« genannt würden, ohne dass man sich für ihre Lebensbedingungen interessiere, im Gegenteil, man verlange ihnen Verzichte ab, von denen man selbst nicht betroffen sei.[70]

Als Bundespräsident Frank-Walter Steinmeier 2019 die letzte deutsche Zeche schloss, sprach er von einem »Stück Geschichte«, das zu Ende gehe, in der Hand hielt er den letzten Brocken Steinkohle, der in Deutschland unter Tage abgebaut worden war, sieben Kilo schwer. Dem Bergmann, der ihn Steinmeier in die Hand gedrückt hatte, standen Tränen in den Augen. »Schwerer Tag?«, fragte der Bundespräsident, aber der Bergmann nickte nur, er konnte nichts sagen. In seiner Rede schwärmte der Bundespräsident, dass diese Männer ein Leben lang ehrliche Arbeit geleistet hätten: »Das, was Sie hier gelebt haben, Zusammenhalt und Solidarität, ist ein Wert und ein Beispiel, was Sie an andere Menschen, und hoffentlich nicht nur im Ruhrgebiet, weitergeben.«

Alte weiße Männer sind die Bergleute unserer Gesellschaft: Jahrzehntelang haben sie geschuftet, auf einmal will keiner mehr was von ihnen wissen, soll ihr Tun eine Sackgasse, ein fataler Irrweg gewesen sein. Nicht nur, dass ihre Fähigkeiten nicht mehr gebraucht werden, nein, alles, was sie geleistet haben, soll auch noch zerstörerisch gewesen sein. Von einem Tag auf den anderen verlieren sie nicht nur ihren Beruf, sondern ihre Identität, fallen ins Ungewisse und steuern einer unsicheren Zukunft entgegen. Was folgt, ist eine Zeit der Trauer, des Übergangs und der Neuorientierung.

In der Sterbeforschung unterscheidet man fünf Phasen der Trauer: Leugnen, Wut, Feilschen, Depression und Annahme. Manche Forscher sprechen noch von drei weiteren: Desorganisation, Angst und Schuldgefühle. Immer folgt auf den Schock, in dem der Verlust geleugnet wird, eine Phase der Niedergeschlagenheit, in der die Betroffenen mit ihrem Schicksal hadern, bis sie den Verlust irgendwann, oft erst nach Jahren, akzeptieren, bis ihre Verzweiflung nachlässt und sie beginnen können, ihr Leben wieder im Hier und Jetzt zu führen. Erst dann heilen die Wunden, erst dann können sie ihren Blick wieder in die Zukunft richten, Pläne schmieden, einen neuen Sinn finden – erst verarbeitete Trauer führt in ein seelisches Gleichgewicht, lässt Erkenntnisse reifen, setzt Lernprozesse in Gang.

Ungefähr so geht es im Moment vielen älteren Männern: Sie trauern, sind noch nicht offen für Neues, hängen in der Vergangenheit fest, kämpfen gegen innere Widerstände, ringen mit Erinnerungen, sind unterschiedlich schnell und flexibel, und während die einen schon optimistisch in eine strahlende Zukunft blicken, lecken die anderen noch ihre Wunden. Natürlich kann man sie als Relikte einer untergehenden Ära stigmatisieren, die man nur noch ein paar Jahre aushalten muss, bevor sie vom Prostatakrebs dahingerafft werden. Man könnte aber auch versuchen, ihre Kränkung nachzuvollziehen, nicht um zu entschuldigen, dass sie sind, wie sie sind, sondern um zu verhindern, dass sie sonderbar oder gefährlich werden. Wir werden diese Männer noch brauchen, man kann sie nicht in den Keller tragen wie eine alte Stereoanlage. Oder wie die Autorin Heike-Melba Fendel schreibt: »Erst wenn der letzte Tweet gepostet, die letzte Frau recht gehabt hat und der letzte Mann verunsichert ist, werden wir merken, dass man mit einem Hashtag keine Beziehung haben kann.«[71]

Der Übergang von einer weißen und männlich geprägten Industriegesellschaft in eine diverse, postindustrielle und globalisierte ist keine Kleinigkeit. Wir müssen einen beherzten Aufbruch wagen, ohne sämtliche Brücken abzureißen, müssen radikale Veränderungen herbeiführen, ohne die Stabilität unseres Gemeinwesens zu gefährden. Deswegen sollte man mit diesen Männern Geduld haben, statt sie der Lächerlichkeit preiszugeben. Man sollte sie ermutigen, in eine Zukunft aufzubrechen, die auch ihnen gefallen könnte, und ohne Bevormundung am Aufbau einer sinnlich-offenen, gerechteren Gesellschaft beteiligen. Die kann nicht im Hauruckverfahren installiert, sondern muss Schritt für Schritt (unter Berücksichtigung möglicher Kollateralschäden) im Dialog mit allen gesellschaftlichen Gruppen herbeiexperimentiert werden, weil wir nur an- und nie gegeneinander wachsen können. Es ist ein bisschen wie mit der Französischen Revolution: Wer wollte ihre Errungenschaften missen, aber wäre es vielleicht auch ohne Guillotine gegangen? Meike Stoverock, Autorin des Bestsellers *Female Choice*, warnt, »dass uns alle zivilisatorischen Errungenschaften um die Ohren fliegen, wenn wir die Unterdrückung von Frauen ohne zusätzliche Sicherheitsnetze aufheben«. Vielmehr gehe es darum, sich Gedanken über eine neue Zivilisation zu machen, in der männliche und weibliche Bedürfnisse gleichermaßen berücksichtigt werden.[72]

Es gibt einen Song, der wie eine bittersüße Hymne auf diese ratlose Männergeneration klingt: »This Is All I Ask« von Gordon Jenkins, Frank Sinatra hat ihn 1965 neu eingesungen. Darin heißt es: »Hübsches Mädchen, lauf etwas langsamer, wenn du an mir vorbeigehst. / Zögerlicher Sonnenuntergang, verweil noch etwas länger am einsamen Meer / ihr Kinder überall, wenn ihr auf Bösewichter schießen wollt, erschießt mich.«

+++

»Noch nie ist mir ein gutes, verständiges, weibliches Wesen vorgekommen, das im Ernste gewünschet hätte, männlichen Geschlechtes zu seyn«, schrieb der preußische Kriegsrath Erhard Valentin Sprengel im Jahr 1798.[73] 222 Jahre danach schlug eine Kollegin in unserer Redaktionskonferenz einen Essay vor – Arbeitstitel: »Warum ich lieber ein Mann wäre.« Sie wisse nicht, ob es anderen Frauen auch so gehe, aber sie habe es satt, ständig benachteiligt zu sein: Frauen verdienten weniger Geld, kämen seltener in Führungspositionen, würden häufiger geschlagen, missbraucht und vergewaltigt, ganz zu schweigen von den Schmerzen bei der Geburt, der lästigen Menstruation und der Gefahr, an Brust- oder Gebärmutterhalskrebs zu erkranken. Tagsüber müsse man sich abstrampeln, um wahrgenommen zu werden, nachts unsichtbar werden, um nicht blöd angemacht oder umgebracht zu werden. Männer dagegen hätten es schön, so ein Männerleben, das stelle sie sich ganz wunderbar vor, sorglos und privilegiert, ein Dasein an der Spitze der Gesellschaft.

Während sie sprach, zogen vor meinem geistigen Auge Bilder vorüber: Soldaten, die in Schützengräben krepieren, rußverschmierte Kohlekumpel, heimatlose Wanderarbeiter und mit dem Rohrstock gezüchtigte Lausbuben, die viel zu früh Männer werden mussten, obwohl sie wahrscheinlich lieber auf einer Caféterrasse gesessen und eine Ingwer-Limo getrunken hätten. Ich sah Stahlkocher, Gerüstbauer, Fassadenreiniger, einsame Arbeiter auf Bohrinseln und Kindersoldaten mit riesigen Patronengurten um den Hals. Ich sah die leeren Augen von Kriegsheimkehrern, krumme Rücken, amputierte Oberschenkel und verstopfte Herzkranzgefäße, dachte an Erektionsprobleme, imperativen Harndrang, posttraumatische Belastungsstörungen und die Panik, die einen nicht mehr ganz jungen Mann ergreifen kann, wenn er zuschauen muss, wie kraftlos seine Spermien ins Freie plätschern. Ich dachte an Fließbänder, Stechuhren, Maschinenlärm, Dauerstress und Konkurrenzdruck, an die ständige Angst, zu scheitern, zu wenig Geld heimzubringen und irgendwelchen Ansprüchen nicht zu genügen, an die geringere Lebenserwartung und höhere Suizidrate, an Millionen Alkoholiker, Drogentote, Gefängnisinsassen, Psychiatriepatienten und sagte: nichts.

In diesem Moment wurden mir zwei Dinge klar. Erstens: Die allermeisten Männer sind keine Täter, sondern Opfer anderer Männer. Zweitens: Ein Feminismus, der nicht bitter und hämisch, sondern souverän, zugewandt und verständnisvoll ist, könnte diese Männer von ihrem Hang zur Selbstzerstörung, ihrem verkrüppelten Gefühlsleben und sich selbst erlösen. Ein Feminismus, der nicht sektiererisch ist, sondern »die Vermenschlichung beider Geschlechterrollen« (Gloria Steinem) im Sinn hat, könnte auch sie befreien, indem er ihnen Rollenbilder zur Verfügung stellt, die sie lange nicht kannten, ignorierten oder ablehnten, um ihre Verletzlichkeit vor sich und anderen zu verbergen.

Als der frühere Chef der Deutschen Bank Hilmar Kopper gefragt wurde, ob er gern mehr Zeit mit seinen Kindern verbracht hätte, lautete seine Antwort: »Das habe ich leider erst im Rückblick bemerkt. Damals dachte ich, alles wunderbar. (...) Wir sind in all den Jahren zum Beispiel nur zweimal zusammen verreist. Mehr als eine Woche Urlaub am Stück gab es nicht. Man arbeitete wie ein Berserker. Man fühlte sich der Bank verpflichtet und glaubte, es wäre egoistisch, sich der Familie zu widmen. Daran ist auch meine Ehe gescheitert. Wer sich nach 39 Jahren scheiden lässt, tut das nicht ohne Grund.«[74] Sagen wir so: Dem Mann hätte geholfen werden können, und Gott sei Dank setzt sich allmählich die Erkenntnis durch, dass Vierzehn-Stunden-Tage nicht heldenhaft, sondern ruinös und meistens eine Kompensation für etwas anderes sind, zum Beispiel fehlende Liebe, fehlender Sex, fehlender Selbstwert.

Männer haben beispiellose Gräueltaten begangen und grandiose Heldentaten vollbracht. Sie haben Kriege geführt und die Zivilisation vorangetrieben, haben den Buchdruck, die Elektrizität und die sozialen Netzwerke erfunden, in denen sie heute beschimpft werden können. Sie haben Städte zerbombt, Menschen gefoltert und Seelen zerstört, aber auch Kathedralen errichtet, Gedichte verfasst und Sinfonien komponiert. Sie haben Konzentrationslager gebaut und Atombomben abgeworfen, aber auch für wissenschaftlichen Fortschritt ihr Leben gelassen und Milliarden Menschen von Armut und Krankheit befreit. Sie sitzen seit fünftausend Jahren an den Hebeln der Macht und bepisst in der Gosse, haben Kinder und Märtyrer getötet, aber auch Tyrannen und Massenmörder, hießen nicht nur Nero, Hitler und Charles Manson, sondern auch Plato, Beethoven und Mahatma Gandhi. Männer haben die Freiheit verteidigt und verraten, zu allen Zeiten tief beeindruckt und total versagt.

Warum aber machen sich so viele darüber lustig, wenn sich ältere Männer in der Gegenwart nicht mehr zurechtfinden, wenn sie ratlos vor dem McDonald's-Bestellcomputer stehen und das Gefühl haben, dass früher alles besser war? Gut, auch ich musste lachen, als mein Onkel mit fast achtzig die erste Mail seines Lebens schrieb und hinter die Mailadresse auch noch die Straße, die Hausnummer und Postleitzahl seines alten Schulfreunds packte, weil: »sicher ist sicher«, aber meistens handelt es sich um eine Tragödie, wenn einem Menschen die Wirklichkeit fremd wird.

Diese Männer machen mich nicht wütend, sie tun mir leid, oft haben sie etwas Herzergreifendes, wenn sie sich in einer Vodafone-Filiale von einem smartgetrimmten Mitarbeiter erklären lassen, warum das »GigaKombi-Treue-Angebot« für sie nun wirklich maßgeschneidert sei, oder ihre Spammails bis zur allerletzten Zeile aufmerksam durchlesen, weil sie nicht fassen können, dass das Schicksal ihnen ein so verlockendes Angebot ins Postfach gespült hat. Neulich habe ich beobachtet, wie ein älterer Herr eine Tasse Kaffee in einem Café bestellte. »Im Pappbecher oder im Recup?«, fragte die Verkäuferin. Der Mann starrte sie verwirrt an. Sie fragte weiter: »Mit normaler oder mit Hafermilch?« Es war der Moment, in dem der Mann die Welt nicht mehr verstand.

Diese Männer finden nicht mehr die natürlich gewachsene Welt ihrer Erfahrungen vor. Ihre Kräfte lassen nach, ihre Talente werden überflüssig, ihre Fähigkeiten hinderlich. Ihre Lage scheint aussichtslos, weil niemand ihre Argumente und Nöte hören will. Ihre Schollen schmelzen weg, ihre Abschiede werden mehr, ihre Aufbrüche weniger. Ihre Reisen gehen nicht mehr in die Toskana, sondern in die Kreisstadt zum Urologen. Vieles machen sie ein allerletztes Mal, eine letzte Flugreise, eine letzte Autofahrt, ein letzter Kuss, und kaum können sie sich die Zehennägel nicht mehr selbst schneiden, stehen sie schon mit dem Infusionsständer im Krankenhausflur. In der Sterbeanzeige wird es heißen: »Müh und Arbeit war Dein Leben, und nie dachtest Du an Dich. Immer für die Deinen streben war Dir allerhöchste Pflicht.«

»Es ist dies der Prozess, den man das Altern nennt«, hat Roger Willemsen mal geschrieben, »das Welken, Vergehen, Verfallen, Hinscheiden, eine Erfahrung, die vom Leben immer reicher orchestriert wird: Weniger Haare, weniger Zähne, weniger Luft, weniger Schlaf, weniger Spannung, weniger Kraft.«[75] Die Erkenntnis, dass ihnen die Welt fremd geworden ist, schießt ihnen ins Bewusstsein, dazu die Ahnung, dass sie an den Verlockungen der digitalen Zukunft eher nicht mehr teilnehmen werden, dass kein Horizont offener Möglichkeiten vor ihnen liegt, sondern nur noch der behindertengerechte Umbau der Wohnung und dann: das allmähliche Lästig- und Überflüssigwerden. Am Ende entfernen sie sich wie kranke Tiere von der Herde, die sie nicht mal vermisst.

Diese Männer haben keine One-Pot-Pasta beim Koreaner gegessen oder eine Airbnb-Wohnung in Barcelona angemietet. Ihr Alltag war verschämt und übersichtlich. Wer Glück hatte, saß als Kind bei einer der Wirtschaftswunderfahrten an die Adria auf dem Rücksitz, andere machten als sogenannte Verschickungskinder Bekanntschaft mit der Schwarzen Pädagogik der Nachkriegsjahrzehnte und bekamen Linsensuppe eingetrichtert. Wer Trost gebraucht hätte, kriegte ein »Stell dich nicht so an« ins Gesicht geschleudert. Auch als Erwachsene konnten sie ihren Neigungen eher selten folgen. Die meisten hatten keine Zeit, darüber nachzudenken, was das sein könnte: ein gelungenes Leben. Sie mussten funktionieren und belohnten sich am Sonntagnachmittag mit einem Tretbootausflug und einem riesigen Stück Torte. Wir finden diese Freuden bieder, vielleicht sogar deprimierend, aber sie haben diese Menschen durchs Leben getragen, und deswegen ist es bei aller berechtigter Kritik am Patriarchat scheußlich kaltherzig, wenn diese Männer, die es meist auch nicht besser wussten, nachträglich abgekanzelt werden, erst recht von einer Generation, für die ein Hotelzimmer ohne WLAN die größte Katastrophe ihres bisherigen Lebens ist.

Als der Regierende Bürgermeister von Berlin Michael Müller, Jahrgang 1964, gefragt wurde, ob seine Generation in Sachen Rassismus und Diversität etwas verpasst habe, antwortete er: »In meiner Generation, noch mehr bei den Älteren, gab es kein selbstverständliches Erleben oder Auseinandersetzen mit Diversity-Themen. Ich war nie im Ausland als Student, und meine Eltern konnten sich, wenn's gut lief, einmal im Jahr eine Reise nach Italien leisten. Wir sind nicht nach Asien, wir sind nicht nach Afrika geflogen, wir haben nicht direkt andere Kulturen und Religionen kennengelernt.«[76]

Im 20. Jahrhundert hingen Männer wie Fliegen in einem klebrigen Netz aus Zwängen und Erwartungen. Sie waren nicht Akteure ihres Lebens, sondern wurden hineingeworfen in eine Ordnung, die ihnen von Eltern, Lehrern und Würdenträgern vorgegeben wurde, dabei standen sie permanent unter Druck, ohne dass ihnen jemand erklärt hätte, wie sie am besten damit umgehen. Von Klangschalenmeditation hatten sie noch nie gehört, sie flogen auch nicht »zum Abschalten« nach Ibiza, überhaupt taten sie sich schwer, Gefühle zu zeigen, geschweige denn bei einem Glas Wein darüber zu sprechen. Viele von ihnen mussten mit ansehen, dass ihre Väter und die Väter ihrer Freunde unzivilisierte Typen waren, engstirnig und eindimensional, ohne Achtung vor Frauen, ohne Achtung vor ihren Kindern, ohne Achtung vor schwulen Männern.[77]

Männer waren nicht viel mehr als Verschleißartikel, Funktionsträger und austauschbare Rädchen im Getriebe einer rücksichtslosen Arbeitswelt. In seinem Buch *Das entehrte Geschlecht* schreibt Ralf Bönt dazu: »Die einen fuhren einsam ihre Lastwägen, die anderen setzten auf zugigen Rohbauten Kunststofffenster ein, die nächsten schlachteten Schweine in Früh-, Spät- und Nachtdiensten, während die Schlauen halbe Nächte an Reden schrieben, die anderntags ein anderer hielt.« Bei alldem hätten die Männer zuverlässig ihre Bandscheiben ruiniert und ihre Seele erstickt. »Männer wissen nicht nur, dass sie jederzeit ersetzbar sind, sondern auch, dass sie früher oder später tatsächlich ersetzt werden.«[78]

Im Grunde wurden sie rund um die Uhr gemaßregelt, normiert, benutzt und haben es meist nicht mal bemerkt. Sie stellten ihre Funktion nicht infrage, weil sie weder über die

Möglichkeiten noch die Aufgeklärtheit von heute verfügten, um ihre Work-Life-Balance auszutarieren. »Wer spricht von Siegen?«, heißt es bei Rilke. »Überstehn ist alles.« Sie konnten ihre Ängste nicht mit dem Kumpel in der Kräutersauna besprechen oder in der Chatgruppe loswerden, lieber verbargen sie sie hinter einer Fassade der Coolness und hatten sich spätestens in der Lebensmitte ordentlich verheddert: die Familie, der Job, die Raten fürs Haus, das Geld für die Kinder – nicht wenige spulten ihr Programm ab, blendeten aus, schluckten runter, verschwiegen, ignorierten, und irgendwann schlichen sie halt das erste Mal durchs Laufhaus oder versteckten ein Fläschchen Chantré in der Schreibtischschublade, während ihre Ehe vor sich hin starb.

Ist es verwunderlich, dass sie wurden, wie sie heute sind: unfähig, zu genießen, unfähig, Schwäche zuzulassen, unfähig, Hilfe in Anspruch zu nehmen? Dass sie nicht losjubeln, wenn jemand »Disruption« ins Headset brüllt? Dass sie Angst vor künstlicher Intelligenz und keine Lust auf Achtsamkeitskurse haben, die ihnen von ihrem Unternehmen angeboten werden, und auf die Cloud-Computing-Workshops, für die sie zwei Wochenenden opfern müssten, auch nicht?

»Man ist nicht als Frau geboren, man wird es«, hat Simone de Beauvoir 1947 geschrieben. Ich glaube, dass auch ein Mann nicht als Mann geboren, sondern dazu gemacht wird, von den Verhältnissen, von der Arbeits- und Unternehmenskultur, von gesellschaftlichen Zwängen. Ein Mann zu sein, das kann genauso verhängnisvoll sein, wie eine Frau zu sein, wenn man von Geburt an mit Rollenbildern befeuert wird. Michel Foucault würde sagen: Der Mensch ist in sich das Resultat einer Unterwerfung.[79]

Männer sind nur lange anders mit dieser Unterwerfung umgegangen: Im Gegensatz zur Frau ignoriere der Mann die strukturelle Gewalt, die gegen ihn ausgeübt werde. Lieber behandle er sie wie eine Ehrung, als gelte es, das Kolosseum in Rom zu betreten, wo er den Furor der überstandenen Gefahr in erotische Anziehungskraft und sozialen Mehrwert ummünze, schreibt Ralf Bönt. Es ist das, was Männer seit Jahrhunderten tun: sich kaputtmachen und stolz drauf sein, sich selbst und andere unter Druck setzen und zusammenbrechen, wenn keiner hinschaut, ihre Vorstellung von Männlichkeit verteidigen und an ihre Söhne weitergeben, weil sie die Realität lieber leugnen, als eine Enttäuschung zu riskieren. Die Angst vor der Entwertung der eigenen Biografie dürfte einer der Hauptgründe dafür sein, warum sich so viele Männer schwer mit dem gesellschaftlichen Wandel tun: Sie wollen nicht auf ihre Lebenslügen gestoßen werden, wollen sich ihr Leben nicht nachträglich schlechtreden lassen, wollen so kurz vor dem Ende nicht wahrhaben, dass sie nicht nur sich selbst, sondern auch noch den halben Planeten ramponiert haben.

Trotzdem ist es ein Missverständnis, sich die sogenannten Alphamänner in den Anzügen, die Vorstände, Geschäftsführer und Direktoren, als freie Menschen vorzustellen. Klar sitzen sie mit der *Financial Times* in der Senator Lounge, kriegen das iPhone von der Firma bezahlt, können Mitarbeiter befördern, bestrafen, durch die Gegend schubsen, aber tun sie wirklich, was sie wollen? Tun sie, was gut für ihren Körper und ihre Seele wäre? Oder stecken sie bis zum Hals in den Zwängen eines Systems, das sie selbst nicht durchschauen, geschweige denn im Griff haben? Meistens sind sie süchtig nach Stress und Anerkennung, vernachlässigen Menschen, die sie eigentlich mögen, hangeln sich von einem Adrenalinschub zum nächsten und fühlen sich wertlos, sobald er mal ausbleibt. Ihr üppiger Gehaltsscheck ist ein läppischer Ersatz für den permanenten Druck, irgendwas abliefern zu müssen, am besten steigende Zahlen. Sind sie privilegiert? Ja und nein. Sind sie glücklich? Keine Ahnung. Sind sie frei? Auf keinen Fall. Ausgerechnet Willy Brandt soll seinem Biografen gestanden haben, wie sehr er unter dem Gefühl gelitten habe, dass ein Mann in seiner Position nicht geliebt werde, dass einem niemand den Kopf streichle, dass man so wenig Wärme abkriege.[80]

Diese Männer finden, dass sie nicht nur Häme für ihre Versäumnisse, sondern auch Respekt für ihre Lebensleistung verdient haben. Gerade weil sie zu keinem Zeitpunkt so privilegiert leben konnten wie weite Teile der jüngeren Generation heute und weil die Welt, wie sie sie kennen und lieben, erodiert, brauchen sie keine Schadenfreude, sondern Solidarität und Hilfestellung. Man muss ihnen Brücken bauen, Neuerungen erläutern, Einstiege erleichtern, manchmal reicht es auch, ihnen einfach nur zuzuhören. Stattdessen leben sie isoliert im Schatten einer Gegenwart, die sie immer weniger begreifen können, und fühlen sich bedroht von einer Zukunft, die sie als unübersichtlich, ja unmenschlich wahrnehmen. Eben saßen sie noch mit einer Tasse Filterkaffee am Frühstückstisch, schon werden sie wie Strandgut hier- und dorthin gespült. Während die Zeit gegen sie läuft, halten sie halb lächerlich, halb heroisch fest an einer Illusion, die jeden Tag weiter zerbröselt.

Natürlich sind viele, was Erich Fromm als »autoritären Charakter« beschrieben hat, obrigkeitshörige, kränkbare Typen, die in Stereotypen denken und sich nach Konformität sehnen, Männer, die große Lust auf beides verspüren: Gehorsam zu leisten und Macht auszuüben. Aber meistens haben sie sich nicht bewusst dafür entschieden. Und wir sollten nicht vergessen, dass es diese Männer waren, die nach dem Krieg gemeinsam mit ihren Frauen und Kindern unsere Städte wiederaufgebaut, unser Land neu erfunden und den Wohlstand erarbeitet haben, der heute denen zugutekommt, die sich über sie lustig machen, wenn sie an der Supermarktkasse quälend langsam ihre Münzen zählen.

Wer hätte etwas davon, wenn wir ihnen die Ungerechtigkeiten der letzten fünftausend Jahre vor die Füße kippen? Was wäre gewonnen, wenn wir ihre Lebensleistung mit dem Wissen von heute entwerten? Und ist es nicht weltfremd, ja brutal, von diesen Männern, die ganz andere Erfahrungen gemacht haben als jene, von denen sie heute zur Rechenschaft gezogen werden, in ihren letzten Lebensjahren die Komplettrevision ihrer Gewohnheiten zu verlangen? Andere verächtlich zu machen, sollte die allerletzte Möglichkeit sozialer Sanktionen sein, schreibt der Psychiater Jan Kalbitzer: »Verachtung oder die nachträgliche Erklärung, jemand habe ein krankhaftes Leben gelebt, ist gegenüber denen, die sich ihrer Vorteile nicht bewusst waren und oft vielleicht auch gar keine andere Wahl hatten, eine Unverschämtheit.«[81] Als ob es auch nur einer einzigen Frau, als ob es unseren Töchtern, Frauen, Müttern und Großmüttern irgendwie helfen oder ihnen gegenüber etwas gutmachen würde, wenn wir jene Männer, die meistens auch ihr Leben lang hart für die Familie geschuftet hatten, jetzt öffentlich gering schätzen, um uns von ihnen abzusetzen.[82]

Dazu kommt, dass diese älteren Herren oft unschlagbar und manchmal sogar unverzichtbar sind: Helmut Schmidt (in seinen letzten Lebensjahren), Gerhart Baum, Klaus von Dohnanyi, Jürgen Habermas, Michael Krüger, Hans Magnus Enzensberger, Botho Strauß, Alexander Kluge, Martin Mosebach – lauter Männer, die Impulse geben, Perspektiven aufzeigen und Diskurse lebendig halten können, gerade weil sie keine Rücksicht auf Posten oder Follower nehmen und sich für unbequeme Positionen nicht mehr rechtfertigen müssen.

»Ich bin erst mit siebzig ein richtiger Mensch geworden«, sagte die Dichterin Friederike Mayröcker wenige Jahre, bevor sie mit sechsundneunzig starb. Es ist die Langsamkeit, die alte Menschen nachfolgenden Generationen voraushaben, das Nicht-mehr-Müssen, der gedehnte Blick, der verengte Radius. Gerade weil sie nur noch ein paar Jahre zu leben haben, wirken sie seltsam frei, beschwingt, oft radikal. Das Bedeutsame tritt in den Vordergrund, weil Lügen, Täuschungen, auch Selbsttäuschungen, angesichts der auslaufenden Lebenszeit sinnlos, ja lächerlich geworden sind.

In seinem Roman *Die Möglichkeit einer Insel* beschreibt der französische Schriftsteller Michel Houellebecq eine typisch männliche Kränkung so schonungslos, dass ich, als ich den Roman vor Jahren las, nicht wusste, ob ich weinen oder lachen soll. Einerseits tat mir der Protagonist leid, weil ich weiß, wie leicht man in diesen Sumpf aus Sex und Sucht und Selbsttäuschung hineinschlittern kann, andererseits dachte ich: Okay, wer so bereitwillig hineinsteigt, hat die Kränkung offenbar nötig, um sich mal wieder zu spüren. Bis heute muss ich an eine bestimmte Szene denken, wenn ich mitkriege, wie Männer zwischen vierzig und fünfzig den Übergang in die zweite Lebenshälfte nicht souverän hinkriegen, wie sie nicht verkraften, dass man selbst älter und die Welt um einen herum anders geworden ist: Die Rede ist von Daniel, der als Komiker und Filmemacher reich geworden ist, ein melancholischer Zyniker, Ende vierzig, mit Bentley, Ferienhaus in Andalusien und einer gepflegten Xanax-Abhängigkeit, der sich »beim besten Willen nicht mehr daran erinnern« kann, warum er seine erste Frau geheiratet hat. Als auch seine zweite Liebe scheitert, schließt er sich einer Sekte an, beginnt zu meditieren, ersetzt den Bentley durch einen Mercedes, ist also alles in allem ziemlich kaputt, bis er die 22-jährige Esther kennenlernt, die Schauspielerin werden will, winzige Tangas trägt und immer Lust auf Sex hat.

An ihrer Seite meint Daniel zu begreifen, dass sein ganzes bisheriges Leben, das Geld, der Ruhm, ja sogar sein Zynismus nur ein jämmerlicher Ersatz für seine Sehnsucht nach Liebe waren. Für ein paar Monate erlebt er an Esthers Seite Momente tiefsten Glücks, bis sie ihm eines Tages aufgeregt mitteilt, dass sie einen Studienplatz in New York und eine kleine Rolle in einer Hollywood-Produktion angeboten bekommen habe. Was für sie das Ende einer Episode ist, führt bei Daniel zum existenziellen Zusammenbruch: Auf Esthers Abschiedsparty torkelt er über die Tanzfläche, sucht ihre Nähe, doch sie stößt ihn zurück, er solle sich zusammenreißen, sie wolle feiern und sich von ihren Freunden verabschieden. Während links und rechts von ihm junge, schöne Menschen tanzen und Kokain schnupfen, rollt sich Daniel auf dem Boden zusammen und weint. Als er im Morgengrauen aufwacht, durch das fremde Haus geistert und eher zufällig die Tür des Schlafzimmers öffnet, sieht er Esther mit mehreren Männern auf dem Bett liegen, ihr Minirock ist hochgeschoben, ein junger Kerl mit braunen Haaren ist dabei, ihren Hintern zu penetrieren, während sie mit einem anderen Typen plaudert, dessen steifes Glied sie sich lächelnd gegen ihre Nase und Wangen klopft.

Es ist dieser Moment der totalen Desillusionierung, die Erkenntnis, dass etwas unwiederbringlich vorbei ist, mit der sich ältere Männer konfrontiert sehen, Männer, die ihren Platz und ihre Funktion in einem Leben hatten, in dem sie sich einigermaßen aufgehoben fühlten, und nun nicht begreifen, warum so vieles davon nicht mehr gilt. Was bleibt, ist ihre Hoffnung, noch für ein paar Jahre als Nebenfiguren geduldet zu werden.

Es gibt einen Schauspieler, der die Verlorenheit dieser Generation perfekt verkörpert: Bill Murray, wenn er in *Lost in Translation* mit Kimono und Hotelschlappen auf diesem Bett des Park Hyatt in Tokio sitzt, resigniert, versehrt, gescheitert. Ein Mensch, der die Welt nicht mehr versteht und sich auch nicht, ein Mann, der zu begreifen beginnt, dass er verloren hat und das Feld räumen muss: »Ein Ahab, der keinen Terror verbreiten, sondern lieber im Hafen bleiben würde.«[83]

+++

Im Jahr 2018 forderte der Autor Till Raether im *SZ-Magazin:* »Hört auf zu jammern, alte weiße Männer!« Er könne nicht verstehen, warum sich ausgerechnet die Privilegiertesten unserer Gesellschaft über Diskriminierung beschwerten, im Gegenteil, er begrüße es, wenn er als »alter weißer Mann«

bezeichnet werde, weil er nun mal einer sei und damit zu dem Teil der Weltbevölkerung gehöre, der seit Jahrhunderten an den Schaltstellen der Macht sitze.

Um seine These zu untermauern, garnierte er seinen Text mit Anekdoten aus seiner Jugend, die man sich heute kaum noch vorstellen kann: Wie die Leiterin seiner Astronomie-AG die beiden einzigen Mädchen fragt, ob sie sich verirrt hätten, es gehe hier nicht um Sternzeichen. Oder wie ein Filmkritiker an der Journalistenschule meint, dass er noch nie »ein Mädel« gesehen habe, »das eine gute Filmkritik schreiben« könne. Beim Lesen dachte ich, na ja, olle Geschichten von früher, bis ich kapierte, dass er von den Achtzigerjahren erzählte, also der Zeit, in der auch ich zur Schule gegangen war. Ich wurde nachdenklich. Vielleicht hatte ich ganz ähnliche oder schlimmere Dinge erlebt und hatte sie nur erfolgreich verdrängt? Auf einmal fiel mir dieser bolivianische Junge ein, der einzige Ausländer auf meiner Grundschule. Hatte ich mich ihm gegenüber immer anständig verhalten? Oder war ich befangen gewesen, vielleicht sogar unverschämt, gemein, herablassend? Ich konnte mich nicht erinnern. Auf einmal fiel mir die große, erschreckend dürre Simone ein, der wir im Waldstück vor der Grundschule auflauerten – bis ihre Eltern meine Eltern anriefen. Auf einmal fiel mir unser Mathelehrer ein, der uns an der Tafel vor der ganzen Klasse lächerlich machte. Kann es sein, dass er Schülerinnen gegenüber einen Tick sadistischer war als gegenüber Schülern?

Als ich Raethers Text gelesen hatte, dachte ich kurz: Verräter!, aber nur für ein paar Sekunden, danach fühlte ich mich ertappt und gab dem Kollegen recht: So ungerecht konnte es nicht weitergehen und würde es ja auch nicht, das war auch 2018 schon zu spüren. Es war die Zeit, in der ich Sticheleien gegen Männer okay fand: »Alle elf Minuten fühlt sich ein alter weißer Mann von einer kompetenten Frau bedroht.« Solche Sachen. Ehrlich gesagt gefiel es mir sogar, dass die polternden Alphatypen endlich mal ordentlich angegangen wurden, es ist ja nicht so, dass man nicht selbst schon unter einem phallischen Prachtexemplar gelitten hätte.

Vor ein paar Jahren hat Sophie Passmann ein warmherziges Buch über alte weiße Männer geschrieben, das auch so heißt: *Alte weiße Männer.* Sie hat dafür mit mehreren von ihnen gesprochen, Robert Habeck, Sascha Lobo, Kai Diekmann und ihrem Vater. Für einen Satz habe ich sie damals sofort ins Herz geschlossen, nämlich dass sie »das ständige Äußern, das Zählen von Männer- und Frauenpositionen in Vorständen, das Streiten und Diskutieren« manchmal selbst anstrengend finde, dass sie es aber trotzdem für notwendig halte – als Überlebensstrategie.[84]

Das Gefühl, dass etwas ins Rutschen gerät oder womöglich kippt, hatte ich zum ersten Mal vor drei Jahren. Gab es ein Schlüsselerlebnis? Nein. Es waren eher beiläufige Beobachtungen, die zu einer Genervtheit verschmolzen: unbedeutende Nebensätze in Zeitungen, dümmliche Grobheiten von Comedians, empörte Tweets selbst ernannter Chefideologen, der Hashtag #allmenareshit. Jede Kritik war für sich okay, in der Summe war eine Verachtungslawine entstanden, die immer schneller und zerstörerischer wurde und jeden, der sich ihr in den Weg stellte, mitriss und unter sich zu begraben drohte. Auf einmal kamen mir die Methoden, mit denen für Gleichstellung und Diversität gestritten wurde, überzogen, ja unaufrichtig vor, nicht mehr kritisch und analytisch, sondern rachsüchtig, einen Tick zu lustvoll, als könnten manche gar nicht genug kriegen von männlichen Fehltritten.

Ich bin kein nachtragender Mensch. Manchmal bin ich traurig, manchmal deprimiert, aber sicher nie, weil jemand mich oder meine Meinung doof findet. Wenn mich was nervt, gehe ich zum Kühlschrank und mach mir ein Bier auf, danach geht's meistens wieder. Nun aber irritierte mich der Eifer, mit dem selbst Bagatellen zu Kapitalverbrechen erklärt wurden. Aus sanftem Spott war ein schäumender Furor geworden, manchmal war ich schockiert von der Rigorosität, mit der der moralische Vorschlaghammer auf Männer herabsauste und alles auf einmal kaputt schlug, das Intolerante und Morsche, aber auch, was daneben zart vor sich hin blühte, das Unentschlossene, das Nachdenkliche, das Gutgemeinte, das Unbeholfene – keine Frage: Die Zeiten sind ungnädiger geworden.

Manchmal kam mir die Wut auf Männer so überzogen und destruktiv vor, dass ich an den Pferdehändler Michael Kohlhaas denken musste, der nach erlittenem Unrecht zur Selbstjustiz greift, einen Rachefeldzug anzettelt und am Ende auf dem Schafott hingerichtet wird. Ich hatte die Kleist-Novelle im Studium gelesen und erinnerte mich sogar noch an seine Devise: »Fiat iustitia et pereat mundus« – »Es soll Gerechtigkeit geschehen, und gehe auch die Welt daran zugrunde«.

Dass ich die meisten Forderungen selbst überfällig fand, dass auch ich der Meinung war, dass die patriarchalische Gesellschaft aufgebrochen, ja dass einige Männer gezüchtigt werden müssten, machte die Sache nicht besser. Ich hatte das Gefühl, als wäre ein berechtigtes Engagement auf eine menschenfeindliche Abzweigung geraten, und wenn ich ehrlich bin, hat es mich seitdem nicht mehr verlassen, weil die Gleichstellungs- und Identitätsdebatte von einem »Klima militanter Intoleranz« (Eva Menasse) geprägt ist, die dazu führt, dass regelmäßig die Oberhand behält, wer die meisten Diskriminierungen vorweisen kann.

In der amerikanischen Serie *Modern Family* gibt es eine Szene, in der diese Logik liebevoll auf die Schippe genommen wird: Das schwule Pärchen Cameron und Mitchell will seine vietnamesische Adoptivtochter Lily in einer elitären Privatschule anmelden. Die Plätze sind begehrt, aber rar, die Eltern legen sich mächtig ins Zeug, um möglichst individuell zu erscheinen. Und eigentlich haben Cameron und Mitchell gute Chancen, weil schwul, weil Adoptivtochter, weil vietnamesisch – aber dann taucht ein lesbisches Pärchen auf, die eine weiß, die andere schwarz und im Rollstuhl, mit einem afroamerikanischen Adoptivsohn. Beim finalen Bewerbungsgespräch mit dem Schuldirektor sieht Cameron nur noch eine Chance: Er muss eine indianische Abstammung vortäuschen.

Im Moment erleben wir eine dramatische Diskursverflachung. In Debatten geht es oft nur noch um die Durchsetzung absoluter Gleichheitsforderungen, manchmal wird nicht mal mehr gefragt, ob eine Position richtig ist, sondern nur noch, von wem sie geäußert wird. Sachliches Diskutieren geht regelmäßig in moralisierendes Diskreditieren über, inhaltliche Argumente werden von Statusbehauptungen überflügelt, jeden Tag bittet jemand um Vergebung, weil er vor zwanzig Jahren ein damals gängiges, aber heute höchst bedenkliches Karnevalskostüm getragen hat. Die sozialen Netzwerke haben sich zu Bekenntnishöllen entwickelt, in denen pathetische Ergriffenheit von der eigenen Moral um sich greift. Ständig sind alle von irgendwas getriggert, empört, gekränkt, beschämt oder in einem Lager, das sich von einem anderen Lager abgespalten hat.

Ein Shitstorm folgt auf den nächsten, jeden Tag Boykottaufrufe und Morddrohungen, Lesungen unter Polizeischutz, Menschen verlieren ihre Jobs für einen verunglückten Tweet. In der Kneipe sagt keiner mehr was, ohne darüber nachzudenken, was das Gesagte für sein gesellschaftliches Standing bedeuten könnte. Und das Schlimmste: Man kann nicht mehr plaudern, ohne dass sich von der Seite ein Gender- oder Identitätsaspekt wie Feinstaub über das Gespräch legt, um es zu vereinnahmen, in eine Richtung zu zwingen oder zu ruinieren. Inzwischen vergeht kein Tag, an dem sich nicht irgendjemand öffentlich für einen Mann schämt – eine Geste, die niemandem nützt, wie Jürgen Kaube in der *FAZ* schreibt: »Denn zu sagen, man schämt sich, teilt ja zugleich mit, dass es gar keine Möglichkeit der Diskussion mehr über das gibt, was nur noch zum Beschämtsein Anlass gibt. Es ist beinahe und zumindest, was den Gegenstand betrifft, eine Abschiedsformel. Darüber, sagt sie, kann man nicht reden.«[85]

In einem Klima allgemeiner Gereiztheit streiten alle über Repräsentation, fast niemand spricht mehr von hungernden Kindern in Syrien oder Rentnern, die Flaschen aus Mülleimern ziehen. Bei *Germany's Next Topmodel* geht es nicht mehr um Schönheit, sondern Unverwechselbarkeit, was eigentlich toll wäre, wenn es nicht so verlogen daherkäme, weil man sich bei Heidi Klum schon mal fragen kann, ob sie über so was wie eine Haltung überhaupt verfügt. Ärzte berichten von einem sprunghaften Anstieg der Geschlechtsumwandlungen, manchmal stünden mehrere Teenager einer Clique gemeinsam in der Praxis, um an einem Dienstagnachmittag mal eben das Geschlecht zu wechseln – aus einer hochsensiblen Angelegenheit ist ein Modetrend geworden. Ehrbare Konservative, die an den Institutionen und Werten unseres Landes festhalten wollen, werden mit rechten Reaktionären gleichgesetzt, während sich linke Splittergruppen beschweren, dass ihre Perspektive nicht wahrgenommen werde, obwohl auf sämtlichen Kanälen ununterbrochen über die Perspektive linker Splittergruppen diskutiert wird. Als sich der Linken-Politiker Fabio De Masi vor ein paar Monaten aus dem Bundestag zurückzog, begründete er seinen Schritt unter anderem damit, dass nur noch über »Moral und Haltungen« debattiert werde, was »nichts mit Aufklärung« zu tun habe, sondern lediglich »Ausdruck eines elitären Wahrheitsanspruchs« sei, »wie ihn die Kirche im Mittelalter bediente«.[86]

Vor drei Jahren saß ich mit Kolleginnen im Biergarten. Wir sprachen über Tennis, als ich eher nebenbei die These aufstellte, dass Serena Williams, damals die beste Tennisspielerin der Welt, gegen die Nummer 300 der Männer-Weltrangliste keine Chance habe, weil sie als Frau nun mal langsamer, schwächer und weniger ausdauernd sei. Ich werde nie vergessen, wie entgeistert, ja vollkommen perplex mich die drei ansahen. Wie ich so was behaupten könne? Ob ich keinen Respekt vor ihrer Leistung hätte? Wir diskutierten zwanzig Minuten, ich musste mich rechtfertigen, sie warfen mir patriarchales Denken vor. Ich entgegnete, dass eine realistische Einschätzung der Wirklichkeit nichts mit patriarchalem Denken zu tun habe, irgendwann wechselten wir das Thema und bestellten eine neue Runde.

Es ist ein bisschen lustig, dass ich ein paar Wochen später herausfand, dass Serena Williams Ende der Neunzigerjahre tatsächlich mal – halb aus Neugierde, halb aus Spaß – einen Satz gegen einen Mann gespielt hatte, der auf Platz 203 der Weltrangliste stand. Sie hatte keine Chance und verlor 1:6. Ihr Gegner, der deutsche Tennisprofi Karsten Braasch, zündete sich beim Seitenwechsel sogar eine Zigarette an. Williams' Kommentar damals: »Ich denke, dass Damen- und Herrentennis sehr verschieden sind. Männer sind einfach stärker als Frauen. Es ist so, als wenn man Äpfel mit Birnen vergleicht.«

+++

Die Enthemmung begann im Netz und setzte sich im Alltag fort, inzwischen sind Männer grundsätzlich Täter und alle anderen Opfer, die um jeden Preis unterstützt werden müssen, und zwar egal, ob es sich um tatsächliche Opfer oder nur raffinierte Selbstvermarkter handelt. Perfide ist dabei die moralische Unterfütterung der Debatte, weil man niemanden mehr kritisieren kann, ohne als frauen- oder minderheitenfeindlich zu erscheinen. Wer widerspricht, dem wird suggeriert, dass er unsensibel für das Leid anderer sei.

Dazu schreibt der britische Soziologe Frank Furedi: »Die Erfindung der toxischen Männlichkeit ist in Wirklichkeit ein Versuch, die männliche Identität zu pathologisieren. Unsere Zeit ist geprägt von der Blütezeit und der Feier einer wachsenden Anzahl von Identitäten, macht aber eine Ausnahme bei der männlichen Identität.« Tatsächlich sei die männliche eine verdorbene Identität, die zu Stigmatisierung und Verachtung einlade.[87]

Manchmal hat man den Eindruck, als hätten wir verlernt

zu kritisieren, ohne zu verachten, und zu unterstützen, ohne zu verherrlichen. Wie sonst lässt sich erklären, dass über alte weiße Männer fast nur noch verallgemeinernd und über alle anderen immer noch differenzierter gesprochen wird? Inzwischen sollen sich weiße Männer sogar für ihre Gewöhnlichkeit schämen, also dass sie gern Fußball schauen, Brote mit Bierschinken belegen oder mit dem alten Golf statt dem E-Roller ins Büro kommen. Die Komikerin Carolin Kebekus witzelt über die »behaarten Bierbäuche« von Fußballfans, die sich gegenseitig »an der Kimme« röchen. Was sie auch tun, im Zweifel wird es ihnen als Zukunftsverweigerung ausgelegt. Wertvoll ist eigentlich nur noch das Besondere, Aufsehenerregende, Exzentrische, kurz: die Abweichung von der Norm. So beklagte sich 2019 die heute 20-jährige Bundessprecherin der Grünen Jugend Sarah-Lee Heinrich über die »eklig-weiße Mehrheitsgesellschaft.« Und auch in Leif Randts Roman *Allegro Pastell* wird diese Form der Wokeness elegant aufgegriffen, wenn die Berliner Autorin Tanja gesteht, dass sie sich »zunehmend vor heterosexuellen Paaren ekele«, oder ihr Freund Jerome genervt ein Café verlässt, weil ihm dort zu viele weiße Menschen sitzen.

»I want a dyke for president, I want a person with Aids for president and I want a fag for vice president« (»Ich will eine Lesbe als Präsidentin. Ich will einen Aids-Kranken als Präsidenten, und ich will einen Schwulen als Vizepräsidenten«), heißt es in einem Gedicht der lesbischen, feministischen Künstlerin Zoe Leonard, das millionenfach auf Facebook geteilt wurde. Leider büßt, was in poetischer Form entlarvende Wirkung entfaltet, nach der tausendsten Wiederholung jede Überzeugungskraft ein. Man kann es nicht anders sagen: Beim ehrenwerten Versuch, Minderheiten vor Diskriminierung zu schützen, ist es uns nicht gelungen, auf diskriminierende Schablonen mit umgekehrten Vorzeichen zu verzichten. Die Wortführer waren eben *nicht* gerecht, *nicht* souverän und *nicht* weitsichtig, sondern ideologisch und engherzig.

Der Literaturwissenschaftler Hans Ulrich Gumbrecht beschreibt das, was wir Identitätspolitik nennen, als befreiend und problematisch zugleich: »Feminismus und Gender-Theorie [haben sich] über die vergangenen Jahrzehnte beinahe ausschließlich auf statistisch gesehen exzentrische Situationen der Existenz konzentriert, vor allem auf die Varianten von Homo-, Bi- oder Transsexualität. Dass dadurch – wenigstens unter Intellektuellen – eine nie da gewesene Toleranz, ja eine profunde Empathie gegenüber bestimmten sozialen Minderheiten entstehen konnte, gehört zu den Verdiensten meiner Generation. Zugleich sind jedoch die vielfachen heterosexuellen Verhaltensformen aus dem Blick geraten, ja als ideologisch konstruiert und politisch repressiv angeklagt worden, in denen auch heute die meisten Zeitgenossen leben. Man kann also sagen, dass der Versuch, das Prinzip der Geschlechtergleichheit – ganz ohne kritische Reflexivität – zu verwirklichen, paradoxerweise im Ausschluss der auch heute breiten Mehrheit von Heterosexuellen endete. Hier liegt die Blindheit der Gender-Ideologie.«[88]

Vor ein paar Jahren forderten tausend Studentinnen des Wellesley College die Entfernung eines Kunstwerks vom Uni-Campus: Die bemalte Bronzeskulptur »Sleepwalker« des amerikanischen Künstlers Tony Matelli zeigt einen Mann in Unterhose, der mit geschlossenen Augen und hilflos nach vorne gereckten Armen, nun ja: schlafwandelt. Die Studentinnen empfanden die Arbeit als »unangenehme und potenziell schädliche Erweiterung« ihrer Community, die Skulptur triggere »unbilligen Stress«, mit anderen Worten: Sie fühlten sich von einem halb nackten Typen aus Bronze belästigt. Was soll man solchen Menschen antworten? Reißt euch zusammen? Habt euch nicht so? Macht euch nicht lächerlich?

Die Publizistin Thea Dorn spricht von einer »infantilen Irrationalität«, die eine Debatte unmöglich mache, weil man über Gefühle nun mal nicht streiten könne: »Zu sagen: ›Das berührt mich total unangenehm‹ oder ›Da krieg ich einen solchen Hass‹ mag in Therapiesitzungen, Selbsthilfegruppen oder im Gespräch mit Freunden weiterhelfen. Beim Streit darüber, wer in der Sache die richtigere Position vertritt, führt der Austausch von Befindlichkeiten lediglich in die relativistische Sackgasse.«[89] Wenn das bloße Gefühl von Benachteiligung als Quelle moralischer Autorität dient, landen wir, wo niemand sein will, in der gespaltenen Gesellschaft, im identitätspolitischen Kampf aller gegen alle. Konstruktiver wäre es, wenn sich Männer und Frauen (und alle gesellschaftlichen Gruppierungen) trotz aller Missverständnisse und Verletzungen nicht auseinanderdividieren ließen, sondern aufeinander zugingen, weil sie nur zusammen ein Miteinander erreichen können, in dem möglichst viele unterschiedliche Menschen einen gemeinsamen Weg erkennen.

Inzwischen bleibt Spott auf weiße Männer garantiert folgenlos, oder aber: führt zu Applaus. Es ist tatsächlich so, dass über alte weiße Männer alles gesagt werden darf, was sich aus Buchstaben zusammensetzen lässt. Attackiert werden sie mit Methoden, die ihnen gleichzeitig vorgeworfen werden: Arroganz, Larmoyanz, Humorlosigkeit. Und das alles wäre nicht weiter schlimm, wenn dabei nicht berechtigte Kritik an patriarchalen Strukturen durch populistische Parolen verwässert würde, die irre gut geklickt werden, aber selten der Sache, sondern meist der eigenen Profilierung dienen. Die Abwertung älterer weißer Männer ist verinnerlichter Teil unserer Kultur, ja eine Art Freizeitbeschäftigung geworden, der man sich ohne schlechtes Gewissen hingeben kann, wenn man alle Netflixserien durchhat: empörtes Engagement ohne Empathie und Verantwortungsbewusstsein.

»Männlichkeit muss gar nicht erst durch nachprüfbare Kausalketten mit dem Unerwünschten verknüpft werden. Sie erfüllt eine viel schlichtere Aufgabe: Sie ist die Kurzformel für Missstände aller Art«, schreibt der Soziologe Christoph Kucklick. »So wie wir gelernt haben, schneller Reize wegen Bildschirme und Plakatwände mit nackten Frauen zu füllen, so haben wir uns antrainiert, jedem Problem einen männlichen Defekt beizugesellen, der es irgendwie verursacht haben soll.«[90]

Während bei anderen gesellschaftlichen Gruppen stereotype Zuschreibungen zu Recht Empörung auslösen, regnen sie auf weiße Männer nur so herab, immer nach dem Motto: Kennst du einen, kennst du alle. Am 20. Dezember 2018 twitterte eine Frau namens Shelby Tribble: »All men are full of shit. Even the men that seem perfect and tell you all the things you want to hear. Full of shit!« Und da könnte man ja auch zurückschreiben: »Hi, Shelby! Schön, dich kennenzulernen, aber bist du sicher? Wirklich alle?«, aber eine gewisse Harriet Paul dachte gar nicht daran, sondern setzte im Retweet lieber noch einen drauf: »Say it louder for the back of the room.«

Ich fühle mich nicht angesprochen, wenn ich solche Sätze lese, ignorieren kann ich sie aber auch nicht. Es ist, als läge man mit der Fernbedienung in der Hand auf dem Sofa, landete aus Versehen bei einer Show mit Horst Lichter, und man hat eigentlich nichts gegen diese Frohnatur aus dem Rheinland, man bleibt sogar für fünf Minuten hängen, aber dann zappt man weiter, und da ist wieder Horst Lichter, und auf einmal lacht einem auf jedem zweiten Kanal Horst Lichter mit diesem gezwirbelten Schnauzer entgegen, und dann fühlt man sich eben doch irgendwann ausgeliefert.

»Früher galten Männer als Helden, Weise, Heiler oder Wohltäter. Heute werden sie als Kriegstreiber, Umweltzerstörer oder Kinderschänder hingestellt«, sagt Walter Hollstein.[91] Die Wahrheit ist: Es gibt Männer, die sind weise Wohltäter, und es gibt Männer, die vergewaltigen Kinder. Es gibt Männer, die beobachten Rotkehlchen, und es gibt Männer, die erwürgen Frauen. Es gibt Männer, die rennen mit dem Wasserschlauch ins brennende World Trade Center, weil andere Männer eine Stunde vorher mit dem Flugzeug reingeflogen sind. Es gibt Männer in allen Varianten. Und man sollte, wenn man über sie spricht, Sätze wie »Männer sind soundso« unbedingt vermeiden, weil sie niemals stimmen können.

Es gibt nicht *die* Männlichkeit, nur Männlichkeiten, und zwar Millionen verschiedene: Über Jahrtausende leben Männer und Frauen ohne geregelte Herrschaftsverhältnisse mit- und nebeneinander. Männer zeigen sich verantwortlich für das Gemeinwesen, erziehen Kinder, kochen Essen, übernehmen selbstverständlich häusliche Aufgaben. Erst als die Menschen sesshaft werden, entstehen hierarchische Machtstrukturen, wie wir sie heute kennen. Je mehr Besitzansprüche geklärt werden müssen, desto konsequenter können Männer ihre Herrschaft ausbauen, weil sie kräftiger sind und Kinder weder gebären noch stillen können. Es kommt zu geschlechtsspezifischen Zuschreibungen von Aufgaben, Sphären und Fähigkeiten. Die Männer gehen zur Jagd oder bestellen das Feld, die Frauen bleiben mit den Kindern und den Alten zurück. Aus natürlichen Arbeitsteilungen entwickeln sich Hierarchien, die den Grundstein für Machtverhältnisse legen, und irgendwann sind Männer, ohne dass jemand einen ausgeklügelten Plan entworfen hätte, zum Maß aller Dinge geworden.[92]

Altertümliche Herrscher reiten an der Spitze ihrer Truppen in die Schlacht, Ritter des Hochmittelalters sollen nicht nur tapfer, sondern auch fromm, gerecht und verantwortungsvoll sein, adelige Männer des 17. Jahrhunderts tragen Strumpfhosen und hohe Schuhe, und romantische Schwärmer setzen sich lieber die Pistole an die Schläfe, als einen mittelschweren Liebeskummer auszusitzen.

Männer sind, wie der Aufklärer Ernst Heinrich Kosengarte um 1800 schreibt, »egoistisch, instinkthaft, tierisch, gewalttätig und zerstörerisch«[93], aber auch mitreißend, poetisch, verzweifelt und sensibel. Jahrhundertelang galt ein weinender Mann nicht als Schwächling, sondern als besonders kultiviert – von Homer bis Goethe wird Rotz und Wasser geheult, in Tagebüchern heimwehkranker Kreuzfahrer sowieso.[94] Klar ist, dass sich auch der empfindsame Mann für den Nabel der

Welt hält, mit dem Unterschied, dass er nicht mehr mit der Zahl niedergemetzelter Feinde, sondern selbst gedichteten Sonetten prahlt. Trotzdem war Männlichkeit immer mehr als der hemmungslose Genuss von Privilegien, Männlichkeit, das war ein kompliziertes Geflecht aus Ehr- und Moralvorstellungen, Zwängen und Pflichten, ausgelebten und unterdrückten Leidenschaften. Männer ringen seit Hunderten von Jahren um ihre Rolle und Identität, tatsächlich bröckelt die traditionelle Geschlechterordnung bereits seit zweihundert Jahren.

+++

Kam der »alte weiße Mann« zwischen 2010 und 2015 in deutschsprachigen Zeitungen insgesamt gerade mal hundertmal und zwischen 2015 und 2017 immerhin zweihundertmal vor, hat sich die Trefferzahl seit 2017 auf über siebzehnhundert vervielfacht. Seitdem reißt seine Verächtlichmachung nicht ab. Die *Süddeutsche Zeitung* titelt: »Weiß, männlich, gefährlich«, die *Zeit* schreibt: »Fürchtet den weißen Mann«, auf Twitter gehen die Hashtags #killallmen und #MenAreTrash viral, eine *taz*-Kolumne trägt den Titel »Dumme weiße Männer«. Der Literaturkritiker Tilman Krause schreibt, dem weißen Heteromann gehe es inzwischen wie der alternden Operndiva in Bertoluccis Film *La Luna*, wenn sie sagt: »Wenn man so weit unten ist wie ich, bleiben einem nur noch die Schwulen.«[95]

Ein alter weißer Mann ist heute oft gleichbedeutend mit einem Macho, Sexisten und Klimaleugner, womöglich einem Rassisten oder Gewalttäter, ganz bestimmt einem selbstmitleidigen Nostalgiker. Linke Medien können gar nicht genug bekommen von saftigen Geschichten über narzisstische Alphamänner, weinerliche Puffgänger und grapschende Priester. Es ist Mode geworden, Männer für alles verantwortlich zu machen, was in der Welt schiefläuft. Es ist ein bisschen wie in Agatha Christies *Mord im Orientexpress:* Jeder, der noch eine Rechnung offen hat, darf mal zustechen.

Im Mai 2021 sagte die frühere Bundesliga-Fußballerin Katja Kraus angesichts der Krise des Deutschen Fußball-Bundes, »dass das, was sich in den letzten Wochen abgespielt hat, nicht passiert wäre, wenn Frauen mindestens Teil des Teams gewesen wären«[96]. Während der Finanzkrise schrieb die *Financial Times Deutschland,* Frauen seien die besseren Finanzexperten. In der Coronakrise behauptete die Frauenrechtlerin Michelle P. King, die Pandemie beweise endgültig, dass Frauen die besseren Führungspersönlichkeiten seien, weil Staaten mit weiblicher Führungsspitze ihre Länder besser durch die Pandemie manövrierten. Vor allem zu Beginn der Pandemie wurden aus anfänglichen Erfolgen grundsätzliche Wahrheiten über männliche und weibliche Führungsqualitäten abgeleitet: So ging im Frühling 2020 eine Fotomontage mit sieben Staatschefinnen viral, die die Pandemie angeblich am effektivsten bekämpften, darunter auch Angela Merkel. Die *New York Times, CNN* und viele andere Medien schwärmten vom »neuen weiblichen Führungsstil«, der sich in einer derartigen Jahrhundertkrise im Gegensatz zum männlich-autoritären von Putin oder Netanjahu erst bewähre. Der britische Schriftsteller Matt Haig postete die Fotomontage sogar bei Instagram mit der Forderung: »Zeit, dass Frauen endlich die Welt regieren.« Einige Monate später hatte Israel seine Bevölkerung durchgeimpft, während Deutschland unter einer zögerlichen Angela Merkel mit Wucht in die dritte Welle schlitterte und erst mal Ausgangssperren verhängte.[97]

Ebenfalls zu Beginn der Pandemie schlug die renommierte Soziologin Jutta Allmendinger Alarm: Die Coronakrise werfe die Gesellschaft um dreißig Jahre zurück, führe zu einer Retraditionalisierung der Geschlechterrollen und zwinge die Frauen zurück an den Herd. Ein paar Wochen lang wurde aufgeregt über die These diskutiert, manchmal war ich richtig verdutzt, dass an unserer Zoom-Konferenz überhaupt noch Frauen teilnahmen, statt einen Kuchen für ihre überarbeiteten Ehemänner zu backen – bis die Kulturwissenschaftlerin Christina von

Braun (die den ersten Studiengang für Gender Studies in Deutschland gegründet hat) ein Jahr später Entwarnung gab: »Das stimmt einfach nicht«, sagte sie. Erstens hätten Studien gezeigt, dass die meisten Eltern sich nach anfänglichen Schwierigkeiten die Aufgaben durchaus geteilt hätten. Und zweitens ließen sich Frauen nicht mehr so einfach zurückwerfen. Im Übrigen wollten auch die wenigsten Männer eine Rückkehr zu den alten Geschlechterrollen. Schon möglich also, dass Corona kurzfristig manches durcheinandergebracht habe, aber daraus lasse sich kein langfristiger Rückschritt ableiten.[98]

Sophie Passmann hat mal geschrieben, sie versuche, Feminismus so versöhnlich, herzlich, lustig und angenehm wie möglich zu machen. Seitdem mag ich sie, weil ich glaube, dass es nur so gehen kann: selbstbewusst und bestimmt, aber ohne Schaum vorm Mund, klar in der Sache, aber verbindlich im Ton. Es ist nun mal so, dass sich die meisten Männer lieber charmant in was reinquatschen als verhöhnen oder beschimpfen lassen. Abgesehen davon ist es ein Zeichen von Größe, wenn das einstige Opfer der Verführung widersteht, zum Täter zu werden, wenn es seinen Gegner vielleicht nicht begnadigt, aber mit einer Bewährungsstrafe davonkommen lässt, wenn es sich auf eine gemeinsame Zukunft statt eine fragwürdige Vergangenheit konzentriert.

Angela Merkel kann das mit dem lustigen Feminismus ziemlich gut, radikale Feministinnen finden: einen Tick zu gut. Zur Jahreswende 2005/06 sagte sie in ihrer Neujahrsansprache: »Die Frauen-Fußballnationalmannschaft ist ja schon Fußballweltmeister, und ich sehe keinen Grund, warum Männer nicht das Gleiche leisten können wie Frauen.« Das ist charmant formuliert, aber die Botschaft kommt trotzdem an. Die deutsche Unternehmerin Käte Ahlmann hat es schon 1958 ganz ähnlich gemacht, als sie sagte: »Ob mir ein Mann seinen Sitz in der Straßenbahn anbietet, ist mir egal. Er soll mir einen Sitz in seinem Aufsichtsrat anbieten.«

Leider sind nicht alle Feministinnen so raffiniert wie unsere ehemalige Kanzlerin, die männliche Konkurrenz lieber aus dem Weg geräumt hat, als in der Teeküche rumzujammern: Die amerikanische Feministin Andrea Dworkin schrieb bereits vor Jahren: »Terror strahlt aus vom Mann, Terror erleuchtet sein Wesen, Terror ist sein Lebenszweck.« Die Lösung für das Problem mit dem Terror hatte sie auch gleich parat: »Ich möchte einen Mann zu einer blutigen Masse geprügelt sehen.«

Früher hieß es, Männer werden nicht alt, sondern interessant. Heute werden sie eine Zumutung, und was mal die »Krone der Schöpfung« war, erscheint als »Latrine der Gegenwart«.[99] Das sehen nicht nur ein paar Frauen, sondern auch einige Männer so. Der Regisseur Lars von Trier sagt zum Beispiel: »Alle Bösewichter sind Männer. Gibt es irgendetwas Gutes auf der Welt, was die Männer gemacht haben? Nur Frauen sind gut.« Bela B von den Ärzten sagt: »Alles Übel der Welt geht von alten weißen Männern aus.« Jan Böhmermann spricht abwertend von »Cis-Dudes«, die schwedische Partei *Feministiskt initiativ* fordert eine Männersteuer, ein veganes Café in Australien führt sie ein, eine Theaterkritik von *König Lear* beginnt so: »Der König, ein Narr. Und zu allem Übel auch noch ein alter weißer Mann. Also ein Auslaufmodell, ein Ärgernis.«[100]

»Heute ist Männlichkeit eher ein Krankheitsbild«, schrieb der *Spiegel* schon 2018, zwei Jahre später lieferte die Hip-Hop-Band K. I. Z. den Beweis. Als die drei Musiker auf ihrem »Nur für Frauen«-Konzert zu Beginn der Coronapandemie in die Menge riefen, dass keiner im Publikum Angst haben müsse, davon stürben nur alte weiße Männer, brach der Saal in Jubel aus. Es war die Zeit, in der auf Twitter von »natürlicher Auslese« geraunt wurde, nachdem bekannt geworden war, dass männliche Covid-Patienten mit dreimal höherer Wahrscheinlichkeit auf der Intensivstation landeten. Ungefähr zur gleichen Zeit veröffentlichte die Französin Pauline Harmange ein

Buch mit dem Titel *Ich hasse Männer,* in dem sie erklärt, warum Männerfeindlichkeit angesichts der betrüblichen Lage der Frauen notwendig sei, weil Männer nun mal »gewalttätige, egoistische, faule und feige Wesen« seien.[101]

Ist man zu dünnhäutig, wenn man sich bei solchen Sätzen als Opfer einer verlogenen Moralität fühlt? Wenn man den Eindruck hat, dass manche nicht mehr präzise hinschauen, sondern nur noch Urteile vollstrecken? Dass es einigen nicht mehr *nur* um Gleichstellung, sondern eine Verunglimpfung von Männern geht, damit die endlich nachvollziehen können, wie es sich anfühlt, diskriminiert zu werden? Auf dem Höhepunkt der #MeToo-Debatte meldete sich Robert Redford mit dem Ratschlag zu Wort, dass Männer jetzt mal den Mund halten und zuhören sollten. Damals gab ich ihm recht. Inzwischen finde ich, dass sie sich nach Jahren pauschaler Herabwürdigung das Mitspracherecht wieder verdient haben.

Die Literaturnobelpreisträgerin Doris Lessing, selbst eine feministische Ikone, beklagte bereits vor Jahren die »sinnlose Erniedrigung« von Männern. Eine »denkfaule und heimtückische Kultur« habe den Feminismus an sich gerissen, um auf Männer einzudreschen. »Es ist Zeit, dass wir uns fragen, wer eigentlich diese Frauen sind, die ständig Männer abwerten. Die dümmsten, ungebildetsten und scheußlichsten Frauen können die herzlichsten, freundlichsten und intelligentesten Männer kritisieren, und niemand sagt was dagegen.«[102] Das ist scharf formuliert, was nichts daran ändert, dass wir ein Problem haben, wenn die Pathologisierung von Männlichkeit zu einem Geschäftsmodell wird, das in den sozialen Netzwerken mehr oder weniger unhinterfragt betrieben wird. In einer von der Bundesregierung in Auftrag gegebenen Studie zeigten sich viele junge Männer geplagt von der Angst, als Geschlecht »überflüssig zu werden«.[103] Auch der Kulturkritiker Jens Jessen schreibt: »Es wird interessant sein, wie sich die Rolle der Männer entwickelt, wenn die letzten Arbeitsteilungen der Geschlechter wegfallen, wenn die Frauen nicht nur die Fortpflanzung der Sippe sichern, sondern auch deren gegebenenfalls militärische Verteidigung vollständig übernehmen.« Und weiter: »Wären Männer dann noch irgendetwas anderes als bloße Drohnen im Bienenstock, die zu Zwecken der Begattung vorrätig gehalten werden müssen, aber bitte schön nur in begrenzter Zahl, um die Ressourcen zu schonen?«[104]

Warum tragen Männer in Debatten über toxische Männlichkeit eigentlich immer Anzüge und Manschettenknöpfe? Warum sind sie immer Chefs, Unternehmensberater oder Investmentbanker, die Lustreisen übers Spesenkonto abrechnen und junge Kolleginnen auf die Karrierecouch bitten? Warum fahren sie ständig Porsche oder SUV, spielen Golf und treffen sich nach Feierabend in holzvertäfelten Hinterzimmern? Warum sind sie nie Metzger, Leichenbestatter oder Stahlbetonbauer? Warum liegen sie nie vor dem Hauptbahnhof in der Gosse, warum sind sie nie zögerlich, schüchtern oder unsicher, als gäbe es nur monologisierende Angeber, die übrigens auch den meisten Männern auf die Nerven gehen?

Tatsächlich haben Männer prestigeträchtigere und besser bezahlte Jobs als Frauen, machen aber auch die meiste Drecksarbeit. Sie sind nicht nur Chefredakteure, Abteilungsleiter und Filialleiter, hocken nicht nur in verglasten Luxusbüros und rasen mit dem BMW die linke Spur entlang, sie schuften auch als Lackierer, Müllmänner und ungelernte Bauarbeiter. Die Vorstellung, dass weiße Männer automatisch Privilegien genießen, stimmt oft, aber nicht immer. »Die übergroße Mehrheit der Männer«, schreibt Walter Hollstein, »ist selber dem sozialen Diktat einer kleinen Minderheit des eigenen Geschlechts unterworfen, muss sich aber aufgrund der gesellschaftlichen Zwänge am generellen Macht- und Erfolgsbild der Gesellschaft von Männlichkeit orientieren.«[105]

Wer in der Gender-Debatte auf eine männliche Perspektive aufmerksam macht, wer die Hand hebt und »Moment mal« sagt, wird als Hinterwäldler oder Rechtsabweichler niedergebrüllt oder mit einem verbalen Blattschuss zum Schweigen gebracht. Jetzt könnte man sagen: »Na ja, das kann man aushalten«, aber das Problem ist, dass der gesamte Diskurs ins Wanken gerät, weil immer weniger Männer aufrichtig äußern, was ihnen durch den Kopf geht, was sie denken, fühlen, befürchten, aus Angst vor einer Ächtung, gegen die sie sich kaum zur Wehr setzen können. Die Folge ist, dass wir nur noch übereinander statt miteinander sprechen. Dass wir das Internet vollschimpfen und uns in der Wirklichkeit gehemmt gegenüberstehen. Dass wir nicht in einer versöhnten, sondern denunziatorischen Gesellschaft landen, die keine Widersprüche mehr aushält.

Im Grunde ist eingetreten, was Alexis de Tocqueville vor zweihundert Jahren beschrieben hat, dass auch von der demokratischen Gesellschaft Gefahr für die Freiheit des Denkens, Redens und Schreibens ausgehe: Als er die Vereinigten Staaten besuchte, war einer seiner stärksten Eindrücke der gewaltige Konformitätsdruck, der eine soziale Kontrolle erzeugte und den Menschen vorschrieb, wie sie sich zu verhalten hätten, wenn sie nicht in der Isolation landen wollten. Der neue Souverän, also die Mehrheit, sage nicht mehr: »Entweder du denkst wie ich oder du bist des Todes, er sagt: du bist frei, nicht so zu denken wie ich; du behältst dein Leben, deinen Besitz, alles; aber von dem Tage an bist du unter uns ein Fremdling. (…) Näherst du dich deinen Mitmenschen, werden sie dich wie ein unreines Wesen fliehen, und selbst die an deine Unschuld glauben, werden dich verlassen, denn auch sie würden gemieden. Ziehe hin, ich lasse dir das Leben, es wird aber für dich schlimmer sein als der Tod.«

Neulich verriet mir eine junge Kollegin, dass sie sich noch nie benachteiligt gefühlt habe, weil sie eine Frau sei. Nach einer Pause fügte sie hinzu, dass sie das nie öffentlich zugeben würde, weil sie Angst habe, vor anderen Frauen als Verräterin dazustehen.

+++

Fast niemand meint den Kampfbegriff »alter weißer Mann« wörtlich. Er ist eine Metapher für eine Geisteshaltung, eine Chiffre für Hochnäsigkeit, Besserwisserei und diskriminierendes Verhalten. Typisch »alter weißer Mann«, das kann alles Mögliche sein: Sprüche wie »Frau am Steuer – Ungeheuer!«, sich nach dem Pinkeln die Hände nicht waschen oder der neuen Kollegin mit der Piepsstimme ins Wort fallen, weil die sich eh nicht beschwert. Auch schwarze Männer oder junge Frauen können »alte weiße Männer« sein. Viele halten den CDU-Bundestagsabgeordneten Philipp Amthor für einen typischen alten weißen Mann, obwohl er noch keine dreißig ist. Menschen, die den Begriff verwenden, betonen oft, dass sie sich gerade *nicht* auf ältere Männer mit weißer Hautfarbe, sondern einen bestimmten Habitus beziehen – leider geht diese Differenzierung im Eifer des Gefechts regelmäßig verloren.

Seit Aristoteles wissen wir, was eine Induktion ist, nämlich das logische Prinzip, nach dem sich aus Einzelbeobachtungen auf eine Gesetzmäßigkeit schließen lässt, kurz: wenn man im Kleinen das Große erkennt. Im Fall der Männer hat die Induktion ganze Arbeit geleistet, viele scheinen sich nämlich gar nicht mehr vorstellen zu können, dass ein älterer weißer Mann auch vollkommen in Ordnung sein kann. Dass er nicht nur herablassend, privilegiert, macht- und dauergeil ist, sondern höflich, vernünftig, selbstkritisch, ja womöglich sogar Herzensbildung hat. Ein paar Bands, die ihre besten Tage hinter sich haben oder nie welche hatten, schienen sich von dem Thema neuen Schwung zu erhoffen. Gut möglich, dass sie sich gedacht haben: Wenn wir singen, was gerade viele denken, könnte es mal wieder klappen mit einer Chartplatzierung. In ihrem Song »Alte Weiße Männer« singt die Band Madsen:

»Rückt weg, der Platz wird neu besetzt
Bevor wir hier krepieren
Ihr habt die Welt aufs Spiel gesetzt
Jetzt übernehmen wir

Wir wollen eure Meinung nicht
Ist gut, wenn ihr nichts sagt
Und wenn ihr mal ganz ehrlich seid
Hat euch niemand gefragt
Denn was die Welt nicht braucht
Weil niemand daran glaubt
Sind alte weiße Männer
Alte weiße Männer.«

In der zweiten Strophe heißt es:

»Ihr scheißt aufs Klima, ihr wollt Geld
Legal ist euch egal
Dass alle um euch rum wie ihr seid
Findet ihr normal
Doch ihr wart viel zu lange mächtig
Zu lange Präsident
Es wird Zeit, dass man euch nur aus alten Büchern kennt
Denn was die Welt nicht braucht
Weil niemand daran glaubt
Sind alte weiße Männer
Alte weiße Männer.«

Es gibt noch ein »Lied für alte weiße Männer« des Liedermachers Sven van Thom. Nach einer lustigen ersten Strophe heißt es in der zweiten:

»Und ich wollte auch noch fragen
Die mit anderen Hautfarben
Müssen die unbedingt hier sein?
Das darf man ja wohl noch sagen
Nein, ich bin kein Rassist, aber
Es kommt vor, dass ich Mist laber
Ich lass die nicht in mein Revier rein
Vielleicht bin ich doch ein Rassist

Neulich habe ich einen in der Bank gesehen
Hinterm Schreibtisch, und ich dachte: ein Versehen
Doch wenn der wirklich hier arbeitet, müssen dann
Alte weiße Männer Drogen im Park verticken gehen?
Verdient ihr mehr Geld als wir alle unterm Strich
Und fährt er etwa SUV, genau wie ich?
Verdammte Scheiße, ich bin weiß und ein Mann
Wenn sich alles ändert, wo bleibe dann ich, ich, ich?«

Auch ich bin schon als alter weißer Mann bezeichnet worden, dabei mag ich weder Männerrunden noch Alufelgen oder Grillzangen und muss immer weinen, wenn Heath Ledger am Ende von *Brokeback Mountain* mit dem Daumen über diese Postkarte streicht. Dauernd lese ich irgendwo, dass sich Männer für Macht interessieren und ungern über Gefühle sprechen. Ich finde Macht wahnsinnig langweilig und rede den ganzen Tag über Gefühle, weil ich mir gar nicht vorstellen kann, was sonst noch interessant sein könnte. Ich bin wirklich kein harter Hund, im Gegenteil, eher sensibel und leicht aus der Bahn zu werfen. Im Freibad rette ich manchmal so lange Bienen aus dem Schwimmerbecken, dass die Leute anfangen zu tuscheln. Auch freue ich mich über jede Frau, die eine Führungsposition ergattert, weil dann niemand auf die Idee kommt, mich zu fragen. Ich gestehe, dass ich ungern Befehle von Frauen entgegennehme, aber von Männern halt auch. Zahlen, Daten und Tabellen finde ich superlangweilig, Speicherchips, Programmiersprachen und Bohrmaschinen auch. Ich habe nichts gegen pragmatische Menschen, aber poetische sind mir lieber, alles andere, Geschlecht, Chromosomen, Bart, Brüste, Penis oder alles auf einmal – ist mir total egal. Ich komme aus dem Bayerischen Wald, da haben die Leute nichts gegen Transmenschen, solange sie Bier trinken.

Ich habe darüber nachgedacht, was mich zum alten weißen Mann machen könnte: Ich muss jede Nacht aufs Klo, manchmal sogar zweimal. Ich höre lieber The Smiths als Billie Eilish.

Ich trage nicht *nur* Sneakers. Ich wünsche mir Franz Beckenbauer als Bundestrainer zurück. Ich glaube an Gott. Ich bin gegen überhaupt nichts allergisch. Ich werde sentimental, wenn ich an die vierstellige Festnetznummer meiner Eltern denke. Ich würde Immanuel Kant lieber nicht von Uni-Leselisten streichen. Ich habe nur zwei Apps auf meinem Handy, obwohl drei draufpassen. Ich habe mich lange gegen ein Netflix-Abo gewehrt, weil ich Angst hatte, dass es mich zu einem Menschen machen könnte, der ich nicht sein will (was dann tatsächlich eingetreten ist). Ich finde, dass man ungefähr wissen sollte, wann Shakespeare und Mozart gelebt haben. Ich hänge auf, wenn sich in der Vodafone-Telefonwarteschleife nach zwanzig Minuten eine Computerstimme meldet. Ich kriege schlechte Laune, wenn Menschen auf Konzerten Handyfotos machen. Ich fahre gern zweihundert auf der linken Spur. Ich vermisse gedruckte Zeitungen in Flugzeugen, die ARD-*Sportschau,* Plattenläden, verrauchte Kneipen und Politiker, die sich erst anpöbeln und danach ein Pils zusammen trinken. Ich finde, dass nicht verstörende, sondern langweilige Filme mit Warnhinweisen versehen werden sollten und dass es überhaupt kein gutes Beispiel für Self-Empowerment ist, wenn sich das hochschwangere Topmodel Emily Ratajkowski nackt im Netz präsentiert, sondern narzisstisch und indiskret (und noch dazu antifeministisch, weil ich glaube, dass die Selbstvermarktung des weiblichen Körpers den emanzipatorischen Fortschritt eher untergräbt).

Alter weißer Mann – man hört diese drei Worte und spürt, wie etwas in einem zerbricht. Wie ein Glas, das eben noch stabil auf dem Tisch stand, erst wackelt, dann umfällt und in tausend Scherben zerspringt. Wahrscheinlich fühlen sich Frauen so, wenn sie als hysterisch bezeichnet werden. Der Begriff »alter weißer Mann« ist ein Trigger, immer negativ, ein abschließendes Urteil, gegen das man sich nicht wehren kann. Ich war damals geschockt, weil ich mich eigentlich viel jünger fühle, als ich bin – Midlife-Crisis! –, und auf einmal, also einen Wimpernschlag später, soll man ein Typ sein, den alle überflüssig finden, wie ein Nokia-Handy, das sich noch im Umlauf befindet, aber nicht mehr hergestellt wird, weil die Kosten zu hoch sind und der Ertrag zu niedrig ist? Ein Typ mit wässrigen Augen, erhöhten Cholesterinwerten und Print-Abo? Ein Auslaufmodell, das auf politisch fragwürdige Weise vor der Gegenwart flüchtet?

Es macht was mit einem, wenn man so genannt wird. Erst wehrt man sich, will es nicht wahrhaben, aber irgendwann gewinnt man die Kränkung lieb, wickelt sich darin ein wie in eine wärmende Decke, am Ende kann man nicht mehr ohne sie leben. Dann eben ein alter weißer Mann, sagt man sich und fängt an, sich wie einer zu verhalten, obwohl man das eigentlich nie vorgehabt hat. Es ist ein bisschen wie im Max-Frisch-Drama *Andorra,* in dem der vermeintliche Jude Andri so lange mit Vorurteilen konfrontiert wird, dass er sie irgendwann übernimmt. Andri wird zum Juden, weil die anderen ihn dazu machen. Selbst als er seine wahre (nicht jüdische) Herkunft erfährt, hält er an der ihm zugewiesenen Identität fest, ja mehr noch, er nimmt sie vollständig an und wird deshalb am Ende sogar ermordet. Je stärker diese Männer mit dem verzerrten Bild konfrontiert werden, das sich andere von ihnen machen, desto verzweifelter wittern sie überall Niedergang, irgendwann wird ihnen alles zum Beweis, dass sie den Anschluss verpasst haben, nicht mehr dazugehören, auf der Strecke geblieben sind – eine selbsterfüllende Prophezeiung.

»Früher war alles besser«, sagen sie, flüchten sich in verklärte Erinnerungen und fangen an, die Gegenwart als Zumutung und die Zukunft als Bedrohung zu empfinden. Irgendwann lehnen sie alles ab, was ihnen modern erscheint und das Gefühl gibt, dass sie alt geworden sind: E-Roller, Jeans mit Löchern, Luisa Neubauer, Jungs mit blauen Fingernägeln, die Backmanufaktur am Eck, Instagram, veganes Essen und dass sie im Linienbus nur noch mit EC-Karte zahlen können. Dass sie von diesen Innovationen auch profitieren könnten, kommt ihnen nicht in den Sinn, und was für die jungen Menschen Emanzipation ist, ist für sie: eine Verlotterung der Sitten. Am Ende fahren sie zum fünften Mal um den Block, finden zwischen den neuen E-Ladesäulen keinen Parkplatz und haben das heftige Gefühl, dass die Realität kaum noch auszuhalten ist.

Wer ein gesundes Selbstwertgefühl hat, dem geht es natürlich nicht so, aber wer hat das schon? Robert Habeck hat das männliche Verlorenheitsgefühl mal gut auf den Punkt gebracht, als er sagte: »Das ist wie bei einem Fußballspieler, der, weil das Spiel schon 2:6 steht und es verloren ist, auf einmal aus vierzig Metern aufs Tor schießt, nur um zu zeigen: Wir sind noch da. Aber es ist sozusagen das Eingeständnis des totalen Scheiterns.«[106]

Wenn ich ältere Männer beobachte, wie sie sich durch den digitalen Alltag des 21. Jahrhunderts quälen, bin ich immer auch gerührt. Viele sagen: CSU-Typen im Trachtenjanker sind doof und Männer, die in Dreiviertelhosen durch Florenz laufen, peinlich. Mir waren gewöhnliche Typen, Normalos und Bauernfünfer immer lieber als digitale Super-Checker mit dem Designer-Bike an der Wand. Wenn ich ehrlich bin, weiß ich nicht, mit wem ich lieber ein Bier trinken würde, Kevin Kühnert oder Markus Söder, weil mir am Ende beide fremd sind.

In letzter Zeit ertappe ich mich dabei, wie ich Menschen verteidige, die ich selbst fragwürdig finde, aber ich kann nicht aus meiner Haut: Wenn ich mitbekomme, dass jemand pauschal niedergebrüllt wird, steigt meine Lust, diesem Menschen zur Seite zu springen, notfalls auch gegen meine Überzeugung. Es ist kindisch, aber irgendwie auch demokratisch, ein bisschen wie bei *Tom & Jerry:* Natürlich halte ich zu Jerry, eine Maus ist süß, klein und permanent in Gefahr, gefressen zu werden. Trotzdem kommt immer, wirklich immer der Moment, in dem ich Mitleid mit Tom empfinde, nachdem er mit dem Flammenwerfer geräuchert, in den Kühlschrank gesperrt und mit einer Walze plattgemacht wurde.

Was nun kommt, fällt mir nicht leicht, aber ich habe ja versprochen, aufrichtig zu sein. Also: Friedrich Merz gilt als typischer alter weißer Mann. Er hat sich sogar mal selbst so bezeichnet, aus Koketterie, weil er das gar nicht so schlecht findet, und in seinem Fall scheint die Sache auch wirklich klar: Er lehnt die Frauenquote ab, monologisiert über Wirtschaft und hält sich – das kann er selbst nicht leugnen – vielleicht nicht für unersetzbar, aber fast. Ehrlich, ich bin kein Fan von Friedrich Merz, finde ihn zu selbstverliebt, zu schneidig, zu sehr Basta-Politiker. Verbrächten wir einen Abend miteinander, ich wüsste nicht, worüber wir uns unterhalten sollten, außer vielleicht Ausflugsziele im Sauerland. Trotzdem glaube ich, dass wir diesen Politikertypus brauchen, als Antreiber und Mahner, die nicht von jedem ins Herz geschlossen werden wollen und uns gelegentlich daran erinnern, dass wir die Herausforderungen der Zukunft nur mit Regenbogenfahnen eher nicht bewältigen werden. Als sich vor ein paar Jahren Tausende über ein Foto im Netz lustig machten, das ihn mit der Klarinette bei der Hausmusik mit seinen Kindern zeigte, dachte ich schon: Na ja, eigentlich liebenswert, mit seinen Kindern Musik zu machen, auf jeden Fall sympathischer, als ihnen ein iPad in die Hand zu drücken, weil man selbst noch schnell ein paar Hass-Tweets raushauen muss.

Die Feministin Hengameh Yaghoobifarah wird mir spätestens jetzt empfehlen, mit dem »Rumgeopfere« aufzuhören, aber weil sie gerade nicht da ist, traue ich mich einfach mal zu fragen: Auf was für eine Welt steuern wir zu, wenn jeder darüber Auskunft geben darf, wie er empfindet und was ihn verletzt – außer alten weißen Männern? Braucht es nicht auch ihre Perspektive für eine offene Gesellschaft, die uns angeblich so am Herzen liegt? Selbst der Männlichkeitsskeptiker Klaus Theweleit findet den Begriff »toxische Männlichkeit«

übertrieben, wenn er sagt: »Dominanzhierarchien sind immer negativ, ganz egal, wer in ihnen eine dominante Position einnimmt. Man sollte lieber versuchen, Gleichheit herzustellen. Die erreicht man nicht, indem man andere andauernd angreift, sondern indem man Übereinstimmungen sucht. Menschen sind trotz Widerständen veränderbar, das ist das Beste an ihnen.«[107]

Seit ich denken kann, habe ich ein großes Herz für linke Utopien, aber zuletzt stand ich sprachlos vor einer linken Kultur, die sich von Empathie und struktureller Kritik verabschiedet zu haben scheint. Und manchmal muss man an Selbstverständliches erinnern, weil es augenscheinlich nicht mehr selbstverständlich ist: Die kollektive Verhöhnung von Männern, die dem Zeitgeist nicht widerspruchslos Folge leisten, die dauernde Beschimpfung von Menschen, die es nicht schaffen, ihre Gewiss- und Gewohnheiten und alles, was sie lieben, fühlen und denken, über Nacht ins Gegenteil zu verkehren, führt nicht zu einer besseren, sondern einer ausfransenden Gesellschaft, weil Extreme nun mal Extreme schaffen. Wer sich in die Ecke gedrängt oder übergangen fühlt, verstummt oder sucht Trost in der Radikalisierung. Beides kann nicht in unserem Interesse liegen.

Der Philosoph Thomas Müller, der im Nebenberuf Fußball spielt, hat mal mit Verweis auf die Evolution gesagt: Es sei für den Menschen ganz schlimm, etwas zu verlieren. Vor allem etwas, was man schon sicher zu haben scheint. Er bezog sich auf das Champions-League-Rückspiel des FC Bayern gegen Paris Saint-Germain. Ohne es zu wissen, hat er die gewaltige Herausforderung skizziert, mit der sich ältere Männer gerade konfrontiert sehen: auf etwas zu verzichten, das sie schon sicher zu haben schienen. Nun müssen sie lernen, die Verunsicherung, in die sie durch einen Epochenbruch und kompromisslosen Kulturwandel geschubst wurden, nicht reflexhaft wegzustoßen, sondern zuzulassen, ja lieb zu gewinnen, um sich dann schrittweise in eine Zukunft zu wagen, die ganz anders aussehen wird als die Jahre, an die sie sich so schamlos beschönigend erinnern.

Deshalb sollte man diese Männer als Verbündete gewinnen und damit aufhören, jeden, der einen halben Meter rechts vom linken Spektrum steht, als reaktionären Bierdimpfel zu denunzieren. »Aggressives Mimosentum von rechts lässt sich nicht eindämmen, indem man ihm mit aggressivem Mimosentum von links begegnet«, schreibt Thea Dorn. »Wer es – zu Recht – als Bedrohung unserer Demokratie ansieht, dass immer mehr Bürger aus dem konservativen Milieu bereit sind, sich aus Frustration und Trotz mit rechtspopulistischen Scharfmachern zu solidarisieren, darf sich nicht seinerseits mit zunehmend dogmatisch und autoritär auftretenden linken Scharfmachern solidarisieren. Feuer löscht man nicht mit Benzin.«[108]

Ich finde es lächerlich, wenn die BBC erklärt, dass man der Komikertruppe Monty Python heute keine Plattform mehr gäbe, weil es sich um eine Gruppe »alter weißer Männer« handle. Ich finde es absurd, wenn die Schriftstellerin Joanne K. Rowling einen Shitstorm abkriegt, weil sie an ihrem biologischen Geschlecht als Frau festhalten möchte. Es hat etwas Loriothaftes, wenn die Feministin Teresa Bücker eine Janosch-Geschichte zum Skandal erklärt, weil darin ein Frosch eine Tigerente ohne ihr Einverständnis auf den Mund küsst, also »an einer schweigenden Figur sexuelle Handlungen vornimmt«.

Trotzdem halte ich Gleichberechtigung nicht für eine lästige Option, im Gegenteil: Wer für eine bessere Welt ist, kann nicht dagegen sein, Missstände zu korrigieren, auch wenn es anstrengend oder schmerzhaft ist. Wenn ich ehrlich bin, kann ich es kaum erwarten, in einer vielfältigeren Gesellschaft zu leben, ich frage mich nur, ob das gelingen kann, wenn wir ältere weiße Männer dafür kritisieren, dass sie zufällig der Norm entsprechen. Wäre ein großzügiger Feminismus nicht anschlussfähiger als ein dogmatischer, weil Männer, die ohnehin verunsichert sind, ihn nicht reflexhaft abwehren müssten, sondern ausprobieren könnten? Ich weiß, was jetzt kommt: »Verunsichert? Pah! Die hocken immer noch an den Schaltstellen der Macht.« Und ja, stimmt schon, trotzdem glaube ich, dass Männer leichter überlistet als überzeugt werden, ja dass man sie gelegentlich zu ihrem Glück zwingen muss. Natürlich kann man widerborstige Männer per Gesetz dazu bringen, sich an Quoten oder Sprachnormen zu halten, aber macht sie das aufgeschlossener, selbstkritischer, weniger chauvinistisch? Sie erfüllen dann nur ihre Pflicht, wie ein Kind sein Zimmer nur aufräumt, weil ihm Internetverbot angedroht wurde.

Man kann Respekt nicht verordnen und Charakter auch nicht. Man kann nur den Boden dafür bereiten, indem man Männer nicht für alles Übel der Welt verantwortlich macht, sondern ihre Ängste und Vorbehalte ernst nimmt. Echter Wandel lässt sich nicht oktroyieren, er muss von innen kommen. Und deshalb gibt es gewieftere Strategien als permanente Vorwürfe, um Luft aus männlichen Egos zu lassen. Manchmal genügt ein Augenrollen, ein verschmitztes Lächeln, ein polemischer Kommentar. Angela Merkel hat vorgemacht, wie mächtig man werden kann, ohne mit der Faust auf den Tisch zu hauen. Es wäre konstruktiver (und für Männer beschämender), wenn Frauen Männern die Hand reichten, statt sie zu demütigen, wenn sie sie wohlwollend begleiteten, statt sie zu überrollen, wenn sie ihnen trotz einer wenig ruhmreichen Vergangenheit Respekt und Verständnis entgegenbrächten, wenn sie nicht nur Kritiker, sondern auch Vorbild wären und den Männern zeigten, wie es besser gegangen wäre.

Im Moment geht es Männern wie Deutschland 1945 nach dem Zivilisationsbruch: Der Nationalsozialismus hat die Welt mit einem verheerenden Krieg überzogen und unbeschreibliches Leid über Millionen Menschen gebracht. Trotzdem haben die Siegermächte die junge Bundesrepublik in die Weltgemeinschaft zurückkehren lassen und irgendwann sogar ihrer Wiederbewaffnung zugestimmt – nicht aus Liebe zu den

Deutschen, eher wollte man sich aus dem zerstörten Land einen strategischen Partner in der Mitte Europas heranziehen, aber wenn sich von Versöhnung auch noch profitieren lässt: umso besser. Nur so konnte sich Deutschland zu einer friedlichen Demokratie und führenden Industrienation entwickeln. Eine solche Menschlichkeit gegenüber dem einstigen Gegner ist nicht nur ein zivilisatorischer Akt, es war der Grundstein für ein Europa der Freiheit. Sie könnte die Blaupause für unseren Umgang mit prekärer Männlichkeit sein: Wandel durch Annäherung.

Ich glaube nicht, dass die männerfeindliche Stimmung der letzten Jahre irgendjemandem nützt, im Gegenteil: Sie verunsichert Männer und Frauen gleichermaßen, vergrößert den Graben und verschlimmert die Gemeinheiten in den sozialen Netzwerken, ein Dauergeschrei, das niemandem etwas bringt außer ein paar Milliardären, die mit unserem Hass prächtig verdienen. Es gibt ein Gedicht von Mascha Kaléko namens »Kleine Auseinandersetzung«. Darin heißt es: »Du hast mir nur ein kleines Wort gesagt / Und Worte kann man leider nicht radieren / Nun geht das kleine Wort mit mir spazieren / Und nagt.«

Es gilt für alle Menschen.

ANDERE MÄNNER, ANDERE SITTEN

»Wenn er das Abitur hat,
ist das schon kein richtiger Mann mehr.«
Witold Gombrowicz

Mein Lieblingsviertel in München sind die Straßen rund um den Hauptbahnhof, weil ich dort das Gefühl habe, in einer richtigen Stadt und keiner kostspieligen Kulisse zu leben. Von meiner Wohnung aus bin ich in zehn Minuten dort – eine Weltreise für wenig Geld. Dann esse ich gegrillte Lammspieße, verzocke zwanzig Euro im Wettbüro, rauche eine Shisha mit Apfel-Minze-Geschmack und lasse mein Handy reparieren – »zehn Euro, kommst du in einer Stunde.«

Niemand schwärmt von veganem Krustenbrot, empfiehlt mir eine Netflix-Doku oder schaut empört, weil ich einer Frau in Yoga Pants hinterherstarre. Warum auch? Sie starren ja selbst. Die meisten verstehen mich gar nicht, weil sie Türkisch oder Arabisch sprechen, es ist ein bisschen, wie wenn man durch Afrika reist, man fühlt sich fremd und gerade deshalb so wenig entfremdet wie lange nicht. Ich laufe an Wechselstuben, Import-Export-Läden und in die Jahre gekommenen Striplokalen vorüber, kaufe fünf Fladenbrote für zwei Euro, stehe ein bisschen rum und fühle mich so unbeschwert, dass mir sogar die Lust am Zynismus vergeht. Im

Laufe der Jahre sind mir einige Bewohner des Viertels so ans Herz gewachsen, dass ich sie vermisse, wenn ich sie eine Zeit lang nicht gesehen habe: der spielsüchtige Grieche, der jeden Gewinn umgehend in eine Erotikmassage mit Handentspannung investiert, der Shisha-Mann aus Erbil oder der Türke mit dem besten Döner der Stadt – »ohne gelbe Soße«.

Eine wiederkehrende Erfahrung geht so: Ich komme gegen 23 Uhr in eine türkische Teestube, Neonlicht, Stimmengemurmel, auf einem Bildschirm singt eine Türkin im türkisfarbenen Abendkleid auf einer Klippe, ein Typ hockt vorm Glücksspielautomaten, alle anderen starren mich an: der Besitzer mit den dichten schwarzen Haaren auf dem Unterarm, die drei älteren Männer auf den Plastikstühlen, ein paar Jungs mit Goldketten und Trainingshosen. Es ist der Moment, in dem ich mir wünsche, dass einer lächeln oder mir zuzwinkern würde, aber nichts geschieht, eine Frau ist natürlich auch nicht da. Es ist der Augenblick, in dem sich entscheidet, ob ich respektiert oder nur geduldet werde.

Es gibt viele Momente, in denen ich mich unmännlich fühle: Wenn mein Urologe den »eher unangenehmen Teil der Untersuchung« ankündigt, wenn mir ein Paketbote ein riesiges Zalando-Paket in die Hand drückt und komisch schaut, wenn meine Freundin auf einer kubanischen Landstraße für horrende Roaming-Gebühren ein YouTube-Erklärvideo schaut, weil ich in dieses Schlagloch gefahren bin und es irgendwie nicht hinkriege mit dem Reifenwechsel. Aber jetzt, in dieser Teestube, komme ich mir wie ein Grundschüler vor, mit meinem Button-down-Hemd und dem Kaschmirpullover, den ich vorsichtshalber um die Hüften gebunden habe, weil es abends schon wieder frisch wird. Gerade hatte ich mich noch unwiderstehlich gefühlt, auf meiner alten Vespa, barfuß in den Sommerschlappen, die Ray-Ban im Gesicht, auf einmal bin ich verlegen, alles wirkt harmlos und irgendwie falsch: das Hemd zu glatt, die Hose zu hell, die Uhr zu teuer.

Die anderen sind alle dunkel gekleidet, schwarzer Pullover, schwarze Sneakers, die älteren Männer tragen aus der Mode gekommene Anzüge in Braun und Grau. Sie mustern mich, schauen mir in die Augen, nicht böse, aber freundlich halt auch nicht, zähe Sekunden sind das, in denen ich mir wünsche, stärker, männlicher, irgendwie einschüchternder zu sein, aber es hilft nichts, im Wandspiegel gegenüber sehe ich einen Typen, der auf einem Nackenkissen aus Buchweizen schläft und am Morgen frische Tulpen in eine japanische Vintage-Vase gestellt hat.

Diese Jungs, rede ich mir ein, würden keine Blumen kaufen, schon gar nicht für sich. Sie würden nicht zur Thai-Massage gehen, keine Kniestrümpfe aus ägyptischer Baumwolle tragen und kein Buch über Männlichkeit schreiben, wenn draußen die Sonne scheint. Sie würden durch die Stadt tigern, auf der Suche nach Spaß oder einem Abenteuer. Mir ist klar, dass nichts bürgerlicher ist als der Wunsch, weniger bürgerlich zu sein, ich weiß, dass sie nur eine Projektionsfläche für meine westliche, privilegierte Sozialisation darstellen, dass ich nie so sein könnte wie sie und wahrscheinlich auch nicht wollte, dass sie vielleicht bis zum Hals in Schwierigkeiten stecken, arbeitslos oder unglücklich sind, aber in diesem Moment zählt das alles nicht, in diesem Moment wäre ich einfach gern so lässig wie sie und nicht so lächerlich wie ich.

Ich ahne, dass sie eher nicht über den Kauf eines E-Autos nachdenken, wahrscheinlich trennen sie nicht mal ihren Müll, ziemlich sicher hätte ich, sollte es zu einer Diskussion über den Wert der liberalen Demokratie kommen, die besseren Argumente, aber jetzt heißt es: Kopf oben halten, cool bleiben und keine Demutsbotschaft aussenden. Dies ist ein Moment, den man als Mann immer wieder erleben sollte, der Moment, in dem alles, worauf man seinen Selbstwert, ja seine gesamte Identität gründet, nichts mehr zählt. Denn ich kenne vielleicht jemanden, der mit Banksy befreundet ist, und zwar nicht auf Facebook, sondern in echt, und ich weiß auch, was

200 Gramm mittelalter Pecorino auf dem Viktualienmarkt kosten, aber jetzt und hier ist das unnützes Wissen, lächerliches Distinktionsmaterial, denn eines weiß ich halt nicht, nämlich wie ich mich verteidigen soll, wenn mir einer blöd kommt, weil er das Gefühl hat, dass ich ihn eine Sekunde zu lang angestarrt habe, schließlich habe ich nicht mal gedient und keine Ahnung, wie man gegen eine Kniescheibe tritt, damit ihr Besitzer zu Boden geht.

In eine Auseinandersetzung zu geraten, das kann einem überall passieren, im Fußballstadion, nachts in der U1 oder auf Reisen, wenn man in Rio oder Bukarest aus Versehen in die falsche Straße eingebogen ist. Man denkt, das kriegt man geregelt, wenn man charmant und nicht auf den Kopf gefallen ist, aber das stimmt nicht. Diese Situationen kommen plötzlich, und ehe man sichs versieht, steckt man mittendrin und kriegt sie eben nicht geregelt. Die Welt ist kein »Safe Space«. Sie ist auch nicht so, wie sie sich die Menschen, die in München oder Freiburg in einem Boutique-Hotel oder Proseminar sitzen, vorstellen, sie ist gemeiner und unberechenbarer. Manchmal genügt es, dass man in eine Parklücke manövrieren will, die ein aggressiver Typ für seinen 3er-BMW beansprucht, schon steckt man im Schlamassel. Was tun? Wie reagieren? »Einfach weggehen«, sagen die meisten. »Auf so was darf man sich gar nicht einlassen.« Oder: »Das hast du doch gar nicht nötig.« Aber das sind die Typen, die mit Noise-Cancelling-Kopfhörern im Flugzeug sitzen.

Die Wahrheit ist nämlich, dass ich mich manchmal gern auf eine körperliche Auseinandersetzung einlassen würde, und wahrscheinlich habe ich es nach dreihundert Zoom-Konferenzen auch nötig – genau wie dieser Typ in *Fight Club,* der als Rückrufkoordinator für einen Autohersteller arbeitet und so gelangweilt ist von seinem Job und den Produkten, die er sich zur Kompensation kauft, dass er sich nur noch lebendig fühlt, wenn er sich mit anderen Typen zu blutigen Kellerprügeleien verabredet. Ich habe keine Ahnung, woher das kommt – Gene, Komplexe, Reste archaischer Männlichkeit? –, aber anscheinend bin ich nicht der Einzige, dem es so geht: In seinem Buch *Männerwürde* erzählt der Pädagoge und Therapeut Udo Baer von Männern, die in seine Praxis kommen, weil sie das Gefühl haben, ihre Würde verloren zu haben. Einer sagt: »Ich kam mir immer vor wie Jesus oder eine UNO-Truppe ohne Waffen. Immer nur ›peace‹. Immer nur ruhig und gelassen und meditativ, nie über die Stränge schlagen, nie Mist bauen, nie anecken. Aber ich habe auch einmal Lust, spontan zu sein, und dann kommt schon mal etwas Komisches heraus, was nicht genormt ist.« Viele Männer, schreibt Baer, wollten anderen Menschen nicht schaden oder Gewalt antun, das dürfe aber nicht heißen, dass sie wie Abziehbildchen eines idealen Mannes herumlaufen müssten, Männer seien alles auf einmal: Engel und Bengel, Dämonen und Kobolde, gerade und schräg.[109]

Ich habe ein Interview mit dem Schauspieler Bob Odenkirk gelesen, in dem er erzählt, wie seine Familie von einem Unbekannten überfallen worden sei: »Auch ich habe mich damals nicht gewehrt, sondern nur versucht, meine Familie abzuschirmen. Die Polizei kam und hat den bösen Mann mitgenommen. Zurückgeblieben ist aber ein Gefühl der Unzulänglichkeit. Und genau das setzt sich im Gehirn fest. Es nagt. Natürlich weiß man auf einer intellektuellen Ebene, dass man richtig gehandelt hat. Aber es fühlt sich leider nicht so an. Es fühlt sich so an, als hätte man seine Familie durch die Tatenlosigkeit gefährdet oder womöglich sogar verletzt.«[110]

Ich ahne, was er meint: Dass man nur einmal im Leben gern die bessere Rechte und nicht das bessere Argument hätte. Dass es Momente gibt, in denen man gern weniger Kultur und mehr Natur wäre, weniger Geist und mehr Körper, weniger zivilisiert, dafür instinktiver, ursprünglicher, weniger Joko Winterscheidt, mehr Zlatan Ibrahimović, der während der Pandemie öffentlich prahlte: »Covid hat den Mut gehabt, mich herauszufordern. Eine ganz schlechte Idee.« Und gerade weil ich es nie täte, träume ich gelegentlich davon, ein paar wirklich bösen Menschen einfach mal eine runterzuhauen.

Wenn ich Freunden von meiner heimlichen Sehnsucht erzähle, schauen sie mich irritiert an. Die meisten verstehen mich nicht, weil so Typen wie Ibrahimović, das seien doch präpotente Selbstdarsteller, und damit haben sie natürlich recht. Trotzdem ist mir schleierhaft, wie man im überregulierten und restlos vorhersagbaren Alltag einer westlichen Großstadt vor sich hin leben kann, ohne jemals den Wunsch zu verspüren, dass alles auch ganz anders sein könnte, inklusive man selbst. Vor allem in afrikanischen und asiatischen Ländern komme ich mir oft schrecklich domestiziert, physisch unpräsent, ja lächerlich vor. Ich sehe die drahtigen Männer, wie sie stundenlang im überfüllten Kleinbus auf dem Boden knien oder ohne Anflug von Erschöpfung den Kilimandscharo rauf- und runter- und wieder raufla ufen, dreißig-, vierzigmal im Jahr, und fühle mich: zu behäbig, zu verkopft, zu verfressen, zu verweichlicht, zu zivilisiert.

Unvergessen, wie ich vor Jahren am Strand von Rio lag, weiß wie eine Wand, gemütlicher Bauchansatz, ein paar verstreute Brusthaare, das Feuilleton der *Zeit* in der Hand, während die Männer um mich herum Dosenbier in sich reinschütteten, Fußball spielten, durch die Wellen tobten oder gewaltige Frauenhintern eincremten. Niemand las eine Zeitschrift oder ein Buch, alle lachten, schienen sorglos und waren unwiderlegbar: da. Damals schämte ich mich und nahm mir vor, meine männliche Energie neu zu entdecken, keinem Konflikt mehr aus dem Weg zu gehen, auch mal – ja warum denn nicht? – lauter zu werden und auf meiner Parklücke zu bestehen, wenn ich zuerst da war. Aber es hilft nichts, am Ende denke ich doch wieder: »Scheiß drauf«, lande im Honigschaumbad und lese Interviews mit Alice Schwarzer.

Der Paartherapeut Bjørn Thorsten Leimbach beobachtet seit Jahren zwei gegenläufige Entwicklungen: Männer verlören zunehmend das Interesse am Jagen und Kämpfen, auch im übertragenen Sinn. Sie lehnten Spannungen und Konflikte ab, die sie anstrengend oder primitiv fänden, und suchten eher Ausgleich, Harmonie und Entspannung. Anders die Frauen: Sie entdeckten die positiven Seiten des kriegerischen Archetyps, als Jägerin, Nomadin oder Amazone, trieben Sport, machten Selbstverteidigung, entwickelten zunehmend Freude an Machtausübung. Kurz: Frauen stärkten ihre männlichen Anteile, Männer ihre weiblichen, mit der Folge, dass Frauen zunehmend verhärteten und Männer verweichlichten.[111]

»Es gibt einen großen Trend zur Feminisierung der Kulturen«, sagt auch der Philosoph Philipp Hübl.[112] Im Moment seien Männer so verständnisvoll und achtsam wie nie zuvor. Oder wie mal in der *Welt am Sonntag* stand: »Aus dem ganzen Kerl ist eine halbe Frau geworden: Er kocht, er nimmt Elternzeit, zupft sich die Augenbrauen und teilt sich mit seiner Frau die Gesichtscreme.«[113]

Nicht falsch verstehen: Ich finde es wunderbar, wenn Männer ihre verletzliche Seite entdecken. Man müss nur an die Menschenopfer der Wikinger denken, um den zivilisatorischen Gewinn zu erkennen. Das Problem ist nur: dass viele gerade alle *anderen* Seiten über Bord werfen und dabei sind, sich in einer kuscheligen Bullerbü-Welt samt Blühstreifen einzurichten, die sie mit der Realität verwechseln. Ich glaube, dass Männer, die ihre Körperlichkeit, ihre Aggressionen und widersprüchlichen Gefühle immer nur unterdrücken oder gar nicht wahrnehmen, Gefahr laufen, sich selbst zu verfehlen. Dass es nicht *nur* gut für eine Gesellschaft ist, wenn negative Gefühle geleugnet werden (weil sie sich dann anderweitig Bahn brechen) oder traditionell männliche Eigenschaften wie Entschlossenheit, Risikobereitschaft oder die Fähigkeit, seinen Willen durchzusetzen, ausschließlich negativ bewertet werden. Dass, wer in krisenhaften Zeiten Verantwortung übernehmen will, Widerstandskraft und eine gesunde Härte gut brauchen kann. Es ist nun mal so, dass wir die Herausforderungen der Zukunft nur mit Eiern aus ökologischer Freilandhaltung eher nicht bewältigen werden.

Vor fünfundzwanzig Jahren stellte der Psychologe Bernie Zilbergeld die These auf, dass – in der westlichen Welt – die Definition von Liebe von einer männlichen zu einer weiblichen Perspektive gewechselt habe. Da diese Definition dem entspreche, was Frauen für sich wollten und täten, könne es nicht überraschen, dass Männer im Vergleich schlecht wegkämen. Ständig würden sie für das kritisiert, was sie nicht täten, doch was ihnen möglich sei und wie sie versuchten, Liebe zu zeigen, werde selten beachtet oder anerkannt.[114]

Im Moment wird eine männliche Streitkultur von einer weiblichen Wohlfühlkultur abgelöst. Der Preis dafür ist ein trügerischer Frieden auf der einen sowie extrem zahme und extrem aggressive Männer auf der anderen Seite. Oder wie Hans Christoph Buch schreibt: »Die Folgen des Paradigmenwechsels treten erst im Nachhinein deutlich hervor, und das vom weiblichen Über-Ich verdrängte Aggressionspotenzial der Männer schlägt brutal zurück. Sex- und Gewaltfantasien, die sich früher in Fußballstadien und Splatter-Filmen, Heavy-Metal-Festivals und Wrestling-Arenen austobten, ohne Schaden anzurichten, sind in der Mitte der Gesellschaft angelangt.«[115]

Die Vorzüge des Mannes, der mit dem Kinderwagen joggen geht, während er per Kopfhörer an einem Kick-off-Meeting teilnimmt, liegen auf der Hand, funktionieren aber nur, wenn alle mitmachen, was vielleicht in Hamburg-Eppendorf, in den meisten Weltgegenden aber eher nicht der Fall ist. Meine türkische Teestube ist überall, man nennt sie Wirklichkeit. Und manche, die wie wandelnde Instagram-Filter durch die gentrifizierten Viertel unserer Städte laufen, scheinen es sich nicht vorstellen zu können, aber es gibt sie tatsächlich und man könnte ihr begegnen, wenn man gelegentlich seine Twitter-Blase verlässt oder in der U-Bahn fünf Stationen später als sonst aussteigt. Als moderner Mann gerät man dann schnell unter Druck, weil auf einmal alle anders aussehen und anders oder halt gar nicht reden, sondern gleich zuschlagen.

Manchmal kann man Reste archaischer Männlichkeit gut brauchen. Und wer nun denkt: »Mein Gott, was labert der Typ«, wer noch nie die Erfahrung gemacht hat, wie alles, wofür man steht, von einem Moment auf den anderen nutzlos und lächerlich wird, kann ja mal darüber nachdenken, ob er sein Leben vielleicht nur an Orten und mit Menschen verbringt, die genau so sind wie er selbst.

Männlichkeit ist kultur- und ortsgebunden: Der Held vom Starnberger See ist in Kairo eine Witzfigur, der Clanchef aus Kabul im schwul-lesbischen Kommunikationszentrum ein Außenseiter. Körperliche Kraft oder emotionale Härte braucht in der westlichen Welt kein Mensch, in anderen Ländern liegt man ohne schnell im Krankenhaus. Sobald man sein angestammtes Milieu – oder wie Marketingmanager sagen: seine »Komfortzone« – verlässt, wird man mit einer fremden, aber äußerst realistischen Welt konfrontiert. Auf einmal funktioniert das selbstironische Lächeln nicht mehr, gilt eingestandene Schwäche nicht als sympathisch, sondern: als schwach.

Vielleicht ist es nur ein Zufall, aber interessant ist es allemal, dass ich meine eher konservativen Freunde als viel offener, neugieriger und weltgewandter wahrnehme als meine eher linken, obwohl die ständig für Respekt und Vielfalt plädieren. Bei Geburtstagsfeiern von Bekannten, die für eine »diverse Gesellschaft« sind, stehe ich regelmäßig neben Menschen mit weißen Sneakers, runden Hornbrillen und A. P. C.-Pullovern, die irgendwas mit Medien oder Kunst zu tun haben. Ich laufe rum, stelle mich vor, frage nach, aber nein, da ist keine Altenpflegerin und kein Klempner, kein Arbeitsloser und kein Syrer, nicht mal ein Unternehmensberater.

Alle lieben Kendrick Lamar, *Mad Men* und Christoph Waltz, keiner mag Giovanni Zarrella, Markus Söder oder Baguettes von Subway. Keiner durchkreuzt die herkömmlichen Erwartungen. In Ermangelung echter Kriterien, was gut und wertvoll ist, plappern sie lieber nach, was sie im Feuilleton gelesen haben oder auf dem Markt als »heißer Scheiß« gehandelt wird. Alle schauen die gleichen Serien, hören die gleichen Playlists, machen die gleichen Reisen – immer Geheimtipp, nie mit dem Billigflieger erreichbar. Alle träumen von Freiheit und Individualität und sind doch: schrecklich konventionell. Manche marschieren beim Christopher Street Day mit, ohne mit den Menschen, mit denen sie sich solidarisieren, was zu tun zu haben, oft kennen sie sie nicht mal. Es ist, als empfänden sie narzisstische Befriedigung im Sich-Solidarisieren, als werteten sie sich auf, indem sie sich für Benachteiligte einsetzen, die sie sich gleichzeitig vom Leib halten. Ihre Offenheit ist eine Schaufenster-Offenheit. Sie selbst sind, wie es in einer Kritik des Buches *Die Selbstgerechten* von Sahra Wagenknecht heißt, die »Besitzstandswahrer, die der globalen Marktwirtschaft den Weg frei machen, indem sie das kalte Vokabular des Neoliberalismus durch schön klingende Worthülsen ersetzen. Aus Freihandel, Egoismus und Laisser-faire wurden Weltoffenheit, Vielfalt und Toleranz.«[116] Mit anderen Worten: Wenn unsere Zukunft in der Diversität liegt, was ich aufrichtig hoffe, können wir auf diese Leute eher nicht zählen. Stattdessen lässt sich die vermeintliche Überlegenheit unserer lieb gemeinten Weltoffenheit nur noch mit einem Übermaß an Heuchelei aufrechterhalten, indem die meisten Menschen immer noch gnadenlos Macht ausüben und Profite maximieren, nur halt mit freundlicheren Formulierungen.

Im Moment sollen Männer bereuen und Buße tun. Ständig sollen sie irgendwas beichten oder sich für irgendwas schämen. Und ganz ehrlich: Das schadet ihnen bestimmt nicht. Trotzdem wäre es sinnvoller, wenn sich nützliche Anteile traditioneller Männlichkeit wie Durchsetzungskraft, Pioniergeist und Eigensinn ins 21. Jahrhundert hinüberretten und mit den Errungenschaften des aufgeschlossenen Gegenwartsmannes verschmelzen ließen. Das Ergebnis könnte verführerisch sein: Männer, die Gutenachtgeschichten vorlesen und Bärlauch-

Pesto anrühren, aber sich auch wehren können, wenn sie der Chef, Vermieter, Bankberater oder Nachbar über den Tisch ziehen will. Nebenbei wäre die Gefahr gebannt, dass sich Frauen zu einer Art dominanten Mutter entwickeln, dass sie ihre Männer zwar sympathisch, ja sogar wahnsinnig niedlich finden – »Er ist so toll mit den Kindern« –, aber keinerlei erotisches Interesse mehr an ihnen haben. »Auf die junge Frau wirkt die neue männliche Innerlichkeit, das subtile Nachhorchen in die tiefsten Windungen der Gefühlsregungen schrecklich kompliziert. Und auf die Dauer furchtbar unsexy«, schrieb die Journalistin Nina Pauer vor ein paar Jahren.[117]

Statt traditionelle Männlichkeit wie in einem Exorzismus auszutreiben, sollten wir akzeptieren, dass es eine männliche Energie gibt, die nicht verloren gehen sollte: eine Lust am Konflikt, Wettbewerb und Widerspruch. Im Moment verkümmert sie, weil wir jede Regung, die sich nicht lückenlos kontrollieren lässt, dämonisieren, obwohl ein gesundes Maß an Aggression, also Konfliktfähigkeit – nicht Gewalt! – wertvoll sein kann, um Spannungen auszuhalten, Konflikte zu lösen oder auch einfach nur ohne größere Blessuren durch den Alltag unserer spätkapitalistischen Konkurrenzgesellschaft zu kommen. Wer sich Aggression nur als kämpferische Auseinandersetzung vorstelle, werde ihr nicht gerecht, schreibt auch Walter Hollstein. Sie lasse sich nämlich auch als Tatendrang kanalisieren, um Maschinen zu reparieren, Demenzkranke zu pflegen, Parkanlagen aufzuräumen oder mit guten Ideen neue Projekte anzustoßen.[118]

Dass der deutsche Nachwuchs zu zahm ist, findet auch der Unternehmensberater Heiner Thorborg, der Unternehmen auf der Suche nach Führungskräften berät: Eine Elterngeneration, die unter Erziehung nur noch »fördern«, aber nicht mehr »fordern« verstehe, habe nicht gerade dazu beigetragen, stabile Leute heranzuziehen, die Lust am Gestalten hätten oder bereit seien, Verantwortung zu übernehmen. Die sogenannten »Schneeflöckchen«, junge Leute, die unter Druck vor sich hin schmelzen, zeichneten sich nicht etwa durch Belastbarkeit aus, sondern durch die Selbsteinschätzung, einzigartig und daher schützenswert zu sein. Thorborg ist sicher, dass sie im Vergleich zu den jungen, erfolgshungrigen, belastbaren Leuten, die aus dem Ausland nach Deutschland kämen, ins Hintertreffen geraten werden, weil zu Chefs nun mal Menschen würden, die Lust zu arbeiten haben – und nicht etwa nur noch dann arbeiten wollen, wenn sie Lust dazu haben.[119]

Wenn wir so weitermachen wie im Moment, landen wir in einer achtsamen und liebenswerten, aber erlahmten Gesellschaft, die politisch, wirtschaftlich und kulturell an Einfluss verliert und nur noch funktioniert, wenn sie sich immer weiter von der Wirklichkeit abkapselt, wie es in den gentrifizierten Teilen unserer Städte ja tatsächlich passiert. Man lebt dann wie in einer Blase, einer Art künstlichem Paradies, ohne Sinn für die Lebensrealität anderer Menschen, denen man nur noch in den Nachrichten und auf YouTube begegnet. Man schickt ein paar Anoraks ins Flüchtlingsheim und spendet hundert Euro für die Opfer der Jahrhundertflut – danach ist das Gewissen beruhigt. Es ist ein bisschen, wie wenn die EU-Außenminister mit eingefrorenen Konten drohen, aber tatenlos zusehen müssen, wenn Putin mal eben einen unliebsamen Konkurrenten vergiften lässt oder die Taliban Afghanistan zurückerobern. Die Intention ist löblich, mündet aber allzu oft in Nichtstun und ein Gefühl der Ohnmacht, weil man den Preis scheut, den Verantwortung und Moral nun mal haben. Die einen sprechen von einer »Kultur der Zurückhaltung«, andere von der »winselnden Harmlosigkeit« Deutschlands in militärischer Hinsicht (Karl Heinz Bohrer). Dahinter verbirgt sich, was Angela Merkel mal sinngemäß als ihre größte Sorge bezeichnet hat: dass die liberale Demokratie eben nicht als vorherrschendes System aus dem 21. Jahrhundert hervorgehen werde.

Als 2016 Dutzende Frauen auf der Kölner Domplatte von

Männern aus anderen Kulturkreisen belästigt wurden, ohne dass ihre Partner oder Ehemänner eingriffen, schrieb Cora Stephan in einem Gastkommentar für die *NZZ*: »Der moderne Metropolenmann, könnte man schließen, wird auf seinem eigenen Territorium mit einer archaisch anmutenden Männlichkeit konfrontiert, der er nichts entgegenzusetzen hat.« Damals zeigten viele Frauen Verständnis für die Zurückhaltung ihrer Männer: Es hätte gewiss Märtyrer erzeugt, hätten sich die männlichen Begleiter zu ihrem Schutz einer aggressiven Übermacht ausgeliefert. Am Ende war es der Türsteher eines Hotels, hinter dem einige Frauen Schutz fanden – ein gebürtiger Kroate.[120]

KLEINE SCHRITTE

»Gefahren lauern nur auf jene,
die nicht auf das Leben reagieren.«
Michail Gorbatschow

Im Jahr 2005 erzählte der Schriftsteller David Foster Wallace in einer Rede vor College-Absolventen folgende Geschichte: Zwei junge Fische treffen einen älteren Fisch. Fragt der alte: »Moin, Jungs, wie ist das Wasser?« Die beiden jungen schwimmen erst weiter, nach einer Weile schaut der eine den anderen an und fragt: »Was zur Hölle ist Wasser?«

Was für die jungen Fische das Wasser, das war für mich fünfunddreißig Jahre lang meine Männlichkeit, nämlich so normal, dass ich nicht darüber nachdachte. Natürlich habe ich auch meine Privilegien nicht erkannt, weil sie mir ganz selbstverständlich zur Verfügung standen. Als Mensch mit einem X- und einem Y-Chromosom fühlte ich mich weder bevorzugt noch benachteiligt. Ich hatte was zwischen den Beinen, meine Schwester nicht, fertig. Fünfunddreißig Jahre lang machte ich mir über das Männer-Frauen-Ding keine Gedanken, fünfunddreißig Jahre lang forderte mich niemand auf, meine Männlichkeit auf den Prüfstand zu stellen. Ich grübelte viel, aber eher darüber, ob tote Tiere in den Himmel kommen. Hätte mich jemand gefragt, ob ich dafür bin, dass

Frauen und Männer gleichgestellt sind, hätte ich »Ja« gesagt, aber es hat mich niemand gefragt.

»Indem implizit oder explizit abgelehnt wurde, dass die Kategorie Gender überhaupt auch für Männer gilt, konnten diese sowohl einem prüfenden Blick als auch Kritik und Veränderung entgehen«, schreibt der Soziologe Michael Kimmel.[121] Ich bin diesem prüfenden Blick jahrzehntelang ganz hervorragend entgangen. Erst neulich habe ich wieder dramatisch versagt, als es darum ging, die männliche Perspektive wenigstens für einen Moment zu verlassen: In einem Text über Blut stellte ich die These auf, dass Blut in unserem digitalisierten Alltag keine Rolle mehr spiele, ja dass manche kurz vor dem Nervenzusammenbruch stünden, wenn sie sich beim Kartoffelschälen in den Finger schnitten, weil da auf einmal dieses rote Zeug rauslaufe und man fast vergessen habe, dass man ein Wesen aus Fleisch und Blut mit überschaubarer Speicherkapazität sei. Zwei Tage später bekam ich eine gar nicht mal uncharmante Mail von einer Leserin, ob ich vergessen hätte, dass ungefähr die Hälfte der Weltbevölkerung alle vier Wochen ziemlich heftig mit ihrem Blut konfrontiert werde. Und was soll ich sagen? Ja, ich hatte es tatsächlich vergessen, fühlte mich ertappt, und meine Scham war gewaltig.

Feministinnen, für mich waren das lange engagierte Frauen mit farbenfrohen Halsketten, die nachvollziehbare Dinge forderten, trotzdem hatte ich nicht den Eindruck, dass ich ihnen behilflich sein konnte. Ich empfand Gleichberechtigung als schlüssiges Anliegen, fühlte mich aber nicht verantwortlich. Irgendwer, dachte ich, wird sich schon drum kümmern, während ich in der Oper hocke und bei Isoldes Liebestod das Taschentuch aus der Hose ziehe. Heute weiß ich, dass meine Ignoranz Teil des Problems war, dass ich in die hohen Sphären des Geistes flüchtete, weil mir die Wirklichkeit zu bieder, zu schmutzig, zu profan erschien, was nicht heißt, dass ich mich nachträglich schuldig fühle. Die Dinge waren, wie sie waren: Ich bin auf dem Land groß geworden, Achtzigerjahre, Tschernobyl, Kalter Krieg, im Kino liefen *Rambo* und *Terminator*. Emanzipation war kein Thema, bei meinen Eltern nicht, in der Schule nicht und im Tennisverein auch nicht, sogar im Studium wurde ich nicht damit konfrontiert. Ich war nicht nur damit einverstanden, dass mir ausschließlich Männer Romane von Männern näherbrachten – es fiel mir gar nicht auf. Ich habe Sexismus nicht gebilligt, sondern übersehen. Und deswegen fühlen sich diese Jahre im Rückblick so verführerisch unkompliziert an: Ich hockte auf der Sonnenseite des Lebens, privilegiert, verträumt, behütet, und irgendwo nörgelte Alice Schwarzer vor sich hin, aber ich hörte sie nicht, sie war zu weit weg.

»Die Vorstellung von der Welt ist, wie die Welt selbst, das Produkt der Männer«, heißt es bei Simone de Beauvoir. »Sie beschreiben sie von ihrem Standpunkt aus, den sie mit dem der absoluten Wahrheit gleichsetzen.«[122] Besser kann man es nicht ausdrücken: Auch ich habe nicht darüber nachgedacht, wie es einer Frau geht, die nachts durch ein Parkhaus oder nach Feierabend ins Büro des Chefs muss. Im Grunde habe ich einen Fehler gemacht, den viele Männer bis heute machen, es ist ein verhängnisvoller Fehler: Ich wollte nicht wahrhaben, dass es Millionen Männer gibt, die ganz anders sind als man selbst, weniger kontrolliert, vernünftig und empathisch, Männer, die Frauen ganz selbstverständlich begrapschen, beleidigen, beschimpfen, die zuschlagen und weitermachen, wenn eine Frau »Nein« ruft, weil sie überzeugt sind, dass sie eigentlich »Ja« meint. Ich erschrecke immer wieder, wenn ich mitkriege, wie Männer eben *auch* sein können, stumpf, dominant, aggressiv, übergriffig, ohne Raffinesse, ohne Feingefühl, ja während ich das alles schreibe, fällt mir ein, wie oft ich echte Grobiane beobachte und irritiert merke, wie viele Männer sich tatsächlich für dicke Uhren, schnelle Autos, heiße Aktien und möglichst gut aussehende Frauen interessieren, die man herzeigen und ein bisschen unterdrücken kann.

Das alles ging siebenunddreißig Jahre lang gut – bis zu diesem Tag des Jahres 2012, ich glaube, es war ein Donnerstag: Ich hatte viel um die Ohren, eine Reportage, ein Interview, mehrere Termine, ständig klingelte das Telefon. Und obwohl ich jemand bin, der die Dinge am liebsten allein macht, drohte mir die Arbeit diesmal über den Kopf zu wachsen. Da fiel mir die Praktikantin ein, die sich in der Montagskonferenz vorgestellt hatte: Hanna oder Lena, ich konnte mich nicht erinnern. Sie könnte mir bestimmt helfen, dachte ich, wahrscheinlich wäre sie sogar dankbar, weil ja nichts schlimmer ist, als in einem Büro zu sitzen und so tun zu müssen, als hätte man irre viel zu tun, obwohl man zum zehnten Mal seine Mails checkt. Ich lief Richtung Praktikantenzimmer, die Tür stand offen, schaute auf die Rückenlehne eines Drehstuhls und einen Hinterkopf, Hanna oder Lena saß mit dem Rücken zu mir.

Ich räusperte mich, aber sie schien vertieft und bemerkte mich nicht. Es war der Moment, in dem ich unsicher wurde, das ist man ja manchmal, wenn man Menschen gegenübertritt, die man nicht kennt, und weil ich auch ihren Namen nicht wusste, sagte ich etwas Verhängnisvolles, nämlich: »Baby, kannst du mir bitte kurz helfen, ich …« – weiter kam ich nicht, weil sich Hannas oder Lenas Bürostuhl da schon quälend langsam um die eigene Achse drehte – es war wie in *Matrix,* wenn die tödlichen Kugeln in Superzeitlupe auf Keanu Reeves zufliegen, alles passierte so verzögert und überdeutlich, dass es wehtat. Hanna – auf einmal war ich mir sicher, dass sie Hanna hieß – sah nicht böse aus, es war schlimmer, ihr Blick war freundlich, ihre Stimme ruhig: »Weißt du was?!«, sagte sie. »Nenn mich nie wieder Baby!«

Ich spürte, wie mich eine Welle der Scham unter sich begrub. Hatte ich gerade »Baby« zu einer Praktikantin gesagt? Und war es mir rausgerutscht, oder war sie nur die Erste, die mich darauf aufmerksam gemacht hatte? Natürlich hatte ich es nicht wörtlich gemeint, sondern ironisch, hatte absichtlich überzogen, weil ja klar ist, dass »Baby« überhaupt nicht geht, aber das zählte jetzt nicht, weil auch eine ironische Diskriminierung eine Diskriminierung bleibt und jeder Versuch, mich auf eine ominöse Metaebene rauszureden, die Sache noch fadenscheiniger gemacht hätte. Die traurige Wahrheit ist, dass ich nichts zu meiner Verteidigung vorbringen konnte: Diese hoffnungsvolle Nachwuchsjournalistin musste tatsächlich davon ausgehen, dass ich einer bin, der »Baby« zu Praktikantinnen sagt.

Ich schämte mich, am liebsten wäre ich aus dem Hochhaus gerannt und in die S-Bahn Richtung Trudering gestiegen. Ich hatte keine Angst, dass sie sich über mich beschweren könnte, ich fühlte mich einfach nur jämmerlich, weil ich wieder mal zu laut, zu flapsig gewesen war und womöglich alle schlechten Erfahrungen, die Hanna jemals mit Männern gemacht hatte, bestätigt hatte. Sie konnte ja nicht ahnen, dass ich Männer, die Frauen ernsthaft »Baby« nennen, mindestens genauso lächerlich finde wie sie. Ich fühlte mich falsch wahrgenommen, und das Schlimmste: Ich war selbst schuld, und es gab nichts gutzumachen. Ich hatte die Möglichkeit, dass Hanna mich sympathisch finden könnte, in der ersten Sekunde unserer Bekanntschaft gründlich verspielt.

»Sorry, ist mir rausgerutscht«, stammelte ich und verließ nach kurzem Small Talk ihr Büro. Um Hilfe bat ich sie an diesem Tag nicht mehr, und auch in den Wochen danach gelang es mir nicht, ein herzliches Verhältnis zu ihr aufzubauen. Ich war befangen und ging ihr aus dem Weg, weil ich nicht an meinen Aussetzer erinnert werden wollte, der mich am Ende vielleicht mehr beschäftigt hat als sie. Ich hatte eine plumpe Vorstellung abgeliefert. Hanna aber hatte gewonnen, weil sie cool geblieben war, obwohl sie viel jünger war und in der Hackordnung unter mir stand: Sie verzichtete sogar darauf, mich zu demütigen, und behielt die Sache für sich, was gnädig und grausam zugleich war.

+++

Ein paar Wochen nach dem peinlichen Vorfall interviewte ich den Theaterregisseur René Pollesch: Wir sprachen drei Stunden lang über Feminismus und Facebook. Pollesch hatte damals fünftausend Follower, was wir beide krass viel fanden. Ich war fasziniert, weil er so radikal, so schnell im Kopf war. Er sprach über Repräsentation im Theater und warum es eine Katastrophe sei, wenn man automatisch einen weißen heterosexuellen Mann vor Augen habe, wenn in einer Szenenanweisung von Samuel Beckett stehe, dass »ein Mensch« die Bühne betrete.

Er erzählte von Frauen mit Bartwuchs, die sich jeden Tag rasierten, damit sie aussähen wie die Frau aus dem Biologiebuch. Er sagte, dass es keine Rolle spiele, ob man mit Migranten befreundet sei, solange *Hamlet* nicht mit einem schwarzen Schauspieler besetzt werde. Zuletzt machte er sich über die Arche Noah lustig, die seit dreitausend Jahren ein Symbol der Vielfalt, aber eigentlich das Gegenteil sei: zwei Eisbären, zwei Gorillas, zwei Elefanten, immer ein Männchen und ein Weibchen. »Was aber ist mit dem schwulen Pavian und dem transsexuellen Zebra?«, fragte er und zitierte Brecht: »Penis und Vagina, immer nebeneinander, immer dasselbe.« Nach dem Gespräch war ich verwirrt und inspiriert. So hatte ich die Dinge noch nie gesehen. Als Student war ich ständig ins Theater gerannt, aber über Repräsentation hatte ich nie nachgedacht, immer nur über Schuld und Liebe und Erlösung.

Heute sind meine Begegnungen mit Hanna und Pollesch zehn Jahre her. Ich glaube, sie waren die ersten ernst zu nehmenden Irritationen in meinem Verhältnis zu Frauen und Minderheiten, die erste echte Zäsur, die mir eine Ahnung davon vermittelte, welche Themen auf uns zukommen würden, nämlich weniger Löhne, Steuern, Rente, dafür mehr Geschlecht, Rasse und Identität, kurz: der kulturelle Kampf um Anerkennung. Damals habe ich zum ersten Mal darüber nachgedacht, was es eigentlich heißt, männlich zu sein, und was für ein Mann ich bin und sein möchte. Auf einmal zog sich ein feiner Riss durch meine naive Unbekümmertheit, der sich immer weiter verzweigte und sich zu einem Netz aus Fehlern, Versäumnissen und Peinlichkeiten ausweitete.

Irgendwann begriff ich, dass mein Geschlecht eben nicht nur eine persönliche, sondern eine politische Dimension hat, dass ich mich und überhaupt alles, was mir selbstverständlich erschienen war, hinterfragen und notfalls korrigieren musste, dass der Feminismus eben doch was mit meinem Leben zu tun hat. Nun konnte ich mich nicht mehr wegducken, nun wollte ich mich damit auseinandersetzen, und zwar nicht nur als Mann, sondern auch als Kollege, Bruder, Sohn und vielleicht ja auch eines Tages als Vater. Seitdem ist mein Leben komplizierter, aber auch interessanter geworden.

Im Moment fühlen sich viele Männer überfordert, weil sie sich umstellen müssen, weil sie anders sprechen, sitzen, reisen und essen sollen. Sie haben keine Lust darauf, fühlen sich gemaßregelt, bevormundet, unter Druck gesetzt. Manche sind wehleidig, andere eingerostet, wieder andere wollen nicht einsehen, dass die Zeiten, in denen sie sich auf Kosten anderer amüsieren konnten, unwiederbringlich vorbei sind. Ich verstehe diese Männer und verstehe sie auch wieder nicht, weil es tatsächlich ungewohnt, anstrengend und bedrohlich, aber auch offensichtlich ist, dass alle profitieren, wenn sich unsere Gesellschaft weiter ausbalanciert, wenn Herkunft, Rasse und Geschlecht unwichtiger und Charakter, Haltung und Leistung wichtiger werden.

Oder wie der französische Regisseur François Ozon sagt: »Was soll das überhaupt heißen, alter weißer Mann? Ich glaube vielmehr, das eigentliche Problem ist das Patriarchat. (…) Und jetzt muss man die Gleichberechtigung weiter vorantreiben, das ist der wahre Kampf, dass endlich eine Gleichheit der Bezahlung erreicht wird, dass es gleich viele Chefinnen gibt (…). Es sind einfach Jahrhunderte des Patriarchats, die nun aufgebrochen werden – und es ändert sich ja ganz viel in die richtige

Richtung. Wie in allen Revolutionen, gibt es Exzesse, Ungerechtigkeiten, Fehler, so ist das eben.«[123]

+++

Es ist Sommer 2020, und ich klicke auf die Mail eines Fotografen, der Tommy Lee für die *SZ-Magazin*-Rubrik »Sagen Sie jetzt nichts« in Los Angeles fotografiert hat – ein Interview, bei dem Prominente Fragen mit Gesichtsausdrücken beantworten, ein Gespräch ohne Worte. 2013 war eine Folge mit Peer Steinbrück für achtundvierzig Stunden weltberühmt, nachdem der SPD-Kanzlerkandidat ganz offiziell seinen Mittelfinger ausgepackt und anschließend haushoch gegen Angela Merkel verloren hatte.

Für alle, die Tommy Lee nicht kennen: Es handelt sich um einen der größten Schlagzeuger der Musikgeschichte, der mit der Band Mötley Crüe in den Achtzigern das war, was Justin Bieber heute ist: ein Weltstar. Die Band war mehr als erfolgreich, sie war legendär, ein kleiner Westküstenmythos. Alle Mitglieder waren drogen-, alkohol-, sexsüchtig und mit Playmates verheiratet, die damals noch nicht Nebenrollen in Vorabendserien spielten und also auch nicht bemitleidet, sondern bewundert wurden. Einer ihrer größten Hits heißt »Girls, Girls, Girls«, alle anderen handeln von Stripclubs und Sexorgien. Als ihr Erfolg in den Neunzigern nachließ, gelang ausgerechnet Tommy Lee der Sprung vom Rockstar zum Super-Promi, nachdem er Pamela Anderson sechsundneunzig Stunden nach ihrer ersten Begegnung geheiratet hatte und anschließend regelmäßig wegen häuslicher Gewalt im Gefängnis saß, worüber die Boulevardpresse ausführlich berichtete. Einmal soll er ihr einen Faustschlag gegen den Unterkiefer verpasst haben, weil er keine Pfanne zum Kochen finden konnte, ein anderes Mal wurde er nach einem Fluchtversuch mit einer halb automatischen Pistole am Flughafen aufgegriffen.

Keine Frage, Tommy Lee ist ein *bad boy*, aber auch ein Rockstar, der sich mit fast sechzig geläutert gibt, der Zeitzeuge einer Ära, die so dekadent war, dass man es sich heute kaum noch vorstellen kann. Vor allem reiche, berühmte und mächtige Männer hatten viel Spaß, ohne einen Gedanken daran zu verschwenden, ob die Menschen, mit denen sie Spaß hatten, in der Zeit vielleicht lieber was anderes gemacht hätten.

Im 21. Jahrhundert ist diese glamouröse Gedankenlosigkeit an ihre Grenze gestoßen (gut!) und dann in demonstrative Artigkeit umgeschlagen (nicht so gut!). Das Ergebnis ist eine moralisch sensiblere, aber auch gleichförmige, beamtenhafte und temperamentlose Welt, die immer freud- und geheimnisloser zu werden droht. Oder wie Charles Schumann mal auf die Frage, wie sich die Atmosphäre seiner Bar durch das Rauchverbot verändert habe, meinte: »Die Luft ist besser, die Stimmung nicht.«[124]

In dem großartigen Film *The Wrestler* wird die ausgestellte Tugendhaftigkeit unserer Zeit auf einen deprimierenden Nenner gebracht: Der alternde Wrestling-Star Randy Robinson, gespielt von Mickey Rourke, erinnert sich an die wilden Achtziger und beklagt die freudlose Gegenwart, und seine Begleitung pflichtet ihm nachdenklich bei: »Like there's something wrong with having a good time.« Auch der Motörhead-Sänger Lemmy Kilmister beschwerte sich, bevor er an den Folgen seiner Lebenslust starb: »Die heutige Generation ist zu einem Haufen Pussys verkommen. Niemand scheint noch richtig Spaß zu haben. Die dissen einander ja nur noch, wenn jemand sich erlaubt, ein wenig über die Stränge zu schlagen.«[125]

Es ist das Grundgefühl des frühen 21. Jahrhunderts: *The party is over.* Und es liegt in der Natur der Sache, dass der Abschied leichterfällt, wenn man, wie jüngere Menschen, die Party nicht miterlebt hat, oder, wie Frauen, in der Küche mit einem Glas Prosecco rumstand, während im Hinterzimmer die Kokslinien zurechtgelegt wurden. Deswegen konnte Fridays for Future auch nur von Teenagern gegründet werden, deswegen tun sich in erster Linie Männer schwer mit Verboten, Regulierungen und Appellen, schon wieder auf irgendwas zu verzichten, und manchmal halten sie es tatsächlich nur aus, wenn sie zurückdenken an eine Zeit, von der man ahnt, dass sie Gott sei Dank vorüber ist.

Es ist kindisch, aber ich vermisse Fußballprofis, die in der Halbzeitpause rauchen, Chefs, die mit Kugelschreibern nach Mitarbeitern werfen, Theaterregisseure, die keinem Betriebsrat vermittelbar sind, Verleger, die »jetzt mal eine Zahl auf eine Serviette schreiben«, und Politiker, die andere Politiker »Übelkrähe« (Herbert Wehner zu Jürgen Wohlrabe) nennen. Ich vermisse Männer, die aufbrausend, anstrengend, schlecht gelaunt, aber loyal und aufrichtig sind, vermisse Flaneure, Grantler, Berserker und Störenfriede, unberechenbare, furchtlose, widersprüchliche Menschen, von denen man merkt, ob sie da sind oder nicht, weil es einen Unterschied macht: »Man hat die Wahl, sich von dir unterdrückt zu fühlen oder bereichert«, schrieb Leander Haußmann zum siebzigsten Geburtstag des cholerischen Theaterfürsten Frank Castorf.[126] Und die erst 33-jährige Schauspielerin Lilith Stangenberg gesteht: »Klar habe ich gemerkt, dass die Theater auch chauvinistische Betriebe sind, aber ich habe mich nie wegen meines Geschlechts ungerecht behandelt gefühlt. (…) Mit der Überreflexion und der Correctness, die jetzt so angesagt sind, kann ich nicht viel anfangen. (…) Warum darf eine Frau bei Castorf nicht megasexy auf der Bühne sein, wenn sie den besten, schlausten Text bekommt? Hält man sich da nicht mit den falschen Fragen auf?« Also sie sähe auf der Straße in Kreuzberg viel öfter verrückte Männer, die rumschrien, als in jedem Theater, überhaupt, wenn im Sinne der Kunst geschrien werde, könne sie das sportlich nehmen.[127]

Ich vermisse die Leidenschaft von Marcel Reich-Ranicki, den Wahnsinn von Klaus Kinski, die Ironie von Harald Schmidt, die Neugier von Roger Willemsen, die Aufrichtigkeit von Lemmy Kilmister, den Charme von Harry Valérien und in schwachen Momenten sogar den opahaften Sexismus von Thomas Gottschalk, wenn er am Ende von *Wetten, dass..?* Michelle Hunziker dazu überredet, in diesen Pool zu springen, damit Spießerdeutschland mal wieder was zu glotzen hat. Ich vermisse Träumer, die lustvoll auf der Grenze zwischen Fantasie und Wirklichkeit balancieren, Typen, die weitergehen, obwohl keiner hinterherkommt, Charismatiker, die nicht smart, sondern originell sind, die sich produktiv langweilen, grandios verausgaben oder einfach nur überzeugend an der Straßenecke rumstehen, mit schiefem Mund oder zu großer Nase.

Ich drücke auf »Datei öffnen«, und auf dem Bildschirm ploppen zwanzig Fotos auf: Tommy Lee hat alle Fragen beantwortet, jetzt muss ich nur noch die besten Motive auswählen. Ich klicke mich durch die Dateien, ziehe sie groß, stelle sie nebeneinander, schiebe die lustigen in einen Ordner und die langweiligen in den Papierkorb. Mein erster Eindruck: guter Typ, lässig, überraschend, fantasievoll. Tommy Lee sieht aus wie damals, ein bisschen älter, aber immer noch drahtig, dazu dieses Grinsen, wie ein Lausbub, dem man nicht böse sein kann, obwohl er gerade einen Ball in ein Fenster geschossen hat. Natürlich trägt er eine Sonnenbrille, dazu einen Hut, und auf der Krempe hockt – warum auch immer – ein Kanarienvogel.

Frage: »Was mögen Sie an Frauen?«

Tommy Lee vergräbt sein Gesicht zwischen den nackten Brüsten einer Blondine, die ihn zum Shooting begleitet hat.

Frage: »Was würde niemand von Ihnen denken?«

Tommy Lee deutet mit Daumen und Zeigefinger an, einen kleinen Penis zu haben, was allein schon deshalb lustig ist, weil seit Jahrzehnten gemunkelt wird, dass er von der Natur besonders üppig beschenkt worden sei.

Frage: »Was ist Ihr Lieblingshobby?«

Tommy Lee gibt unmissverständlich zu erkennen, dass er auf Sex von hinten eigentlich immer Lust hat.

Ich betreue die Rubrik seit fünfzehn Jahren, aber solche Bilder habe ich lange nicht gesehen: frech, vulgär, maximal unkorrekt, aber auch irgendwie gut, weil souverän und selbstironisch. Kurz frage ich mich, wie Toni Hofreiter die Fragen beantwortet hätte, dann werde ich unsicher: Welche dieser Bilder kann man eigentlich drucken, ohne dass am nächsten Tag dreihundert Abo-Kündigungen eingehen? Welche sind zu krass, zu unappetitlich, zu explizit? Ich weiß, dass unsere Leser auf Provokationen meist gelassen oder gar nicht reagieren, aber wenn es um Sex geht, sind sie empfindlich, den wollen sie nicht auf dem Frühstückstisch haben, erst recht nicht, wenn Kinder danebensitzen.

Soll ich der Chefredaktion ausnahmsweise eine Vorauswahl präsentieren? Soll ich meine Lieblingskollegin Gabi fragen, wie viel Sexismus sie gerade noch okay findet? Soll ich die schmuddeligen Fotos rausschmeißen und nur die anderen, die harmlosen, durchwinken? Für ein paar Sekunden bin ich überfordert, stelle mir die Reaktion meiner Eltern vor, aber das führt zu nichts, weil die einen wie Tommy Lee einfach überblättern würden. »Wie fandet ihr die Fotos von Tommy Lee?«, würde ich fragen. Und sie würden antworten: »Tommy wer?«

Drei Sekunden später schäme ich mich: Offensichtlich habe ich Angst. Aber wovor? Einem Shitstorm? Meinen Chefs? Ein paar Lesermails? Fünfzehn Jahre lang habe ich die Bilder spontan ausgesucht, fünfzehn Jahre lang gab es auch mal Ärger, aber meistens nicht. Und auf einmal würde ich einen wie Tommy Lee vor sich selbst schützen wollen? Wo kommen wir hin, wenn wir Antworten zensieren, weil sie sieben gendermäßig sensible Menschen verärgern könnten? Wo landen wir, wenn wir einen Rockstar seinen verdammten Job nicht mehr machen lassen, also Menschen, die sich für »die Guten« halten, vor den Kopf zu stoßen?

Ich beschließe, die Füße still zu halten und nichts zu tun, am nächsten Morgen würde die Sache schon wieder anders aussehen, und das tut sie dann auch: Keine vierundzwanzig Stunden später kommen mir meine Zweifel absurd vor, weil eines doch klar ist: Wenn man einem Rockstar Fragen stellt, muss man auch seine Antworten aushalten, erst recht, wenn sie von einer charmanten Selbstironie durchzogen sind, als machte sich der Tommy Lee von heute über den Tommy Lee von damals lustig. Am Ende entscheide ich mich für die Bilder, die ich am besten finde – das mit den Brüsten ist nicht mal dabei.

In den Tagen danach geht mir die Sache nicht aus dem Kopf. Sie fuchst mich, weil ich nicht weiß, ob sie für oder gegen mich spricht: Ich bin ein bisschen stolz, weil ich darüber nachgedacht habe, was die Fotos in anderen auslösen könnten, weil es mir endlich mal gelungen ist, meine männliche Perspektive zu hinterfragen, andererseits denke ich: Mein Gott, was ist aus mir geworden? Selbstverständlich entscheide ich mich für die schmeichelhafte Variante: Ich war geistesgegenwärtig, reflektiert, verantwortungsbewusst, habe mich aber nicht verbiegen lassen. Ich habe die Konsequenzen meiner Auswahl bedacht und mich dann von meinem Gewissen leiten lassen. Ein paar Jahre zuvor wäre ich nicht mal auf die Idee gekommen, dass man sich von einem Rock-Opa, der ein paar Faxen macht, belästigt fühlen könnte.

Anscheinend haben die Stokowski-Texte, Gender-Debatten und natürlich auch Hanna Spuren hinterlassen: Sie haben keinen anderen, aber einen aufmerksameren Menschen aus mir gemacht, der begriffen hat, dass Menschen unterschiedlich sensibel und souverän sind, ja dass sich manche von Dingen verletzt fühlen, die andere nicht mal bemerken.

Mag ich diesen Mann? Eigentlich ja.

Ich spreche anders mit und über Frauen, hin und wieder

lese ich einen feministischen Klassiker, weil ich Frauen und ihre Situation, ihre Seelenlage und Ängste besser verstehen möchte. Ich versuche, mich zu beobachten und notfalls um Verzeihung zu bitten, hebe aber weiter den Finger, wenn ich das Gefühl habe, dass wir es mit der Rücksicht auf individuelle Befindlichkeiten übertreiben und idealistisches Engagement in etwas Zwanghaftes, Intolerantes, womöglich in gut gemeinte Reinheitsfantasien umzuschlagen droht. Ich bin bereit, weiter an mir zu arbeiten und mich zu verändern, aber nur da, wo ich es für sinnvoll halte, und nicht, weil ich von einer aggressiven Atmosphäre dazu gedrängt werde.

Wenn ich zurückdenke, fallen mir Szenen ein, in denen ich mich wie ein Idiot verhalten habe: Da ist die Sache mit Hanna, aber da ist noch viel mehr, vor allem dumme Sprüche, in Situationen, in denen ich unsicher oder überfordert war. Das versuche ich zu vermeiden, runterzuschlucken, nicht rauszulassen. Ich bin vorsichtiger, auch selbstkritischer geworden, verzichte auch mal auf eine Pointe, um niemanden zu verletzen, manchmal sogar, obwohl ich sie gar nicht verletzend finde. Anschließend bin ich erst stolz und ärgere mich dann doch, weil ich es eigentlich reizvoller finde, wenn Menschen eine Beleidigung mit einer Beleidigung kontern, wie Frank Zappa, der mal auf die Frage des beinamputierten Moderators Joe Pyne, ob er eine Frau sei, weil er so lange Haare habe, geantwortet hat: »Sie haben ein Holzbein. Sind Sie ein Tisch?«

Wenn ich ehrlich bin, war mir eine aufrichtige Diskriminierung immer lieber als geheuchelte Loyalität. Aber ich habe akzeptiert, dass es Menschen gibt, die das nicht möchten oder können, jemanden zurückbeleidigen, weil sie keine Lobby haben, weil sie nicht selbstbewusst oder schlagfertig genug sind, und das ist schade, weil es so weniger zu lachen gibt, aber der Preis, den wir für eine möglichst diskriminierungsfreie Gesellschaft zu zahlen bereit sein sollten.

+++

Der Film *Eine Komödie im Mai* von Louis Malle spielt im Jahr 1968 und beginnt damit, dass sich eine großbürgerliche Familie in der südfranzösischen Provinz trifft. Einige Personen sind aus Paris angereist und erzählen von revolutionären Zuständen in der Hauptstadt: Eine neue Ordnung liege in der Luft, manche träumten bereits von einer Kommune auf dem Land.

Im Laufe der Handlung werden die Träume zunehmend von Familienstreitigkeiten überlagert, irgendwann geht es nicht mehr um die Vision einer gerechteren Gesellschaft, sondern nur noch darum, wer was erbt und wen nicht ausstehen kann. Das Radio läuft, die Meldungen aus Paris kommen an, bleiben aber ein Hintergrundrauschen. Am Ende wird eine Rede von Charles de Gaulle übertragen, der einen Generalstreik mit der Androhung des Ausnahmezustandes beendet. Die Revolution ist gescheitert – und hat in der Provinz nicht mal begonnen.

An diesen Film muss ich oft denken, wenn ich in meiner Heimat, dem Bayerischen Wald, bin. Wer noch nie da war: Es gibt dort viele Bäume und wenig Menschen, die noch weniger reden, nachts laufen einem ständig Rehe vors Auto, die Grünen bleiben unter 5 Prozent, was nicht heißt, dass die Menschen schlechter sind, sie haben nur eine andere Sicht der Dinge. Ehrlich gesagt kommen sie mir sogar weniger provinziell vor als die urbanen Wohlstandsbürger mit ihrer vorgeschobenen Weltläufigkeit. Oder wie Simon Strauß mal über die Menschen in den schicken Vierteln Berlins geschrieben hat: »Sie flanieren nicht, sie streifen wenig, sie essen hastig und trinken Cocktails unter Neonröhren, sie fahren Fahrrad, als wäre das ein politisches Zeichen, sie verachten ihre Nachbarbezirke, sie wissen genau, wo es das beste Vollkornbrot gibt oder den stärksten Gin oder die schönste Retrolampe.«

Die Revolution hat auch im Bayerischen Wald nicht begonnen. Die Leute haben Fernsehen, Radio, Internet, aber die Gender- und Identitätsthemen, über die in der Stadt so leidenschaftlich gestritten wird, kommen nur allmählich oder überhaupt nicht an. Im Bayerischen Wald merke ich, wie sehr ich mich in den letzten zwanzig Jahren verändert und wie weit ich mich von den Menschen entfernt habe, die am Sonntag in die Messe und dann zum Frühschoppen ins Wirtshaus gehen. Eine Weile hat mich das genervt, halb Städter, halb Landei und immer nur halb echt zu sein, inzwischen empfinde ich es als Gewinn, weil die eine Erfahrung die andere korrigiert, weil ich das Gefühl habe, offen für unterschiedliche Perspektiven zu bleiben, weil ich weiß, dass »Vielfalt« im Bayerischen Wald »Artenvielfalt« und im Münchner Glockenbachviertel was ganz anderes meint.

Ein lustiges Experiment ginge so: Ich setze mich im Wirtshaus an den Stammtisch und frage: »Wie viele Zuschauerinnen und Zuschauer waren gestern beim Heimspiel?« Ich könnte auch den Glottisschlag einsetzen und zwischen »Zuschauer« und »innen« eine Zehntelsekunde pausieren, die sogenannte »Gender-Pause«, oder den Jungs vom Burschenverein vorschlagen, doch mal dieses neue Karten-Set zu probieren, das drei Studentinnen entworfen haben, bei dem nicht mehr Könige und Buben, sondern behinderte und non-binäre Menschen zu sehen sind. Wahrscheinlich würden die meisten den Kopf schütteln und denken: »Das kommt davon, wenn man in die Stadt zieht, man verliert den Verstand.«

Zuletzt habe ich mich immer wieder dabei ertappt, wie ich in der Stadt anders argumentiere als auf dem Land: Zum Beispiel bin ich im Büro einer der wenigen, die gegenderte Sprache kritisch sehen, und zwar nicht, weil es mir Spaß macht, andere zu diskriminieren, sondern weil ich Sternchen in Texten für eine unpraktikable Stellvertreterlösung für echte Gleichberechtigung, für mutige Gleichstellungspolitik halte, aber das interessiert die meisten schon nicht mehr. Gleichzeitig merke ich, wie ich in Gesprächen mit Bekannten aus der Heimat immer öfter Argumente *der* Menschen übernehme, mit denen ich mich in München rumstreite. Also ich bin nicht auf einmal für das Gendersternchen, nur weil ich auf einem Dorfplatz mit Kopfsteinpflaster rumstehe, aber ich versuche, die Menschen auf unsensible Ausdrücke hinzuweisen, ihnen das N-Wort abzugewöhnen (dessen rassistischer Gehalt manchen gar nicht bewusst ist) und zu erklären, dass eine junge Frau, die in einer Talkshow sitzt, nicht grundsätzlich »gschnapperd« sein muss, was so viel wie »neunmalklug« bedeutet, und schwupps, bin ich kein Reaktionär mehr, sondern einer dieser verweichlichten Männer aus der Stadt, die keine richtigen Kerle mehr sind, weil sie jeden Scheiß mitmachen.

Frauen in Führungspositionen? – »Aha!«

Kinder, die von morgens bis abends in der Kita betreut werden? – »So, so!«

Eine Grüne mit zwei Kindern, die Bundeskanzlerin werden möchte? – »Herr, erbarme dich!«

So hört es sich an, wenn man mit den Leuten redet. Aber ich höre ihnen zu, bin mal amüsiert, mal entrüstet, erzähle vom Leben in der Stadt, den Wuchermieten, dem Parkplatzwahnsinn, dem Stress junger Eltern, denen nichts anderes übrig bleibt als zu arbeiten, weil sie sich sonst die Zweizimmerwohnung nicht mehr leisten können. »Aha«, sagen sie dann, »na ja, ihr Städter lebt halt ganz anders.« Und danach ändern sie nicht ihre Meinung, aber man hat wieder mal miteinander gesprochen.

Im Moment spaltet sich unsere Gesellschaft in zwei Lager: Die einen wollen, dass alles bleibt, wie es ist, die anderen wollen alles neu machen. »So unvermeidlich diese Konflikte erscheinen mögen, so verwirrend, unübersichtlich und ambivalent sind sie auch«, schreibt der frühere Bundestagspräsident Wolfgang Thierse. »Die Heftigkeit mancher Attacken aufs Hergebrachte, ebenso wie die Heftigkeit der Verteidigung des Hergebrachten, die Radikalität identitärer Forderungen drängen zu der Frage: Wie viel Identitätspolitik stärkt die Pluralität einer Gesellschaft, ab wann schlägt sie in Spaltung um?«[128]

Ich stehe ratlos dazwischen und spüre beides: Wie leicht das permanente Rücksichtnehmen auf jede noch so kleinliche Befindlichkeit nicht nur jede Spontaneität, sondern auch alles Lebendige aus unserer Gesellschaft saugt, wie schnell gut gemeintes Engagement ins Ideologische kippen und in Unfreiheit umschlagen kann, aber auch, wie dringend wir einen umfassenden Aufbruch benötigen, der die Ungerechtigkeit der patriarchalen Gesellschaft hinter sich lässt und unsere Welt zu einem Ort macht, an dem viele unterschiedliche Menschen friedlich zusammenleben.

+++

Am Nachmittag des 6. Juni 2019 vibriert mein Handy, eine WhatsApp meines Chefs: Ob ich schon ins Netz geschaut habe, es gehe los, die ersten Kommentare, die ersten Beschimpfungen, gut möglich, dass sich ein Shitstorm zusammenbraue. Wenn ich jemanden zum Reden brauche, solle ich mich melden, man könne ja später ein Bier zusammen trinken gehen, das mache die Sache leichter.

»Danke, wie aufmerksam«, schreibe ich zurück, »gern später ein Bier, aber nur so, nicht zum Ausheulen.« Mir sei schon klar gewesen, worauf ich mich eingelassen hätte, und so ein Shitstorm werde mich schon nicht umhauen. Ich hätte mir nichts vorzuwerfen, die Stimmung im Netz werde immer feindseliger, das sei nicht mein Problem und so weiter.

Drei Stunden später sitzen wir in der Abendsonne und bestellen die dritte Runde. Mein Chef meint, wer so stark betone, dass es ihm gut gehe, dem gehe es beschissen – und hat natürlich recht. Einige Stunden zuvor ist mein Porträt der Feministin Margarete Stokowski im *SZ-Magazin* erschienen. Jetzt gehen mir tausend Fragen durch den Kopf: Habe ich seriös recherchiert? Habe ich einen aufrichtigen Text geschrieben? Und habe ich mich wirklich, wie ich es mir vorgenommen hatte, von keiner Seite vereinnahmen lassen?

Als ich das Thema Anfang 2019 vorgeschlagen hatte, wusste ich wenig über Stokowski. Ich las ihre Kolumne auf *Spiegel Online,* fand sie mal grandios, mal überzogen, die Frau löste widersprüchliche Gefühle in mir aus: Bewunderung, Unverständnis, Anerkennung, Ärger, Respekt, Scham und Nachdenklichkeit. Ihre Texte hatten ein enormes Tempo, waren zackig, angstfrei, unkonventionell. Ich wurde neugierig auf diese Frau, die damals schon 70 000 Twitter-Follower hatte (heute: über 150 000) und so viel mehr als eine Autorin war, nämlich auch Aktivistin, Popstar und für viele: eine moralische Instanz.

Ich erzählte Kollegen von meiner Idee, alle reagierten heftig, als hätte ich das Porträt eines Kannibalen vorgeschlagen. Manche meinten: »Total spannend, total notwendig!«, andere: »Sicher, dass du dir das antun willst?«, wieder andere: »Ich hoffe, du machst sie fertig.« Es war verblüffend, was für extreme Gefühle diese Frau in Menschen auslösen konnte, umso fester nahm ich mir vor, ihr so unvoreingenommen wie möglich zu begegnen, ganz nach dem legendären Satz von Hanns Joachim Friedrichs, laut dem man einen guten Journalisten daran erkenne, dass er sich mit keiner Sache gemein mache, auch nicht mit einer guten, dass er überall dabei sei, aber nirgendwo dazugehöre.

Ich traf Margarete Stokowski dreimal. Nach einer fulminant ausverkauften Lesung im Münchner Literaturhaus, in der »Böse Buben Bar«(!) in Berlin und zum Abschluss in ihrem Stammcafé in Kreuzberg, dessen Namen ich im Text unerwähnt lassen sollte, weil sie dem Psychopathen, der ihr gedroht hatte, sie in einem Transgender-Klo zu ertränken, nicht auch noch in die Arme laufen wollte. Wir haben uns gut verstanden, tranken Kaffee und Apfelschorle, alle paar Minuten ging sie zum Rauchen vor die Tür, mal kam ich mit, mal blieb ich sitzen. Wir hatten uns was zu sagen, ich kann mich an keine peinliche Gesprächspause erinnern. Es machte Spaß, ihr zuzuhören. Ich mochte ihre Geschwindigkeit, ihren Witz, ihre

Tattoos: eine Rose, eine Taubnessel und einen Schwalbenschwanz, »weil Schwalbenschwänze allein leben, sich aber ab und zu zum Vögeln auf einem Berg treffen«. Manches, was sie sagte, fand ich intelligent und bemerkenswert, anderes forderte mich heraus oder stimmte mich nachdenklich. Dazu kam, dass wir aus total unterschiedlichen Welten stammen: sie die polnische Einwanderertochter aus Berlin-Neukölln, ich das verwöhnte Bürgersöhnchen vom Land – die Voraussetzungen für ein interessantes Gespräch waren definitiv gegeben.

In meinem Text versuchte ich, meiner Begeisterung, aber auch meiner Skepsis gerecht zu werden. Ich hatte ihre Bücher sowie sämtliche Texte von ihr und über sie gelesen, hatte mit Leuten gesprochen, die sie kennen, privat oder beruflich, ich fühlte mich gerüstet. Ich beschrieb Margarete Stokowski als exzellente Autorin, die »böse, pointiert, streitlustig, persönlich, unverschämt« schreiben und so grandiose Wörter wie »Thesengulasch« erfinden könne, zitierte Sophie Passmann, die Stokowski als »wichtigste feministische Theoretikerin unserer Zeit« und »Postergirl der Bewegung« bezeichnete, und würdigte sie als eine der »bedeutendsten Feministinnen« unseres Landes, die mit Alice Schwarzer, Judith Butler und Olympe de Gouges in einer Reihe stehe, die für ihre *Erklärung der Rechte der Frau und Bürgerin* 1793 durch die Guillotine hingerichtet worden war.

Im Gegenzug kritisierte ich ihre Absage einer Lesung in einer linksliberalen Münchner Buchhandlung, weil dort auch Werke neurechter Autoren in den Regalen stünden, zitierte ihren *Spiegel-Online*-Kollegen Jan Fleischhauer, der ihr »ein großes Gespür für Pointen« bescheinigte, aber auch vorwarf, es sich in ihrer feministischen Echokammer bequem zu machen, beschrieb sie als »ein bisschen selbstverliebt« und zitierte sie mit der Aussage, dass sie journalistische Aufträge nur annehme, wenn gutes Geld für wenig Aufwand dabei herausspringe, also ungefähr tausend Euro pro Tag, oder die

Sache interessanter sei, als im Bett zu bleiben – eine Strategie, die ich absolut nachvollziehen kann. Natürlich erwähnte ich, dass sie als Mädchen von ihrem Lehrer missbraucht worden war, hielt die Passage aber bewusst knapp und sachlich, weil ich alles andere übergriffig gefunden hätte. Am Ende hatte ich ein streitbares, aber ausgewogenes Porträt geschrieben, eine kritische Würdigung, bei der sich positive und negative Passagen die Waage hielten.[129] Dachte ich zumindest – bis ich am Nachmittag des 6. Juni 2019 mein Notebook aufklappte:

Der erste Tweet stammte von Stokowski selbst: »Puh, heute im SZ Magazin großes Porträt von Tobias Haberl über mich, man erfährt wenig über Feminismus, aber viel darüber, dass ich zwar irgendwie schreiben kann, aber auch ein abgehobener Roboter bin, der nicht so gern diskutiert.« Sie schien weder begeistert noch entrüstet. Damit konnte ich leben, weil man als Journalist meist versagt hat, wenn die porträtierte Person total hingerissen oder am Boden zerstört ist.

Dann begann ich, mich durch die Kommentare zu klicken, und begegnete ihm zum ersten Mal, dem virtuellen Lynchmob, von dem ich bisher immer nur gehört hatte: Der Text sei »perfide« und »herablassend«, »undifferenzierter Müll«, »ein Schlag in die Fresse von Feminist*innen«, »von plumpem und verstecktem Antifeminismus durchdrungen«, »ein unsägliches Pamphlet«. Der Autor, also ich, sei »ein misogyner und erbärmlicher männlicher Journalist«, »ein feministischer Terminator«, »ein untervögeltes Weissmännlein, das seine Wut, abseits der Gesellschaft zu stehen, beidhändig in Hochglanzmagazine wichst«, im Übrigen sähe ich aus »wie ein Hund aus den Loriot-Comics« – was schon allein deshalb gemein ist, weil es ein bisschen stimmt.

In den Tagen danach berichteten mehrere Journalisten über das Porträt: Einer warf mir »Empathiefreiheit« vor, weil ich Stokowskis Vergewaltigung »eher kurz und klinisch« abgehandelt hätte, auch würde ich auf »vorgeblich heitere Art« daran arbeiten, »das Rad des Fortschritts zurückzudrehen«.

Der Kulturtheoretiker Klaus Theweleit veröffentlichte einen Essay über Antifeminismus, in dem mein Name wenige Zeilen hinter dem des Massenmörders Anders Breivik auftaucht: Mit meinem Text würde ich einen »veritablen professionell betriebenen Antifeminismus« unterstützen, wie er auch vom Blog »Männerstreik« propagiert werde, der sich den Kampf gegen »die Entmenschlichung und Dämonisierung aller Männer als Unterdrücker, Vergewaltiger und Sündenböcke für alles Übel auf der Welt« auf die Fahnen geschrieben habe. Außerdem würde ich Margarete Stokowski missgönnen, mit ihrem Schreiben Geld zu verdienen (obwohl ich jedem, der im 21. Jahrhundert sein Geld mit etwas so Anachronistischem wie dem Verfassen von Texten verdient, Millionen wünsche), kurz: Einen derartigen »Schwachsinn« könne man nur auf Bestellung schreiben, »wie die Pressesprecherinnen der Bundesbahn«.[130]

Erst war ich fassungslos, dann überzeugt, dass jeden Moment Guido Cantz im silberfarbenen Sakko aus meiner Abstellkammer springen und den Scherz aufklären würde. Ich wartete eine Weile, aber nichts geschah. Es kam kein Moderator mit gelben Haaren, ich war ganz allein, die Sache war überhaupt kein Scherz und wurde schlimmer, weil Menschen, die ich noch nie zuvor gesehen hatte, nun auch Zitate aus älteren Texten zerrten und mir vorwarfen, drei Jahre zuvor ein Porträt über einen NPD-Abgeordneten im Europaparlament geschrieben zu haben, was doch praktisch ein Beweis für meine rechte Gesinnung sei. Im Büro schaute eine Kollegin, die ich immer gemocht hatte, demonstrativ an mir vorbei, ein ehemaliger Praktikant beschwerte sich per SMS, ich solle endlich in der Realität ankommen und aufhören, den ganzen Tag Weißwürste am Viktualienmarkt in mich reinzustopfen, und alles nur, weil ich es gewagt hatte, einen Text über eine Feministin zu schreiben, der kritische Passagen und vielleicht zwei unglückliche Formulierungen enthält.

Ich war geschockt von der Erbarmungslosigkeit dieser

Menschen, die meinen Versuch, mich dem »Phänomen Stokowski« kritisch zu nähern, nicht nur nicht anerkannten, sondern mit einem Vernichtungswillen attackierten, den sie mir gleichzeitig vorwarfen. Keine Spur von Frustrationstoleranz, Souveränität oder auch nur dem Vorsatz, eine echte, eine offene Auseinandersetzung zu führen, ein bisschen wie Kinder, die losbrüllen, weil sie zum ersten Mal im Leben ihren Willen nicht bekommen.

Ich habe den Text für dieses Buch noch mal gelesen. In Ruhe und mit Abstand. Ich würde zwei Stellen anders formulieren, nicht weil ich sie für falsch halte, sondern weil ich erkannt habe, wie leicht sie missverstanden werden können, wenn man es drauf anlegt (obwohl ich überzeugt davon bin, dass man mit etwas Feingefühl ahnen könnte, wie sie gemeint sind). Den Rest finde ich okay, nein, sogar gelungen, auch heute noch, wie übrigens Dutzende männlicher und weiblicher Journalisten, Kritiker und Schriftsteller, die mir in den Tagen danach zu einem fantastischen Stück gratulierten.

Als ich den Shitstorm überstanden hatte, kam ich ins Grübeln: Versteckten sich in meinem Porträt vielleicht Ressentiments, die ich nicht bemerkt hatte? Oder Vorurteile, die ich als weißer Mann nicht erkennen konnte? War ich wieder mal zu stark von mir und meinen Erfahrungen als weißer, privilegierter und heterosexueller Mann ausgegangen? Ich dachte tagelang darüber nach, ehrlich gesagt zerbrach ich mir den Kopf, bat Freundinnen, den Text nach problematischen Stellen zu durchforsten, aber es kam nichts dabei heraus: Ja, klar, diesen Halbsatz oder jenes Adjektiv könne man in den falschen Hals kriegen, aber mehr nicht, die Grundhaltung des Textes sei voll okay. Und es hätte natürlich noch die Möglichkeit gegeben, bei einem dieser Workshops mitzumachen, bei denen sich Männer über ihre unbewussten Vorurteile gegenüber Frauen bewusst werden können, aber das fand ich dann doch übertrieben. Mit Margarete Stokowski habe ich noch einmal telefoniert und hin und her gemailt. Ich finde ihre

Texte immer noch: mal grandios, mal überzogen. Sie hat sich mir gegenüber immer korrekt verhalten, konnte sich aber natürlich auch darauf verlassen, dass ihre Twitter-Kettenhunde schon aufheulen würden, wenn ein Typ ihr Frauchen attackiert. Trotzdem würde ich sie, sollte ich ihr irgendwo begegnen, ansprechen und auf einen Kaffee oder eine Apfelschorle einladen. Sie dürfte sogar neben mir rauchen. Ob sie die Einladung annehmen würde? Keine Ahnung. Wenn ja, freue ich mich, wenn nein, auch okay.

Der Shitstorm hat mich verunsichert, als Journalist, aber auch als Mann, trotzdem hat er mich nicht zu einem anderen Menschen gemacht. In den Tagen danach spürte ich die Verlockung, mich von denen zu distanzieren, die mich so herzlos niedergebrüllt hatten. Ich hatte große Lust, meine Erkenntnisse, meine Fortschritte, meinen guten Willen und überhaupt den ganzen verdammten Feminismus über Bord zu werfen, wenn so was dabei herauskam, wenn er also von Menschen vertreten wurde, die aus ihrer Überzeugung verbindliche Regeln für alle ableiteten. Ich habe es nicht getan, natürlich nicht, aber es hat lange gedauert, bis ich die Kränkung verdaut hatte.

Was aber, wenn das nicht jedem gelingt? Wenn sich andere mehr oder weniger vernünftige Männer nach einer ähnlichen Erfahrung in die Totalopposition verabschieden? Es wäre feige, ja erbärmlich, aber wenn ich ehrlich bin, kann ich mir gut vorstellen, wie man sich zu einem solchen Schritt gedrängt fühlen kann, wenn man weniger selbstbewusst, einsam oder unsicher ist, jedenfalls braucht man verdammt viel Stehvermögen, um sich in einer derart vergifteten Atmosphäre treu zu bleiben. Der französische Philosoph Didier Eribon beschreibt, wie sich die Wahrnehmung von Diskriminierung so verfeinern könne, dass sie selbst in noch so kleinen Dosen so laut wie ein Presslufthammer wahrgenommen werde.[131] Und kürzlich belegte eine Studie der Uni Münster, dass linke Aktivisten heute so vehement für Offenheit und Diversität einträten, dass sich Konservative als Trotzreaktion stärker rechten Ideen zuwandten, was dazu führe, dass die Linken noch kompromissloser für ihre Ziele kämpften, und so weiter, die Folge sei jedenfalls eine gesellschaftliche Zersplitterung, die durch gegenseitige Radikalisierung immer tiefer festgeschrieben werde.[132]

Im Moment scheinen sich weder Verfechter noch Kritiker linker Identitätspolitik ihrer Verantwortung bewusst zu sein, denn wären sie es, würden sie das eitle Spiel gegenseitiger Beschimpfung einstellen und nach Gemeinsamkeiten statt Unterschieden suchen.

+++

Der *Welt*-Chefredakteur Ulf Poschardt hat mal gesagt, dass er den Feminismus in seiner jetzigen Form problematisch und stumpf finde. Ich würde es anders formulieren: Der Feminismus in seiner jetzigen Form beinhaltet Strömungen, die problematisch und stumpf sind, weil sie sich als feministisch tarnen und in Wahrheit engherzig, narzisstisch, ideologisch sind.

Viele ältere Frauen, auch viele ältere Feministinnen, tun sich schwer mit der aggressiven und kindischen Hypersensibilität ihrer jüngeren Geschlechtsgenossinnen, die in jedem missglückten Flirt Missbrauch oder Bevormundung wittern. Manche vermissen ihren geliebten Gerechtigkeitsfeminismus aus den Siebzigern: »Ich bin weiterhin davon überzeugt, dass es für Frauen schwerer ist als für Männer«, sagt die Künstlerin Sophie Calle. »Aber ich muss gestehen: Vieles vom heutigen Feminismus verstehe ich nicht. Wahrscheinlich bin ich dafür zu alt, es ist mir zu fern. Ich finde es zum Beispiel schade, dass Männer mir nicht mehr hinterherpfeifen, ich würde viel darum geben, dass sie es tun.«[133]

Natürlich ist das ein ernstes Thema, die Hartnäckigkeit in der Liebe und beim Sex, und ganz wichtig: ihre Grenzen, trotzdem finde ich nicht, dass Frauen sich auf Teufel komm raus vom begehrenden Blick des Mannes lösen müssen, um emanzipiert zu sein. Im Gegenteil: Zeigt sich die Emanzipation nicht erst im Umgang mit ihm? Auch der Schriftsteller Pascal Bruckner schreibt, dass Feministinnen zu Recht daran erinnerten, dass Freiwilligkeit und Einverständnis absolute Werte seien und ein Nein unter allen Umständen ein Nein sei, auf der anderen Seite gehe natürlich etwas verloren, wenn sich immer dogmatischere Regeln über unsere Kommunikation und Sexualität stülpten. »Aber das zwängt Liebe in ein enges Korsett«, schreibt Bruckner. »Es trägt dem Zögern nicht Rechnung, dem Sowohl-als-auch. Es verkennt die Bedeutung des ›Vielleicht‹, das verführerisch zwischen Zustimmung und Zurückweisung schwankt, es lässt außer Acht, dass sich das Begehren über verzweigte Pfade Bahn bricht, dass die Lust das Zweideutige liebt, die Unsicherheit. Und dass man sich seiner Wünsche oft gar nicht sicher ist, bevor man sie umgesetzt hat.«[134]

Man sollte aufpassen, dass ein notwendiger Feminismus nicht zur biederen Ideologie erstarrt, die linkem Denken eher widerspricht. Vor allem im Netz hat sich ein totalitärer Gestus und eine Freude am Maßregeln und Überführen etabliert, die sich »hinter dem Ethos einer linken Befreiungsrhetorik verpanzert«.[135] Manche Frauen lieben den Feminismus so wie Männer ihre Sportwagen, schreibt auch Ralf Bönt. Diese Frauen dächten: »Das ist unser schöner Feminismus, mit dem wir hier durch die Landschaft fahren. Sie verwechseln den Feminismus mit ihrem Körper und sagen: Vorsicht, nicht anfassen! Sie kennen sich in ihm aus wie nirgends sonst. Es handelt sich um Wohlfühlfeministinnen im Wohlfühlfeminismus. Sie haben immer eine Zahl oder ein tödliches Argument bei der Hand und halten jeden, der auch nur einen halben Satz sagen will, ohne vorher seine feministische Dienstmarke mit Dienstausweis gezeigt zu haben, für einen Reaktionär, den man im Sinne der Bewegung keinesfalls ausreden lassen darf.«[136]

In Deutschland gibt es zweihundert Professuren für Gender-Forschung. Eine schöne Sache. Aber wenn sich daraus vor allem theoretische Debatten über queerfeministische Details ergeben, wenn noch dazu Frauenförderung meist vom Karrierehöhepunkt her gedacht wird, wenn es also meist um Transpersonen oder weibliche Vorstände, Intendantinnen, Chefredakteurinnen geht, haben die meisten Frauen nichts davon, weil dann ein paar wenige noch erfolgreicher, auf Podien interviewt und im Fernsehen hergezeigt werden, während die anderen die Küche aufräumen. Der Feminismus muss raus aus den Hörsälen und hippen Cafés und rein in die Welt, aufs Land, in die Mietskasernen und Eigenheime mit Jägerzaun drum herum. Wenn junge Netzfeministinnen immer nur in ihr Milieu hineinwirken, wenn sie sich mit anderen Soziologiestudentinnen mit Regenbogen-Tattoo verabreden, aber nie mit Frauen im Hunsrück oder Sauerland unterhalten, erinnert das an eine »Wagenburgmentalität«, »die sich vor der Komplexität der Welt verriegelt, statt ihr analytisch gerecht zu werden«.[137]

Der frühere *Bild*-Chef Kai Diekmann hat mal ein Rebranding des Feminismus gefordert: In seinem Kopf entstünden sofort Bilder und Klischees, wenn er an Feminismus denke.[138] Er hat das nicht weiter ausgeführt, weil klar war, dass er negative Klischees meinte. Und ich schlage mich nur ungern auf die Seite von Menschen, die ein Wort wie »Rebranding« so selbstverständlich verwenden wie »Kühlschrank«, in meinem Kopf entstehen auch keine unappetitlichen Bilder, aber ein bisschen mehr Distanz zum eigenen Milieu und Verständnis für Menschen, die auf dem Land leben, älter und sozial schwächer sind oder einfach nur in Ruhe gelassen werden wollen, würde ich mancher Netzfeministin schon wünschen. Oder wie Susan Vahabzadeh schreibt: »Der feministische Diskurs befremdet viele Frauen, weil sie sich darin nicht wiederfinden. Anders gesagt: Gute Teile der feministischen Literatur sind nicht für den Fall gerüstet, dass Frauen einen oder sogar mehrere Männer tatsächlich lieben.«[139]

Die Gender- und Identitätsdebatten sind wichtig. Sie haben

mich und viele andere Männer auf Fehler gestoßen, die wir zu lange gebilligt, genossen oder gar nicht registriert haben. Alle zusammen standen wir im Licht, ohne darüber nachzudenken, wie es denen im Schatten so geht. Trotzdem bleibt ein Engagement fragwürdig, wenn es vor lauter Furor pragmatische Lösungen aus den Augen verliert und nebenbei alles entwertet, was von weißen Männern gedacht, gemacht, geschrieben wurde. Wenn Feminismus heißt, Männer verächtlich zu machen, um vergangenes Unrecht zu vergelten, bin ich dagegen. Es wäre auch nicht klug, weil Männer dann nur noch weiter ins gesellschaftliche Abseits getrieben werden, von dem aus sie ihre verloren geglaubte Männlichkeit mit zweifelhaften Methoden zurückerobern wollen, mit denen wir uns dann herumschlagen müssen. »Glücklich ist, wer vergisst, was nicht mehr zu ändern ist«, heißt es in der *Fledermaus.*

Als der schwule Comiczeichner Ralf König vor zwei Jahren von mehreren LGBTQ-Organisationen eingeladen wurde, ein Wandbild in Brüssel zu malen, lieferte er einen typischen König, also das komplette Arsenal der *queer community:* einen Lederkerl, einen Muskelmann, eine Tunte, eine Lesbe – und alle fanden es toll. Bis jemand mit roter Farbe »Transphobia« über das Bild einer Dragqueen und »Racism« über das Bild einer schwarzen Lesbe schmierte. König verstand die Welt nicht mehr. Ein paar Tage danach veröffentlichte er einen Facebook-Post, den ich an dieser Stelle aus Gründen der Bewunderung vollständig wiedergeben möchte:

> *»Ich kapiere die Verbitterung und Humorlosigkeit der politisch allzu Korrekten ja schon eine Weile nicht mehr, vor allem ihre hemmungslose Selbstgerechtigkeit, aber nun: Mein Wandbild in Brüssel wurde Opfer von Kunstvandalismus. Man wirft mir also Rassismus vor und Transphobie! Da sind dicke Lippen bei der einen wie bei der anderen! Lippophobie! Was ist mit Frauen- und Lesbenfeindlichkeit, weil die Zweite von links Kugelmöpse*

hat, und auch noch schiefe? Religiöse Intoleranz nicht zu vergessen, die Nonne ist doch ein Zerrbild einer Frau des Glaubens? Fällt noch jemandem was ein? Zu viel Farbe, das diskriminiert die Farbenblinden? Solche Aktionen sagen mehr aus über die Intoleranz dieser selbst ernannten Zensurbeauftragten. Denn wenn's nach denen ginge, wäre jede Ironie, jede satirische Übertreibung, jeder selbstironische Blick auf die Szene ein Angriff auf wen auch immer. Mich schaudert bei dem Gedanken, in so einer Gesellschaft zu leben: verbissen, aggressiv, immer einen Grund suchend, sich selbst und sein Weltbild zum Allgemeingültigen zu erklären. Ich zucke mit den Schultern und mache weiter wie bisher.«[140]

+++

Der Publizist Christian Nürnberger hat vor ein paar Jahren geschrieben: Der Lackmustest für echte Emanzipation bestehe nicht darin, dass der Mann das Klo putze. Der eigentliche Test bestehe in der Überwindung archaischer Rollenmuster – und zwar auf beiden Seiten. »Erträgt der Mann, dass seine Frau mehr verdient als er und dass sie eine höhere gesellschaftliche Stellung innehat? Erträgt er es nur? Oder bejaht er es?« Und andersrum: »Erträgt auch sie es, dass sie mehr verdient? Möchte sie nicht doch lieber heimlich oder offen einen Kerl vom alten Schlag, der ihr über ist, zu dem sie aufsehen kann, der auch mal auf den Tisch haut, die Tür eintritt, die Heldenrolle annimmt?«[141]

Daran musste ich denken, als ich neulich von meiner Nachbarin zum Abendessen eingeladen wurde, ein paar Freundinnen seien auch da, das werde bestimmt ein lustiger Abend: vier Frauen und ein Mann. Wurde es tatsächlich, weil ich wieder mal eine Ahnung davon bekam, wie unterschiedlich Frauen mit dem Thema Männlichkeit umgehen. Vor allem eine sorgte dafür, dass ich noch Tage danach verwirrt war: Veronika, ungefähr vierzig, kurze Haare, athletischer Körper, extrem selbstbewusstes Auftreten. Sie erzählte von mehreren Dates, auch von Sex, war wahnsinnig schlagfertig und lustig, trotzdem nicht vulgär, kurz: eine starke, unabhängige, faszinierende Frau.

Irgendwann schaute sie mich auffordernd an: »Was für ein Mann bist du, Tobias? Beschreib doch mal.« Na ja, und dann wurde ich unsicher und meine Antwort viel zu lang, weil: sich selbst einschätzen, vor anderen, und dann auch noch vor gleichaltrigen Frauen – wer will das schon? Ich sei kein dominanter Mann, sagte ich, aber auch keiner von denen, die mit dem Bastkörbchen über den Bauernmarkt schlenderten, ich hätte mich verändert in den letzten Jahren, sei rücksichtsvoller, irgendwie reifer geworden, trotzdem kämen mir viele Männer zu angepasst, zu kantenlos vor, wahrscheinlich sei ich ein Mittelding, ein bisschen traditionell, ein bisschen modern, machohafte Reste, aber schon aufgeschlossen, irgendwie konservativ, aber auch rebellisch, melancholisch, ach, es sei schwierig.

Sie hörte zu, lächelte und bohrte nach: »Aha, verstehe«, sagte sie, »du bist also alles ein bisschen. Aber jetzt mal ehrlich: Haust du auch mal auf den Tisch? Zeigst du deiner Freundin auch mal Grenzen auf? Sagst du auch mal: ›Baby, so nicht, nicht mit mir!‹ und knallst die Tür zu? Oder wird das alles bei einem Glas Wein ausdiskutiert?« Also sie komme nur mit Männern klar, die auch mal dominant seien, die irgendwann nicht mehr redeten, sondern handelten oder den Mund hielten, alle anderen könne sie nicht ernst nehmen, denen fühle sie sich sofort überlegen, und das führe dann zu nichts, in der Beziehung nicht und im Bett schon gar nicht. Das ständige Rücksichtnehmen, Nachfragen, Streicheln sei ja lieb gemeint, aber manchmal brauche sie halt, na ja, einen Mann, einen echten, erwachsenen Mann, lieber eine Nummer zu hart als zu weich. Am Ende erlöste sie mich und wechselte das Thema, aber eines hatte sie geschafft: Ich war ordentlich durcheinander und musste mal wieder an meinen Auftritt in der türkischen Teestube denken, mit dem Unterschied, dass diesmal eine Frau dafür gesorgt hatte, dass ich mir wie ein Schulbub vorkam.

Männer müssen Mut zur Veränderung haben, aber Frauen auch. Männer müssen eingefahrene Muster hinter sich lassen, aber Frauen auch. Männer müssen offen für neue Rollen sein, aber Frauen auch. Oder wie Heribert Prantl schreibt: Je mehr Rechte sich die Frauen erkämpft hätten, desto mehr sei die Macht der Männer gesunken. Für Frauen sei dieser Prozess ein Zugewinn an Aktionsfeldern, für Männer ein Verlust nicht nur von vermeintlicher Autorität, sondern auch ein Kratzen an der erlernten Identität als Mann. »Das führt zur äußeren und inneren Gegenwehr, denn so leicht lässt sich Machtverlust nicht wegstecken, zumal Tradition, Erziehung und Rollenbilder noch weiter in den Köpfen (auch von Frauen) stecken.«[142]

Ich beobachte immer wieder, wie Frauen berechtigte Forderungen stellen, um sie dann nicht hartnäckig genug zu verfolgen, sondern sich beim geringsten Widerstand ins gemütliche Schneckenhaus zurückzuziehen, in dem schon ein paar andere Opfer auf dem Sofa rumhängen und sich gegenseitig bemitleiden. Sie schreien A, aber B flüstern sie oft nicht mal, beschweren sich über den autoritären Chef, wenn er im Urlaub ist, und kriegen nicht nur kein Wort raus, wenn er vor ihnen steht, sondern entschuldigen sich auch noch für ihre Unverfrorenheit, um fünfzig Euro mehr im Monat gebeten zu haben. Sie wollen, dass Männer im Haushalt helfen, rollen aber mit den Augen, wenn er die Geschirrspülmaschine nicht platzsparend einräumt, sehnen sich nach Führungspositionen, halten es aber nicht aus, wenn sie nicht rechtzeitig zum Abendessen mit den Kindern zu Hause sind. Ich werfe ihnen das nicht vor. Im Gegenteil. Ich weiß von mir selbst, wie schwierig es ist, sich von eingefahrenen Mustern zu lösen, ja dass Tiere, die jahrelang in einem Käfig gefangen waren, ihn irgendwann selbst bei geöffneter Tür nicht mehr verlassen wollen. Und deshalb plädiert dieses Buch für Geduld mit Männern *und* Frauen, für mehr Souveränität im Umgang miteinander und gegenseitige Rücksicht, weil sich verankerte Rollenbilder nun mal nicht per Knopfdruck abstreifen lassen.

Die Situation von Frauen (und Minderheiten) lässt sich nicht *nur* auf Kosten der Männer verbessern, vielmehr müssen die Interessen und Nöte aller harmonisch austariert werden: Frauenpolitik kann ohne Männerpolitik nicht vorankommen, schreibt Walter Hollstein: Wenn Männer kein Terrain räumten, keine Machtaufgaben mit Frauen teilten und sich nicht auch die Vereinbarkeit von Beruf und Familie zum eigenen Thema machten, dann könnten sich Frauen nicht wirklich befreien. Umgekehrt gelte aber: Wenn Männer ständig angegriffen, verhöhnt und despektierlich behandelt würden, stimuliere das Gegenreaktionen, statt emanzipatorische Entwicklungen zu begünstigen.[143] Anders ausgedrückt: Wir müssen uns gegenseitig helfen und immer wieder verzeihen, müssen spielen, versuchen, rumprobieren und vor allem: gerechtere Verhältnisse herbeiexperimentieren, keine verletzten Seelen.

Junge Feministinnen lassen sich gern mit Kippe fotografieren, zum Beispiel auf einer Baustelle oder in einer Kneipe, Margarete Stokowski trägt oft eine Trainingshose aus Lycra. Warum? Ich habe nur eine Erklärung: Sie möchten sich von Männern in Machtpositionen abgrenzen, möchten zeigen, dass sie *nicht* zum Establishment gehören, *nicht* mächtig, *nicht* privilegiert, sondern unangepasst und subversiv sind. Ganz schön kokett, wenn sich die ausgebufftesten Selbstvermarktungsprofis des 21. Jahrhunderts als »Underground« etikettieren – Sophie Passmann nennt sich zum Beispiel »das Witzemädchen aus dem Internet« –, wo sie doch längst die Meinungshoheit innehaben, die sie anderen zum Vorwurf machen, und on- wie offline mit ihren Ansichten Hunderttausende Menschen erreichen. Die Philosophin Elisabeth Badinter findet, dass der Feminismus heute nicht nur über eine »beträchtliche moralische Macht« verfüge, sondern auch die Fähigkeit besitze, Schuldgefühle zu erzeugen.[144] Lisa Eckhart wurde mal gefragt, ob es anstrengend sei, sich in der Männerdomäne Kabarett zu behaupten. Ihre Antwort: Im Gegenteil, sie empfinde es eher als beschämend leicht: »Uns jungen Frauen Mitte 20 wird sehr bereitwillig zugehört. Da kann mir keine erzählen, dass sie da auf große Widerstände gestoßen ist.«[145] Bereits 2015 kam eine Harvard-Studie zu dem Ergebnis, dass die meisten Frauen Führungspositionen durchaus als erreichbar, aber – verglichen mit Männern – als weniger reizvoll empfinden.

Tatsächlich haben junge Frauen in Deutschland heute sämtliche Möglichkeiten. Sie werden nicht nur berücksichtigt, sondern gefördert und manchmal auch bevorzugt, können lieben, wen sie wollen, aussehen, wie sie möchten, den Beruf ergreifen, von dem sie ein Leben lang geträumt haben, nicht zuletzt können sie voller Elan in eine Zukunft aufbrechen, die ihnen weitere Möglichkeiten eröffnen wird. Trotzdem bleiben manche lieber in ihren Schmollwinkeln, statt mutige Lebensentscheidungen zu treffen, die sie dahin bringen könnten, wo sie immer sein wollten. Es ist nämlich vieles, aber nicht alles eine Frage des Systems, manches muss man ganz einfach: machen. Wahr ist: Die Politik muss die Vereinbarkeit von Beruf und Familie weiter fördern, und Männer müssen Frauen mehr zutrauen. Aber Frauen müssen mehr Mut haben, es dann auch zu tun, weil sich ihre Situation nur durch Shitstorms und Internet-Herzchen nicht grundlegend verbessern wird.

Im Moment sind 92 Prozent der abgebildeten Personen im *Manager Magazin* Männer. Wenn Frauen das ändern wollen, werden sie nicht drum herumkommen, sich mit allen Konsequenzen, auch den nicht so angenehmen, für Finanzdienstleistungen, Anlagestrategien und IT-Fragen zu interessieren. Sie werden sich aus den »Pink Gettos« herauswagen, Risiken eingehen, Start-ups gründen, an einem stinknormalen Dienstag vierzehn Stunden vor dem Computer hocken und die Karriereleiter nicht nur hinauf-, sondern auch hinabsteigen müssen, hinein in die Niederungen der Macht mit all ihren Intrigen, Spielchen und Schmutzeleien. Sie werden in die Branchen gehen müssen, in denen die üppigen Gehälter gezahlt werden, weil der Gender-Pay-Gap sonst nicht geschlossen werden kann.

Leider kommen Frauen immer noch schwieriger an Kapital, 96 Prozent der Wagniskapitalfirmen werden von Männern geführt, die ihr Geld am liebsten Männern geben, die so ticken wie sie selbst, aber auch das wird nicht so bleiben.[146] Frauen verfügen über ein gewaltiges Potenzial, sind besser in der Schule, sogar in Mathematik – das alte Klischee ist längst als solches entlarvt –, die Universitäten quellen über vor begabten Studentinnen, aber sie müssen ihre Qualitäten auch abrufen und aufhören, sich Macht als etwas Anrüchiges vorzustellen und bei der Berufswahl ausschließlich auf Selbstverwirklichung in Dienstleistungs- oder Sozialberufen zu schielen.

In einer Studie des National Bureau of Economic Research wurden Absolventinnen und Absolventen der Wirtschaftshochschule und der Universität Boston nach ihrer ersten Arbeitsplatzsuche, ihren ersten Jobangeboten und ihrem ersten Gehalt gefragt. Das Ergebnis ist erstaunlich: Die Frauen tendierten dazu, früher mit der Jobsuche zu beginnen und schneller ein Stellenangebot zu akzeptieren, was dann aber im Durchschnitt eine niedrigere Bezahlung nach sich zog. Offenbar neigen Frauen dazu, weniger Risiken bei der Jobsuche einzugehen, während ihre männlichen Studienkollegen länger warteten, ob nicht noch ein höheres Angebot käme, was dann auch oft der Fall war.[147]

Viele Frauen scheinen zwischen der Auflehnung gegen patriarchalische Strukturen und der Lust an Unterwerfung zu schwanken, wahrscheinlich tragen manche sogar, ohne es zu wissen, zum Erhalt des Patriarchats bei. Zum Beispiel gesteht die Feministin Susan Arndt, wie eingeschüchtert sie sich oft verhalte, wenn sie einen »männlichen« Raum, zum Beispiel einen Baumarkt, betrete. Sie rutsche dann in den Eingeschüchtert-Modus, spreche piepsend, spiele das Trottelchen und fürchte sich vor dem genervten Blick des Fachverkäufers. Am Ende gehe sie mit leeren Händen weg.[148] Darauf kann man nur mit Sascha Lobo antworten: »Ganz ohne weibliches Selbstbewusstsein wird es auf keinen Fall gehen.«

Wenn Frauen es ernst meinen mit der Selbstermächtigung, müssen sie sich auch mal in den schüchternen Krankenpfleger mit zwölfhundert netto verlieben und endlich aufhören, den fadenscheinigen Versprechen der Schönheitsindustrie auf den Leim zu gehen und jeden noch so unscheinbaren Makel als eigene Schuld zu empfinden. Im Moment wirkt es, als hätten sie die Fremdbestimmung durch den Mann erfolgreich abgeworfen, um sich anschließend unter das noch perfidere Joch der spätkapitalistischen Forderung nach Einzigartigkeit zu begeben: »Bikini-Figur? Mir doch egal!«, twittern sie und lassen sich zwei Monate später die Nase korrigieren, natürlich nur für sich. Und wenn sie schon dabei sind, könnten sie auch gleich aufhören, sich zu beschweren, dass sie es sind, die Kinder zur Welt bringen müssen, und anfangen, diese Erfahrung als mystischen Schatz zu begreifen, denn eines ist klar: Frauen können alles, was Männer auch können. Umgekehrt gilt das nicht.

Einerseits fordert die Gesellschaft von Männern »weiche« Eigenschaften wie Empathie und Emotionalität, andererseits erleben Männer jeden Tag, wie in Politik, Wirtschaft und Sport andere und oft gegenteilige Fähigkeiten honoriert werden. Die Medien schwärmen vom zeitgemäßen Mann, in der Praxis geht er meist leer aus, wenn ein Posten zu vergeben oder eine Liebesnacht zu erleben ist. Die Wirklichkeit und unser Bild von ihr klaffen auseinander. Die Welt ist nicht so, wie wir sie gerne hätten, wir sind ja nicht mal selbst so, wie wir gerne wären, was man daran sehen kann, dass es im Grundsatzprogramm der SPD heißt, dass, wer die menschliche Gesellschaft wolle, die männliche überwinden müsse, was die Genossinnen und Genossen aber auch 2021 nicht daran gehindert hat, für die Bundestagswahl einen 62-jährigen Typen mit Halbglatze zum Kanzlerkandidaten zu machen.

Der Schauspieler Mario Adorf hat mal gesagt: »Ein erfolgreicher Mann ist ein Mann, der mehr verdient, als seine Frau ausgeben kann. Eine erfolgreiche Frau ist eine, die so einen Mann findet.« Ein schlimmer Spruch, aber wenn man sich so umhört: leider nicht ganz falsch. Offenbar tragen nicht nur viele Männer ein veraltetes Frauenbild mit sich herum, sondern auch viele Frauen ein veraltetes Männerbild. Wie ein Mann sein sollte, darin scheinen sich nämlich die meisten Frauen auch im 21. Jahrhundert erschreckend einig: ein bisschen größer, ein bisschen erfolgreicher, ein bisschen älter. Wer männliche Freunde hat, die schon mal ein Tinder-Date hinter sich gebracht haben, kann sich ja mal erzählen lassen, wie sie nach dem ersten Aperol Spritz auf soziales, körperliches und finanzielles Potenzial abgescannt werden – keinen Deut raffinierter und kein bisschen weniger deprimierend als bei der *Bachelorette* auf RTL.

HABEN ODER SEIN

»Wenn's leicht wäre, könnte es ja ein Mann machen.«
Andrea Nahles

Ich war dreiundzwanzig und hatte keine Ahnung von irgendwas, als ich mein erstes Praktikum bei einer großen Zeitung in Hamburg machte. »Grüß Gott«, sagte ich an meinem ersten Tag, »ich heiße Tobias und freue mich auf die nächsten drei Monate.« Die Feuilletonchefin sah mich an, lächelte und meinte: »Aha, ein junger Mann aus Bayern, nun denn: Herzlich willkommen!«

In den Wochen danach zitierte sie mich vor jeder großen Konferenz in ihr Büro, dessen Wände mit beeindruckender Kunst vollhingen, Zeichnungen, Gemälde, Collagen, fast alle mit persönlicher Widmung. Danach bot sie mir den Stuhl auf der gegenüberliegenden Seite ihres riesigen Schreibtischs an und ließ mich zusehen, wie sie zum Wandschrank stöckelte, eine Spiegeltür aufklappte und sich zu schminken begann: Sie legte Rouge auf, zog den Lippenstift nach, tuschte ihre Wimpern, drei, vier, fünf Minuten lang. Dann sagte sie: »Lassen Sie uns gehen, Herr Haberl« und marschierte auf hohen Schuhen zwei Meter vor mir zu den Aufzügen, von denen uns einer nach oben in die Chefetage bringen sollte; ich weiß noch, wie sehr ich ihre trainierten Waden bewunderte.

Beim ersten Mal dachte ich mir nichts, beim zweiten Mal war ich irritiert, ab dem dritten Mal fand ich es amüsant: Das Spielchen schien ihr zu gefallen, mich störte es nicht, vielleicht war es ein Fetisch, vielleicht eine Machtgeste, es war mir egal, ich war zu naiv und zu unschuldig, um mich gedemütigt zu fühlen, ich war souverän, ohne es zu merken.

Diese Anekdote ist kein Plädoyer dafür, dass sich Frauen, die von ihrem Chef diskriminiert werden, nicht so anstellen sollen. Im Gegenteil: Ich habe in meinen zwanzig Berufsjahren so viele mittelmäßige Männer in Funktionen erlebt, die sie überfordern, dass ich es kaum erwarten kann, mehr Frauen in Führungspositionen zu sehen, nicht weil ich sie grundsätzlich für die besseren Chefs halte, sondern weil ich hoffe, dass sie halten, was sie versprochen haben, nämlich dass sie die Welt der Arbeit empathischer, verständnisvoller, aufrichtiger, kurz: weniger entfremdend gestalten wollen, als Männer das jahrzehntelang getan haben. »Wenn Sie in der Politik etwas gesagt haben wollen, wenden Sie sich an einen Mann. Wenn Sie etwas getan haben wollen, wenden Sie sich an eine Frau«, hat Margaret Thatcher gesagt. Und Manuela Schwesig von der SPD hat noch einen draufgesetzt, als sie meinte: »Wir [Frauen] sind klüger als die Männer.« Und da kann man dann tatsächlich nur sagen: Na hoffentlich!

Leider lassen sich solche Parolen leichter twittern als in die Tat umsetzen. Applaus gibt es sowieso, von Frauen, aber auch von Männern, die von diesen Frauen gemocht werden wollen oder tatsächlich glauben, dass es nur genug Frauen in Spitzenämtern braucht, um die drängendsten Probleme unserer Zeit in den Griff zu bekommen. Und das wäre natürlich wunderbar, ich kann mir nur beim besten Willen nicht vorstellen, wie sich die haarsträubenden Widersprüche unseres Systems über Nacht in Luft auflösen sollen, wie sich eine komplexe, vernetzte, globalisierte, auf Konkurrenz und Leistung getrimmte Arbeitswelt in ein kuscheliges Miteinander verwandeln soll, nur weil nicht mehr Männer, sondern Frauen das

Sagen haben. Harald Martenstein hat mal geschrieben, dass er es verwirrend finde, wenn es einerseits heiße, dass Geschlecht nur eine soziale Konstruktion sei und biologische Unterschiede kaum eine Rolle spielten, man aber gleichzeitig ständig höre, dass Frauen die besseren Chefs seien, besser kommunizieren könnten und sich in Konflikten rationaler verhielten.[149]

Zuletzt schwärmten viele vom uneitlen Regierungsstil Angela Merkels, fast immer mit dem Subtext: So angenehm, so sachorientiert könnte es in Regierungen, Vorständen und Konferenzen zugehen, wenn nur endlich mehr Frauen dabei wären. Abgesehen davon, dass ich schon aus Gerechtigkeitsgründen dafür bin, dass diese Orte diverser werden und von immer mehr Frauen, Schwulen, Migranten und behinderten Menschen besetzt, ja erobert werden, glaube ich auch, dass sich die Arbeitsatmosphäre (und Ergebnisse) verbessern lassen, wenn mehr Menschen mit unterschiedlichen Prägungen zusammenarbeiten. Tatsächlich tut jede Institution gut daran, das Potenzial von Frauen zu nutzen. Laut einer McKinsey-Studie erzielen Firmen mit der größten Vielfalt im Vorstand über Jahre hinweg eine deutlich höhere Kapitalrendite und höhere Betriebsergebnisse.[150]

Trotzdem vergessen manche, dass Merkel unser Land nicht typisch weiblich, sondern typisch merkelig regiert hat, also leise und diskret, vielleicht nicht visionär, aber verlässlich, trotzdem nie weich und selten unentschlossen. Angela Merkel ist eine historische Ausnahme. Eine Frau, die »Mutti« genannt wurde, obwohl sie keine Kinder hat. Eine Politikerin, die es von »Kohls Mädchen« zur mächtigsten Frau der Welt geschafft hat, eine Mischung aus »Mädchen und Kamerad« (Alice Schwarzer). Ihr Biograf Volker Resing nennt sie die »ungewöhnlichste Politikerin in Deutschland und Europa«, die ganz anders führt als Ursula von der Leyen, Christine Lagarde oder Annalena Baerbock.

Keine Frage, seitdem nicht mehr nur weiße Männer an Konferenztischen sitzen, hat sich die Diskussionskultur verbessert: weniger Basta, mehr Debatte, weniger Show, mehr Inhalt, auch mal zuhören, statt ständig selber reden. Wer sich nicht mehr daran erinnern kann, was noch vor gar nicht so langer Zeit »normal« war, kann sich den Film *Die Unbeugsamen* anschauen, der die Geschichte der Frauen in der Bonner Republik von der Nachkriegszeit bis zur Wahl Merkels mit teils haarsträubenden Beispielen nacherzählt. Dort schildert die FDP-Abgeordnete Helga Schuchardt, wie ihr der spätere Bundestagspräsident Richard Stücklen von der CSU im Parlament mit dem Daumen über die Wirbelsäule gefahren habe, um zu ertasten, ob sie einen BH trage.

Man kann es nicht fassen, aber um 1950 beschrieb der frühere bayerische Landtagspräsident Michael Horlacher die Rolle der Frauen in der Politik so: »Als einzelne wirkt die Frau wie eine Blume im Parlament, aber in der Masse wie Unkraut.« Und als 1961 mit Elisabeth Schwarzhaupt die erste Frau Ministerin wurde, sagte Konrad Adenauer zu ihr: »In diesem Kreis sind auch Sie ein Herr«, ja es wurde sogar darüber diskutiert, ob das Wort »Ministerin« überhaupt existiert.[151]

Und trotzdem: Ob mehr Frauen an der Spitze unsere Arbeitswelt tatsächlich menschlicher machen, wird davon abhängen, ob sie die Verhaltensweisen der Alphamänner eher adaptieren oder reformieren. Es bleibt die Gefahr, dass sich karrierewillige Frauen vorgegebenen Machtstrukturen eher anpassen, dass sie also indirekt gezwungen werden, ihre vermeintlich weiblichen Eigenschaften zugunsten vermeintlich männlicher abzustreifen – wie Rapperinnen, die im Stil ihrer sexistischen Kollegen fordern, dass Typen nicht nur einen *donkey dick,* sondern bitte auch einen Haufen Kohle haben sollten.

Der Psychotherapeut Raphael Bonelli sagt, dass jeden Tag Männer in seine Praxis kämen, die nicht mehr männlich sein wollten, während Frauen zunehmend dazu animiert würden, besonders *tough* zu sein, im Grunde würden die Geschlechter dazu ermuntert, einander zu imitieren.[152] Man sollte den Frauen das nicht vorwerfen, im Gegenteil, es handelt sich um Mechanismen, die tief in der Wachstumsideologie unseres kapitalistischen Wirtschaftssystems verwurzelt sind: Versagen ist keine Option. Und Schwäche zeigen auch nicht. Das wusste schon Friedrich Engels, als er 1884 prophezeite, dass die Frauenfrage sich mit der Beseitigung des Kapitalismus von allein lösen werde.

Aber noch ist es nicht so weit, noch sind Frauen im Beruf oft vor allem dann erfolgreich, wenn sie sich verhalten, wie es Männern vorgeworfen wird. Was bei Männern toxisch, ist dann auf einmal mutig, selbstbewusst, professionell: Vor ein paar Monaten schlug einer meiner Kollegen in der Konferenz ein Porträt von Marina Granovskaia, der Geschäftsführerin des FC Chelsea, vor. Auf Nachfrage der Chefredaktion, was so interessant an ihr sei, zählte er auf, dass sie extrem hart verhandle, sich unter keinen Umständen kleinkriegen lasse, immer ihren Willen durchsetze, kurz: eine moderne und faszinierende Frau sei.

Schade eigentlich, aber ich befürchte, dass unsere Welt nicht allein dadurch zu einem besseren Ort wird, dass alles, was früher von Männern erledigt wurde, auf einmal von Frauen übernommen wird. Ich glaube auch nicht, dass Macht in männlichen Händen immer schlecht und in weiblichen grundsätzlich gut ist. Ganz sicher gibt es nicht nur toxische Männlichkeit, sondern auch toxische Weiblichkeit, nicht nur männlichen, sondern auch weiblichen Machthunger, nicht nur Hahnen-, sondern auch Hennenkämpfe – beziehungsweise wird es sie geben, wenn Frauen tiefer in die spätkapitalistischen Zusammenhänge aus Macht, Kapital und Konkurrenz vorstoßen. Auch die Feministin Susan Arndt schreibt, dass Frauen nicht die besseren Menschen seien, ja dass es ein Irrglaube sei, dass Frauen per se gerechter, sozialer, friedliebender als Männer seien.[153] Dass auch

Frauen für Eitelkeiten und Hochstapelei anfällig sind, wissen wir spätestens, seitdem Franziska Giffey ihre Doktorarbeit und Annalena Baerbock ihren Lebenslauf aufgeblasen haben. Natürlich wurden sämtliche Fehlentscheidungen der letzten fünftausend Jahre von Männern getroffen, aber doch nur, weil Frauen nicht die Möglichkeit hatten, Nachbarstaaten anzugreifen, dreitausend Mitarbeiter zu entlassen oder mit Franz Josef Strauß auf Bärenjagd zu gehen, um danach ein paar Waffendeals abzuschließen.

Bei der Emmy-Verleihung im September 2021 sagte die Oscar-Preisträgerin Kate Winslet in ihrer Dankesrede, dass man gottlob in einer Zeit lebe, in der Frauen andere Frauen unterstützten. Abgesehen davon, dass ich finde, dass auch Männer Frauen und Frauen Männer und überhaupt Menschen andere Menschen unterstützen sollten, muss man abwarten, ob das so bleibt, wenn Frauen nicht mehr gemeinsam nach oben wollen, sondern oben sind und damit zwangsläufig: beneidet, gehasst, bekämpft werden – auch von Frauen. Sich gegenseitig unterstützen ist leichter, wenn man ein gemeinsames Ziel vor Augen hat. Hat man es erreicht, fangen die Probleme meist an.

Von der Oppositionsbank aus lässt sich herrlich rumnörgeln, aber wehe, man steht in der Verantwortung, dann könnte es so mancher Chefin wie in den Neunzigern den Grünen gehen, als ausgerechnet die Friedenspartei Kampfjets nach Jugoslawien entsandte. Nur weil die patriarchalische Gesellschaft überwunden werden muss, sollte im Nachhinein niemand aufzählen, was man alles besser gemacht hätte, wenn man nur gedurft hätte, weil Handlungen von gestern mit den Kategorien von heute zu bewerten nie zu brauchbaren Resultaten führt. Konstruktiver wäre es, wenn Frauen Männer dabei unterstützen würden, ihre Verlustgefühle zu bändigen, und Männer ihrerseits den Aufstieg der Frauen fördern, anschieben und wohlwollend, aber kritisch begleiten würden.

»Männer und Frauen«, sagt der Soziologe Christoph Kucklick, »nutzen Gelegenheiten, suchen ihren Vorteil, sichern ihre Macht, streben nach Reichtum und booten andere aus, unterstützen oder traktieren einander.«[154] Zum Beispiel betreiben viele Frauen ein lukratives Geschäft mit der Einsamkeit argloser Männer, indem sie ihnen auf digitalen Flirtportalen als professionelle Chatschreiberinnen das Geld aus der Tasche ziehen. Es gibt sogar eine Berufsbezeichnung dafür: IKM-Schreiberin. Eine von ihnen, Christine D., erklärt: »Der Mann sieht ja nur das Profil und meint, er schreibt mit Vanessa, die 22 ist. Natürlich mit schönem Foto. Aber die Vanessa gibt es nicht. In Wirklichkeit schreibt er von 18 bis 22 Uhr mit mir. Ich bin jetzt 55. Ab 22 Uhr übernimmt dann eine Kollegin, die ist 69.«[155]

Werden Frauen die Sphäre der Macht oder wird die Sphäre der Macht die Frauen verändern? Werden sie schaffen, woran so viele Männer gescheitert sind, nämlich unser System zu verbessern, statt persönlich von ihm profitieren zu wollen? Im Moment werden allzu oft männliche Privilegien ins Visier genommen, nicht aber die Nachteile, die Männer (trotz und wegen dieser Privilegien) hatten. Und wenn Frauen zu Recht verkünden, dass sie endlich auch so arbeiten wollen wie Männer, vergessen sie bisweilen den Preis, der für Macht nun mal zu zahlen ist: Stress, Druck, Einsamkeit, nicht zuletzt der Verlust von Freiheit. Dazu kommt, dass man sich meist jahrelang erniedrigen muss, um endlich auch mal andere erniedrigen zu dürfen. Ich kenne mehrere Frauen, die lange dafür gekämpft haben, auf einem Chefsessel zu sitzen, und sich zwei Jahre später freiwillig zurückstufen ließen. »Hat keinen Spaß gemacht«, sagen sie. Oder: »Ich konnte nicht mehr mit meinen Kindern zu Abend essen.« Oder: »War mir zu stressig.« Ich glaube, dass beides stimmt: Einerseits haben Frauen oft falsche, zu idealistische Vorstellungen von Macht. Andererseits werden in einer männlich dominierten Hierarchie an Frauen und Männer immer noch sehr unterschiedliche Maßstäbe angelegt, was man schon daran sieht, dass sich erfolgreiche Frauen immer noch Komplimente anhören müssen wie »Wir brauchen mehr Mädels wie dich!« oder »Wirklich toll, wie du trotz Kindern deinen Job hinkriegst«.

Die gute Nachricht: Schon bald werden viele Frauen Gelegenheit haben, Männern vorzumachen, wie man ein Land noch besser regieren und ein Unternehmen noch besser leiten kann. Bis 1987 lag der Frauenanteil im Bundestag bei 6 bis 10, heute liegt er bei 35 Prozent. Fast jedes Jahr gibt es mehr weibliche Vorstände und Aufsichtsräte, und man kann davon ausgehen, dass es so weitergehen wird. Es wäre schön, wenn es ihnen gelänge, sich der »institutionalisierten Asozialität« (Stephan Lessenich) unseres Systems mit all seinen Zumutungen zu entziehen, der Herrschaft des Geldes, der Manipulation unserer Wünsche, dem permanenten Wechsel zwischen Begehren und Frustration, kurz: dass es ihnen gelingt, nicht so werden zu müssen, wie Männer jahrhundertelang waren.

+++

Die Emanzipation schleiche »wie eine Schnecke auf Glatteis«, hat Willy Brandt mal gesagt. In den letzten Jahren hat sie ordentlich Fahrt aufgenommen. Die Folge war eine Erweiterung der Weiblichkeit nach außen: Frauen drängen in Vorstände und Ministerien, leiten Firmen, Redaktionen und Theater. Was nun folgen muss, ist eine Erweiterung der Männlichkeit nach innen, bei der sich Männer aus dem Korsett traditioneller Rollenbilder befreien und erkennen, dass sie durch den Aufstieg der Frauen nicht nur Privilegien verlieren, sondern Freiheit gewinnen, dass ihr Leben gelassener und gesünder werden kann, wenn sich die neuen Machtverhältnisse erst mal eingependelt haben.

Statt rund um die Uhr zu arbeiten (und damit zu prahlen), könnten sie mehr Zeit mit ihren Kindern verbringen, eine Auszeit in Portugal oder einen Töpferkurs machen. Sie könnten schon am Vormittag spazieren gehen oder im Zoo den Affen zuschauen, heiraten oder alleine bleiben, Kinder kriegen oder auch nicht, und alles, ohne sich rechtfertigen zu müssen. Sie könnten entscheiden, wer sie sein, wie sie leben und wie hart sie arbeiten wollen, könnten ihre Ängste und Zwänge mitsamt der Selbsttäuschung, sie seien der Mittelpunkt der Welt, über Bord werfen. Sie könnten morgens länger schlafen, Staudensellerie anpflanzen oder am Dienstagnachmittag ins Schwimmbad gehen, könnten weniger kompensieren, verheimlichen, vertuschen und stattdessen: bewusster empfinden, intensiver wahrnehmen, selbstbestimmter leben. Sie könnten freier sein als ihre Väter und Großväter, ihre Idee von Leistung überdenken, absurde sexuelle Orientierungen leben und den kulturellen Wandel mitgestalten, statt sich permanent bedroht zu fühlen. Kurz: Sie könnten aufhören, sich im Kampf um Geld, Macht und Frauen zu wähnen, und offene, furchtlose Menschen werden – Selbstzähmung im Sinne von: zivilisierter werden.

2019 untersuchte die Indiana University in einer Studie mit 20 000 Teilnehmern die psychischen Folgen toxischer Männlichkeit – und zwar nicht für Frauen, sondern Männer. In Ermangelung einer verbindlichen Definition von toxischer Männlichkeit einigte man sich auf elf typische Verhaltensweisen, die stellvertretend für ein traditionelles Männerbild stehen sollten, zum Beispiel Selbstbeherrschung, Risikobereitschaft und Dominanz. Das Resultat: Männer, die dem traditionellen Rollenbild entsprachen, litten häufiger unter psychischen Problemen, nahmen aber seltener Hilfe in Anspruch. Letztlich erwiesen sich alle typisch männlichen Verhaltensweisen von sexueller Promiskuität bis Machtausübung als gesundheitsschädlich.[156] Anders ausgedrückt: Männer, die Frauen auf Augenhöhe begegnen, Frühlingssalate anrichten, Hemden bügeln und Ausflüge mit der Familie machen, haben nicht nur glücklichere und gesündere Kinder, sie haben auch eine glücklichere und gesündere Frau und sind selbst glücklicher und gesünder, trinken weniger Alkohol, rauchen weniger, haben öfter Sex.

Das Problem ist, dass viele Männer so selbstverständlich Hierarchien bilden, dass ihnen alternative Lebensweisen selbst dann nicht in den Sinn kommen, wenn sie die Schlusslichter der Hierarchie sind.[157] Viele Männer schaffen es nicht, die neuen Wahlmöglichkeiten als befreiend zu empfinden. Sie haben sich so sehr in das Bild des gequälten Helden verliebt, dass sie es nicht hinter sich lassen können, ohne sich verloren zu fühlen. Es ist ihnen zu einer Rüstung geworden, einer Identität, die ihnen in tausend Filmklassikern des 20. Jahrhunderts schmackhaft gemacht wurde, in denen genau dieser Männertyp verherrlicht oder interessant gefunden wird.

Gerade weil Männern heute viele widersprüchliche Rollen zur Verfügung stehen, weil sie heute zart und morgen hart sein können, wächst der Druck, alles auf einmal sein zu müssen: cooler Daddy, trainierter Sportler, feuriger Liebhaber, ehrgeiziger Performer und feinfühliger Lebenspartner. Viele suchen nach ihrer Identität und wollen überhaupt kein Macho oder Macher mehr sein, aber die passende Rolle, die richtige Mischung finden sie irgendwie auch nicht. »Einige suchen Erlösung darin, sich selbst eine neue Identität zuzuschreiben«, schreibt der Psychiater Jan Kalbitzer. »Indem sie bis zur Erschöpfung versuchen, ihren Status zu kompensieren und neben einer klassischen beruflichen Karriere auch noch ein perfekter Vater und Partner sein wollen – um dann an ihren Ansprüchen zu scheitern.«[158]

+++

Vor zehn Jahren traf ich den Schriftsteller Wilhelm Genazino für ein Interview. Wir verabredeten uns in seiner Dreizimmerwohnung in Frankfurt am Main, ich war aufgeregt, Genazino gehörte seit Jahren zu meinen Lieblingsschriftstellern. Seine Romane tragen so deprimierende Titel wie *Kein Geld, keine Uhr, keine Mütze* oder *Mittelmäßiges Heimweh*, praktisch alle handeln von gehemmten Männern, die weder mit Frauen noch mit ihrer Arbeit und erst recht nicht mit der Wirklichkeit zurechtkommen, unbedeutende Angestellte, verlorene Fremdlinge, hilflose Träumer, die sich vergessen oder überflüssig fühlen, als führten sie ein falsches Leben zur falschen Zeit am falschen Ort.

Genazino ist vor drei Jahren gestorben. Er war ein leiser und zurückhaltender Mensch, sehr höflich, mit einer melancholischen Aura. Er erinnerte mich an eine alte Schildkröte, die viel gefühlt und erlebt hat, viel mehr als die Menschen um sie herum. Ich weiß noch, wie schrecklich gewöhnlich ich mir neben ihm vorkam. Der typische Genazino-Stil geht so: »Ich höre jetzt nur noch das Wehklagen meiner ratlosen Seele. Sie möchte gern etwas erleben, was ihrer Zartheit entspricht, und nicht immerzu dem Zwangsabonnement der Wirklichkeit ausgeliefert sein.«[159] Alles, was er an diesem Tag sagte, konnte ich nachvollziehen, ohne dass ich es selbst formulieren hätte können. Eine Passage geht mir bis heute nicht aus dem Kopf, ich habe sie extra noch mal nachgeschlagen, weil ich nicht fassen konnte, dass er das tatsächlich gesagt hat:

»Ich beobachte jeden Tag [Frauen], wie sie mit Businesskostüm im Café sitzen und über Dinge reden, die nicht zu ihnen passen – ein schauderhafter Moment, weil man abgesehen vom Klang der Stimme nicht mehr merkt, ob ein Mann oder eine Frau spricht. Die Businesswelt, der Kampf um Anerkennung – das sind antrainierte Verhaltensweisen, die nicht zu einem weiblichen Wesen passen. Frauen sind nicht dazu gebaut, außer dem sowieso nötigen Kampf mit dem Tag noch den Kampf mit dem Aufstieg zu absolvieren. Mir tun diese Frauen leid. Sie sind Opfer einer Poli-

tik, die ihnen seit Jahren erfolgreich einredet, dass sie einen anstrengenden Job brauchen, um sich selbst verwirklichen zu können.«[160]

Man kann es sich nicht mehr vorstellen, aber ich bekam damals keinen einzigen Leserbrief, keine Mail, keinen Anruf, alles blieb ruhig, niemand schien sich über Genazinos These aufzuregen, sie wurde einfach so registriert und wieder vergessen. Fünf Jahre danach stolperte ich über ein Fernsehinterview aus dem Jahr 1964, in dem ausgerechnet die große Apologetin der Freiheit Hannah Arendt eine ganz ähnliche These aufstellt: »Es gibt bestimmte Beschäftigungen, die sich für Frauen nicht schicken, die ihnen nicht stehen«, deswegen solle eine Frau gar nicht erst versuchen, in eine Führungsposition zu kommen, wenn ihr daran liege, ihre weiblichen Qualitäten zu erhalten. Man kann sich das Video auf YouTube ansehen. In den Kommentaren ist von einer »wahren Intellektuellen« und »faszinierenden Frau« die Rede. Auch hier: kein Shitstorm, kein Aufschrei, keine Kritik. Natürlich muss man Arendts Aussage aus ihrer Zeit heraus verstehen, trotzdem ist es interessant, wie geschmeidig auch Genazinos Behauptung vor gar nicht so langer Zeit durchs Raster der Netzaktivisten flutschen konnte.

Was aber könnten die beiden gemeint haben? Welche Vorbehalte könnten sich hinter den vermeintlich diskriminierenden Sätzen zweier Menschen verbergen, die – da bin ich mir sicher – nicht frauenfeindlich, sondern liberal und aufgeschlossen waren. Gelandet bin ich bei einem sonderbaren Mitleid, das auch mich befällt, wenn ich Menschen beobachte, die sich vollständig dem Kampf um Macht und Anerkennung verschrieben haben. Menschen, die in der Lufthansa-Morgenmaschine gleich mal den Ellbogen auf die Armlehne stützen, damit es der Sitznachbar nicht tut, und anschließend mit großem Ernst Zahlenkolonnen anstarren. Ich weiß nie, ob ich lachen oder weinen soll, wenn ich sehe, wie die Businesstypen mit ihren wasserfesten Laptop-Taschen bei einem Warsteiner in der Flughafenlounge zusammensitzen und nicht so recht wissen, worüber sie nun, da alles Wichtige getan ist, eigentlich plaudern könnten.

Es ist diese Sphäre, in die Frauen nun vorstoßen, in Businesskostümen und halbhohen Schuhen, weil flache nicht elegant und High Heels nicht bequem genug sind. Ich gönne es ihnen, ich gönne es ihnen von Herzen, wenn sie solche Sehnsucht danach verspüren, aber ich konnte den Spaß an Kickoff-Meetings, Digitalstrategien und Ziel- und Konfliktgesprächen in freundlich gestalteten Räumen mit bunten Stühlen nie nachvollziehen. Was soll reizvoll daran sein, möglichst vielen Menschen sagen zu dürfen, was sie tun oder lassen sollen, und alle zwei Minuten auf sein Handy zu starren, weil »was Wichtiges« reinkommen könnte?

Manchmal frage ich mich, wer eigentlich den Befehl ausgegeben hat, dass der gestresste, vernetzte, erschöpfte Mensch, der sich zwischen zwei Meetings einen Automatenkaffee runterlässt, das Ideal unserer Zeit ist, ja dass Arbeit »den Rang einer säkularen Religion« (Nils Minkmar) innehat, in der der Glaube vorherrscht, dass allein der arbeitende Mensch glücklich sein kann. Ralf Bönt schreibt dazu: Im Moment tue man so, als ob Kinder und Küche nur Last und nie Lust seien und als ob man nur im Büro, in der Werkstatt, in einer Talkshow oder allein auf der Autobahn glücklich sein könne.[161] Früher oder später stecken die meisten Karrieristen in einer Spirale, in der sie viel arbeiten und viel verdienen, damit sie viel konsumieren und viel herzeigen können, um ein paar lächerliche Jahre später auf dem Bett eines Pflegeheims zu liegen und immer wieder den gleichen Satz zu denken: Hätte ich doch weniger gearbeitet, hätte ich doch mehr Zeit in der Natur, mit meinen Kindern, meinen Eltern, meinen Freunden verbracht.

Man stelle sich eine Welt vor, in der Menschen permanent gezwungen wären, Meetings zu leiten, Tortendiagramme zu erläutern und wöchentlich zwischen Berlin und Düsseldorf hin- und herzufliegen. Könnte es nicht sein, dass einige recht bald davon träumten, mit ihren Kindern ein Puzzle zu legen oder nachmittags eine Apfeltarte zu backen? Dass sie einen Tag im Büro anstrengender fänden als einen Tag mit der Familie? Und ja, das ist natürlich übertrieben, polemisch und nicht ganz ernst gemeint. Natürlich sind die meisten Menschen gezwungen zu arbeiten, weil sie sonst nicht über die Runden kämen, natürlich stiftet Arbeit Identität, kann zufrieden, ja glücklich machen, natürlich muss es Menschen geben, die Lust auf Druck, Erfolg, Verantwortung haben, aber manchmal hat man schon den Eindruck, dass einige regelrecht ins Büro flüchten, weil ein paar Mails zu schreiben am Ende entspannender ist, als sich acht Stunden mit den eigenen Kindern zu beschäftigen. Es ist mindestens irritierend, dass so viele Menschen mehr Glück aus einem überquellenden E-Mail-Postfach ziehen als, na ja, sagen wir: aus menschlicher Nähe. Dass sie sich im Job frei und selbstbestimmt und inmitten ihrer Liebsten: unfrei und gegängelt fühlen.

Das alles wäre akzeptabel, wenn die Familie nicht gleichzeitig zur »Kleinstfirma umgewidmet würde, die nach betriebswirtschaftlichen Gesichtspunkten organisiert wird und zuallererst effizient zu sein hat«, in der jedes Mitglied der Chef sein will, und Partner mehr miteinander konkurrieren, als sich zu unterstützen.[162] Und wenn Frauen, die sich gegen einen Vollzeitjob entscheiden, nicht gleichzeitig ein schlechtes Gewissen eingeredet würde, als wären sie unterdrückte Spielbälle des Patriarchats, wo doch offensichtlich ist, dass sich im Büro wie zu Hause Erfahrungen machen lassen, die einem anderweitig verwehrt oder erspart blieben.

Die frühere Bundesfamilienministerin Kristina Schröder hat mal gesagt, dass sie Männer keineswegs für privilegierter halte, nur weil sie mächtiger, wohlhabender und beruflich erfolgreicher seien. Sie finde auch nicht, dass Männer grundsätzlich das bessere Leben führten: Männer machten häufiger

Karriere, dafür verbrächten Frauen mehr Zeit mit ihren Kindern. Frauen verdienten weniger, dafür stürben Männer häufiger im Job. Mütter würden im Fall einer Scheidung oft mit der Erziehung alleingelassen, dafür werde getrennten Vätern oft der Umgang mit ihren Kindern verweigert. Männer bekämen mehr Nobelpreise, dafür landeten sie mit größerer Wahrscheinlichkeit unter einer Brücke. Welches das bessere Leben sei, lasse sich nur anhand von Wertmaßstäben beantworten: Klar lägen Männer vorne, wenn es um beruflichen Erfolg gehe, dafür könnten die Frauen intensiver »menschliche Nähe« leben.[163]

Natürlich wird Gleichberechtigung nicht von allein passieren. Um das Ziel einer menschlicheren und gerechteren Arbeitswelt zu erreichen, bin ich für mutige Politik, für pragmatische Entscheidungen statt wolkiger Wunschlisten, von mir aus auch Quoten (obwohl sie diskriminierend sind), aber bitte richtig verstanden, also Bevorzugung der Frau bei gleicher (!) Qualifikation. Ich bin für einen Gerechtigkeitsfeminismus mit denselben Rechten, Pflichten und Chancen für alle, aber gegen ideologische Scharmützel und Dior-T-Shirts, auf denen »We should all be feminists« steht. Es geht nicht darum, unser System weiblicher, sondern menschlicher zu machen, und das wird nicht gelingen, wenn feministische Ideale zur absoluten Ideologie oder von Unternehmen gekapert werden, um sich ein zeitgemäßes Image zu verpassen. Politische Ideale dürfen nicht zur Ware werden, weil die kapitalistisch grundierte Unterdrückung von Frauen dadurch nicht beseitigt, sondern forciert wird. Und deshalb wünsche ich mir, was ich neulich so auch in der *Zeit* gelesen habe: dass es weniger um Kränkungen als Interessen, weniger um Anerkennung durch populistische Zugeständnisse, sondern durch bessere Bezahlung und Belohnung gehen sollte.[164]

Ungefähr zu der Zeit, als sich Joe Biden und Kamala Harris zusammentaten, um Donald Trump aus dem Oval Office zu verjagen, schrieb Jana Hensel in der *Zeit:* »Diese Wahrheit mag nicht allen gefallen, aber im Moment brauchen Frauen und Minderheiten alte weiße Männer noch, damit sich ihnen lange verschlossene Türen zu öffnen beginnen. So wie alte weiße Männer ihnen die Tür zu öffnen nahezu gezwungen sind. Nur so werden sie sich eines Tages nicht mehr als alte weiße Männer bezeichnen oder mitunter gar beschimpfen lassen müssen. Nur so wird sich die Frage, wer hier eigentlich wem mehr hilft, zukünftig gar nicht mehr stellen.«[165]

STAR WARS

»Ich rede dahin, wie ich immer geredet habe,
denn ich möchte mich selbst noch gerne reden hören.«
Gerhard Polt

Ich habe nachgedacht. Wenn ich davon überzeugt wäre, dass ich das Leben auch nur eines Menschen besser machen könnte, indem ich komisch schreibe oder spreche, ich schwöre, ich würde es tun. Ich würde gendern, was das Zeug hält, mit Begeisterung den Glottisschlag einsetzen, Sternchen, Unterstriche, Binnen-I, Doppelpunkte, das volle Programm. Schönheit, Ästhetik, Tradition, wäre mir alles egal – allein, ich glaube nicht daran.

Kann Sprache kränken? Natürlich. Fast nichts kränkt direkter. Sprache kann verunsichern, beleidigen und vernichten. Wer es nicht glaubt, kann ja mal Hengameh Yaghoobifarah oder Dieter Nuhr fragen, wie es ist, wenn jeden Morgen Beschimpfungen im Postfach auf einen warten. Wer sich äußert, hat eine Verantwortung gegenüber denen, die zuhören. Das gilt nicht nur für Menschen auf einer Bühne, das gilt auch für Leute, die von der Badewanne aus Gemeinheiten twittern. In den sozialen Netzwerken kommen viele dieser Verantwortung eher nicht nach. Die Menschen sind gehässiger geworden, weil sie mehr Gelegenheiten haben, gehässig zu sein – ohne dem

Gegenüber ins Gesicht schauen zu müssen. Viele halten das für demokratisch, man kann es aber auch feige finden.

Im Moment sind viele, und wieder sind es vor allem Männer, davon gekränkt, dass Teile der Gesellschaft unsere Sprache so diskriminierungsfrei wie möglich machen wollen. Seit Jahren wird erbittert über das Gendern gestritten, ein Sprachkrieg ist ausgebrochen. Kaum ein Politiker, Künstler oder Schriftsteller, der sich nicht schon dazu geäußert hat, und hätte uns nicht eine weltweite Pandemie in Atem gehalten, man hätte den Eindruck bekommen können, sämtliche Kriege, Hungersnöte und Systemmängel seien bereits behoben, selbst im Bundestagswahlkampf spielte das Thema Gendern eine Rolle. Die einen fordern: Wir müssen sensibler sprechen, damit sich möglichst viele gemeint fühlen können, auch Frauen, Trans- und non-binäre Menschen. Für sie ist das generische Maskulinum nichts anderes als ein patriarchalisches Machtwerkzeug. Die anderen halten dagegen: Sprache ist eine Konvention, die funktionieren muss und nicht moralisch überfrachtet werden darf. Sie erkennen an, dass Sprache das Bewusstsein und die Gesellschaft prägt, auch sie beenden Mails nicht mehr mit »Euer Wohlgeboren ergebenster Freund und Diener«, trotzdem stört sie der Zwangscharakter, dass ihnen also vorgeschrieben werden soll, wie sie zu sprechen haben. Sie fühlen sich ideologisch bevormundet, als wären sie Nordkoreaner, die fürs Staatsfernsehen klatschen müssen, obwohl die Heizung nicht funktioniert und das Internet auch nicht.

Ich habe lange überlegt, ob ich dieses Kapitel schreiben soll, weil schon so viele kluge Menschen so viel Gescheites dazu gesagt haben. Aber die Debatte geht nicht mehr weg, obwohl wir Dringenderes zu besprechen hätten. Und deswegen möchte ich wenigstens mithelfen, dass wir weniger aneinander vorbeireden, ja dass wir es vielleicht sogar schaffen, weniger unerbittlich darüber zu streiten und den »Teufelskreis der wechselseitigen Totalabwertung« (Bernhard Pörksen und Friedemann Schulz von Thun) zu durchbrechen.

Neulich habe ich gelesen, dass feministische Sprachkritik in der Mitte der Gesellschaft angekommen sei. Ich glaube nicht, dass das stimmt. Ich glaube, dass sie in der Mitte des Milieus angekommen ist, das sich für die Mitte der Gesellschaft hält: Medienleute, Uni-Menschen, Twitter-Lichtgestalten. Die meisten anderen sind ahnungslos oder überfordert, einige kriegen die Debatte gar nicht mit, ältere Menschen, Landeier, Migranten und Analphabeten. Das macht sie nicht zu schlechteren Menschen und die Gender-Debatte nicht unwichtig, ich wollte es nur erwähnt haben.

In einer Umfrage gaben nur 24 Prozent an, den Begriff »Cancel Culture« schon mal gehört zu haben. Auf Nachfrage, was der Begriff bedeute, konnten gerade mal 11 Prozent Angaben machen, die nicht offensichtlich falsch waren.[166] Wer über Eingriffe in unsere Sprache nachdenkt, sollte diese Menschen nicht übergehen, weil sie keine Ausnahme, sondern die Regel sind. Unser Land ist nicht so, wie es sich ein paar Power-Influencer vorstellen, die meisten Deutschen leben in Städten wie Salzgitter oder Wuppertal, haben kein Hellofresh- oder Netflix-Abo, Millionen von ihnen sind unsicher in Wort und Schrift. Und deswegen hat der Kritiker Edo Reents nicht ganz unrecht, wenn er schreibt: »In einer Einwanderungsgesellschaft, in der Spracherwerb ein Schlüssel zu gesellschaftlicher Integration und beruflicher Qualifikation ist, wirkt diese Form der Sprachpolitik ausgrenzend.« Man solle nicht ganz vergessen, darauf zu achten, was praktikabel, unnötig kompliziert und unzumutbar sei.[167]

Zum Glück gibt es Meinungsforschungsinstitute: Zwar variieren die Umfragen, aber in einem Punkt sind sie sich einig: Es sind mehr Menschen gegen gegenderte Sprache als dafür. Je nach Institut liegt die Zahl der Befürworter zwischen 20 und 35 Prozent, die der Gegner zwischen 55 und 70 Prozent. Bei Frauen fällt die Zustimmung bis zu zehn Prozentpunkte höher aus, aber auch sie sprechen sich in der Mehrheit gegen das Gendern aus.[168] In einer Allensbach-

Umfrage lehnten es 71 Prozent der Befragten ab, neben der männlichen auch die weibliche Form zu benutzen, in einer *Spiegel*-Umfrage plädierte die Mehrheit sogar für ein Verbot von Gender-Sprache für Behörden.[169]

Natürlich ist es nicht überzeugend, mit Mehrheiten zu argumentieren, wenn es darum geht, unartikulierte Minderheiten sichtbar zu machen. Natürlich sollte Sprache niemanden diskriminieren, aber halt auch praktikabel, verständlich, alltagstauglich, unter Umständen sogar schön oder elegant sein. Der *Zeit*-Kolumnist Harald Martenstein schreibt: »Sprache ist ein Alltagswerkzeug, die Menschen tendieren deshalb dazu, sie zu vereinfachen, sie sagen sogar lieber ›Perso‹ statt ›Personalausweis‹. Komplizierende, ideologisch begründete Sprachregeln sind immer Elitenprojekte und beim gemeinen Volk unbeliebt.«[170] Wer ein sinnliches Vergnügen an Sprache empfindet, muss gegenderter Sprache fast automatisch skeptisch gegenüberstehen, zumindest wird er oder sie Probleme haben, die geforderten Regeln widerspruchslos durchzuwinken, weil Sprache neben moralischer Korrektheit halt auch anderen Ansprüchen genügen sollte. Im Grunde handelt es sich um ein klassisches Dilemma, in dem ich beide Seiten verstehen kann, mich aber trotzdem entscheiden muss.

Das Thema ist heikel. Wer sich kritisch äußert, wird schnell in eine finstere Ecke geschoben, und wer in Büromails »Liebe Kollegen« und nicht »Liebe Kolleginnen und Kollegen« schreibt, über den wird, wenn er nicht gerade für die AfD arbeitet, in der Teeküche eher nicht so nett gesprochen. »Wer gendert, ist lieb und links«, sagt die Linguistin Ewa Trutkowski.[171] Was sie meint: Wer nicht gendert, ist böse und rechts, ein Bremsklotz des gesellschaftlichen Fortschritts, nach dem Motto: Zeig mir, wie du sprichst, und ich sage dir, ob du ein guter Mensch bist. Auch Sophie Passmann twittert: »Vielleicht ist gendergerechte Sprache auch gar nicht so kompliziert, vielleicht bist Du einfach sehr, sehr dumm.« Wer angesichts dieser Logik sprachliches Jakobinertum erkennt, übertreibt natürlich, aber überzeugend widersprechen könnte ich auch nicht. Im Moment scheinen einige, die unsere Sprache einer Totalrevision unterziehen wollen, die Wirklichkeit aus den Augen verloren zu haben, um es sich im moralischen Ideenhimmel bequem zu machen. Es ist ein bisschen wie mit dem dritten Geschlecht: Es ist wunderbar, dass trans- und intersexuelle Personen heute so viel Unterstützung erfahren, aber man sollte gelegentlich daran denken, dass sich die allermeisten Menschen eindeutig als Frau oder Mann empfinden. Oder anders: Man sollte vor lauter Minderheiten die Mehrheit nicht vergessen.

Hans Magnus Enzensberger hat seine Poetik mal als »Verteidigung der Normalität« beschrieben – unter gleichzeitigem Verzicht auf ihre »Anbetung«. Das scheint mir ein gangbarer Weg zu sein. Auf der anderen Seite gibt es Männer, die unablässig betonen, dass sie nie im Leben gendern würden, zwischendurch erklären sie warum, obwohl sie kein Mensch darum gebeten hat. Ich finde diese Männer nicht sympathisch, meistens handelt es sich um Wichtigtuer, die ein Achtzig-Seiten-Protestbüchlein verkaufen wollen. Trotzdem geht es zu weit, wenn sie von anderen Wichtigtuern als AfD-kompatible Rechtsausleger gebrandmarkt werden, weil sie eine konsequente Verrenkung wie »Bürger*innen*meister*inwahl« unverhältnismäßig finden.

Wer sich der Revision von Sprache verweigere, schreibt der Politikwissenschaftler Wolfgang Merkel, werde im Moment aus dem »progressiven Lager« ausgeschlossen. »Symbolisches Abweisen des Außen festige die Identität im Inneren. Dazu gehören Sprache, Lebenswelt und Lebensstil. Damit vollzieht die kosmopolitisch-liberale Linke den Schritt ins Identitäre.«[172] Und Matthias Heitmann schreibt in der *Welt:* »Gesellschaftliche Veränderungen sollten nicht durch eine Vergrößerung individueller Gestaltungs- und Handlungsräume im Sinne einer wirklichen ›Emanzipation‹, sondern durch eine straffe Regulierung und Sanktionierung von oben bewerkstelligt werden. Wenn sich Entwicklungen und Verhaltensweisen nicht so einstellen wie von der ›aufgeklärten‹ Entscheidungselite gewünscht, so werden sie eben kurzerhand ›vorgeschrieben‹.«[173]

+++

Ich habe mal Literaturwissenschaften studiert. Es ist schon eine Weile her, aber an manche Vorlesungen kann ich mich gut erinnern: Ich weiß zum Beispiel noch, dass das generische Maskulinum sexus- und genderneutral ist, dass es Frauen also nicht mitmeint, sondern automatisch miteinschließt. Für mich bezieht sich ein generisches Maskulinum wie »Kollegen« oder »Bürger« ganz selbstverständlich auf alle Geschlechter und Identitäten, ehrlich gesagt müsste ich mich sogar anstrengen, bei »Ärztestreik«, »Lehrerzimmer« oder »Bürgerrecht« ausschließlich an männliche Ärzte, Lehrer, Bürger zu denken.

Im Moment steht fast jeden Tag in der Zeitung, dass wieder mal jemand was umgestellt, neu definiert oder verboten hat: Die Duden-Reaktion hat in ihrem Online-Wörterbuch 12 000 Personenbezeichnungen geändert, fast jeden Tag setzt eine Behörde oder ein Konzern »ab sofort« auf gendergerechte Sprache, weil »Vorsprung im Kopf beginnt«, Anfang 2021 machte Audi seine »Audianer« zu »Audianer_innen«, ob aus Überzeugung oder strategischem Interesse, das wissen die Verantwortlichen vermutlich nicht mal selbst. Im *heute-journal* sagt Claus Kleber »Ministerpräsidentinnen und Ministerpräsidenten«, bei *Anne Will* verwenden Gäste den Glottisschlag, 2020 stoppte der Papst den Druck der deutschen Ausgabe seiner Enzyklika *Fratelli tutti,* um im Untertitel die »Brüderlichkeit« durch »Geschwisterlichkeit« zu ersetzen.

Ich arbeite bei einem linksliberalen Magazin, wohne im Münchner Glockenbachviertel und besuche eine kulturelle Veranstaltung nach der anderen. Ich bin umzingelt von Menschen, die sich links fühlen (oder tatsächlich sind). Zuletzt hat der Druck zugenommen. Manchmal bin ich bei einem Abendessen der Einzige, der immer noch schreibt, wie es ihm in der Grundschule beigebracht worden ist, und zwar nicht, weil ich ein Zeichen setzen, sondern ehrlich zu mir selbst sein möchte. Ich bin weder kindisch noch boshaft, sondern skeptisch, weil ich nicht daran glaube, dass eine korrektere Sprache eine bessere Wirklichkeit nach sich zieht, dass Frauen zum Beispiel weniger belästigt oder gezielter gefördert werden, nur weil wir Sternchen in Sätze malen. Auch wenn ich mich noch so sehr bemühe, ich kann im Gendern nicht die lang ersehnte Chance auf Geschlechtergerechtigkeit erkennen. Wenn ich ehrlich bin, erinnert mich die Debatte an die Stellvertreterkriege des 20. Jahrhunderts: Die USA und die Sowjetunion wollen sich nicht direkt angreifen, also einigen sie sich auf einen Drittstaat wie Korea oder Vietnam, um indirekt gegeneinander Krieg zu führen, selbstverständlich auf Kosten der einheimischen Bevölkerung. Ungefähr so kommt mir die Gender-Debatte vor: feige und mit etlichen Kollateralschäden verbunden. Statt mutige Politik für Frauen und Minderheiten zu wagen, reden wir ein bisschen komisch, dann fühlt es sich wenigstens so an, als bewegte sich was in die richtige Richtung, als wäre allein die Tatsache, dass Friedrich Merz sich darüber aufregt, schon ein Beleg dafür, dass es sich um eine glänzende Idee handeln muss. Das findet auch der Leiter des Literaturhauses Hamburg Rainer Moritz, wenn er schreibt: »Und wenn es mit der ausgewogenen Besetzung von Chefetagen oder Parlamenten und mit der Lohngerechtigkeit nur mühsam vorangeht, scheint die Sprache der ideale Tummelplatz für emanzipatorisch begründete Eingriffe.«[174] Im Moment entlasteten wir uns von der politischen Verantwortung, für gerechtere Verhältnisse zu sorgen, indem wir kompliziert schreiben und sprechen.

Natürlich basiert Sprache nicht auf einem unveränderbaren Regelwerk, natürlich ist Sprache etwas Organisches, das wächst und sich wandelt, trotzdem fehlt mir die Fantasie, wie sich sämtliche Geschlechteridentitäten diskriminierungsfrei abbilden ließen, ohne dass wir in einer Neuauflage der babylonischen Sprachverwirrung landen. Manche plädieren für geschlechtslose x-Formen wie »Bürgx«, aber das mag ich mir, *sorry,* nicht mal vorstellen. Es gibt Menschen, die mich deswegen für einen Reaktionär halten, was mindestens unpräzise, aber vor allem unfair ist. Dabei muss man sich nur ein paar Talkshows ansehen, um zu erkennen, wie selbst Menschen, die in den ersten Minuten lustvoll gendern, im Laufe der Sendung davon abkommen, weil sie es vergessen oder zu umständlich finden. Abgesehen davon finde ich, dass man sich, auch wenn weit und breit kein Sternchen zu sehen ist, souverän mitgemeint fühlen kann, also ich schaffe das, wenn Jan Böhmermann in seiner Late-Night-Show konsequent das generische Femininum verwendet.

Ich bin kein Sprachbewahrer, der für die Reinheit der deutschen Sprache kämpft, kein Tweed-Opa, der vorm Kamin Seneca im Original liest. Ich mag Jugendsprache, Anglizismen, Dialekte, schnelle, halb fertige, grammatisch fragwürdige Sätze, verehre nicht nur Martin Mosebach, sondern auch Helene Hegemann und die Rapperin Haiyti. Trotzdem weiß ich, dass Sprache immer auch ein Machtmittel ist, vor dem man sich in Acht nehmen muss, und zwar in beide Richtungen, weil beides, zu wenig Wandel und zu radikaler Wandel, unsere Freiheit gefährden kann. Weil rechts die reaktionäre Ideologie lauert, aber links die fortschrittliche, die so tut, als könnte man böse Dinge aus der Welt schaffen, wenn man sie nicht mehr benennen kann, was einer konstruktivistischen Sprachmagie gleichkommt.

Ein Beispiel: In dem ansonsten lesenswerten Buch *Sexismus* von Susan Arndt gibt es eine Stelle, die mich derart ratlos zurückgelassen hat, dass ich mich bis heute frage, ob ich vielleicht die Pointe übersehen habe: Es geht darum, dass man das Wort »Bikini« nicht mehr verwenden solle, weil es sich erstens vom Begriff »Pikinni« ableite, was so viel wie »Land der Kokosnüsse« bedeute, und zweitens auf das Bikini-Atoll der Marshallinseln beziehe, auf dem die USA 1946 Atomwaffentests durchgeführt hätten. Am Ende resümiert die Autorin: Wer vom Triangel-Bikini spreche, handle sexistisch und mache sich mehrfach schuldig, weil er nicht nur die Atombombenabwürfe auf Hiroshima und Nagasaki sowie die verheerenden Auswirkungen der Atombombentests auf die Menschen um das Bikini-Atoll verharmlose, sondern auch in der Tradition von Kolonialfantasien westliche Imaginationen einer tropischen Insel bediene, die darauf warte, »vom *weißen* Mann erobert und besessen zu werden«, wobei die Kokosnüsse metaphorisch auf den Punkt brächten, dass Brüste im Zentrum stünden.[175]

+++

Ich habe gelesen, dass feministische Studentinnen in den Neunzigerjahren ein lautes »-Innen« in den Saal gerufen haben sollen, sobald ein Professor in einer Vorlesung eine männliche Form verwendet hat – erlebt habe ich es nie. Obwohl ich fünf Jahre lang Literaturwissenschaften studiert habe, hat mich kein Mensch darüber informiert, dass es so was wie »feministische Sprachkritik« überhaupt gibt. Ob es daran lag, dass meine Professoren ausnahmslos Männer in dunklen Anzügen waren (außer dem Nietzsche-Experten, der immer weiße Rollkragenpullover mit braunen Soßenflecken anhatte)?

Im Rückblick kommen mir die Neunziger nicht übermäßig gendersensibel vor. Ich kann mich jedenfalls nicht an Rücktrittsforderungen erinnern, als Bundeskanzler Gerhard Schröder das Ministerium für Familie, Senioren, Frauen und Jugend als »Ministerium für Familie und das ganze Gedöns« bezeichnet hat. Andere Dinge schienen den Menschen wichtiger, zum Beispiel Schlagerpartys, ein Videospiel, in dem man

Moorhühner jagen konnte, oder ein amerikanischer Präsident, der sich von einer Praktikantin einen hatte blasen lassen.

Tatsächlich waren bereits in den Siebzigern mehrere Bücher erschienen, die gegen sprachlichen Sexismus kämpften und die Abschaffung des generischen Maskulinums forderten. Die Linguistin Luise F. Pusch, die sich schon damals für eine diskriminierungsfreie Sprache einsetzte, sagt heute: »Das, was verstanden wird, wiegt schwerer als das, was ich meine.«[176] Es stimmt schon: Unnötige Verletzungen sollten unbedingt vermieden werden. Auf der anderen Seite: Wo landen wir, wenn wir jede eventuelle Diskriminierung sprachlich von vornherein ausschließen wollen? Wenn wir nicht mehr darauf vertrauen, dass Menschen Missverständnisse ausräumen können, indem sie miteinander sprechen? Wenn wir jede Großzügigkeit und Spontaneität im Umgang miteinander aufgeben, um maximal korrekt, aber eben auch maximal kontrolliert und leblos miteinander in Kontakt zu treten? Wenn wir mehr Wert darauf legen, Menschen sprachlich abzubilden, als ihre reale Position in der Gesellschaft zu verbessern? Im Übrigen hat Luise F. Pusch noch ganz andere Sachen gesagt, zum Beispiel: »Wir Frauen wissen nicht so genau, warum die Männer da sind. Ehrlich gesagt, haben wir uns diese Frage wohl auch kaum je gestellt. Sie sind halt da, und das ist schlimm genug.«[177]

Als ich zum ersten Mal einer Frau begegnete, die konsequent den Glottisschlag verwendete, war ich fassungslos, erst recht, weil wir nicht an einer Podiumsdiskussion teilnahmen, sondern in einer Bar rumstanden, abends um zehn, mit einem Drink in der Hand. Wir unterhielten uns über eine Ausstellung, sie sagte konsequent »Künstler*innen« und »Galerist*innen«, es klang komisch, befremdlich, umständlich, ich konnte mich überhaupt nicht auf unser Gespräch konzentrieren, weil ich ständig an den Film *Louis und seine außerirdischen Kohlköpfe* denken musste. Ich hielt sie für einen engagierten Einzelfall – und täuschte mich. In den

Monaten danach sprachen immer mehr Menschen wie sie, irgendwann begriff ich: Okay, anscheinend ist das jetzt so, zumindest im Kultur- und Medienmilieu. Und gerade als ich meinen Frieden mit der Sache gemacht hatte, wurde ich daran erinnert, dass so was ja Folgen hat: In einem Essay hatte ich »Wissenschaftler« geschrieben, mein Textchef machte »Wissenschaftlerinnen und Wissenschaftler« daraus. In den Wochen danach ging es weiter: Aus »Studenten« wurde »Studierende«, aus »Impfgegner und FDP-Wähler« wurde »Impfgegner und FDP-Wählerinnen«.

Ich schrieb eine Mail, erklärte, dass das grammatische Genus nichts mit dem biologischen Sexus zu tun habe, dass meine Texte niemanden diskriminieren, aber doch bitte eine Art Flow behalten sollten, aber es war nichts zu machen, als Mitarbeiter einer linksliberalen Zeitung gab ich schließlich nach. Trotzdem, sobald eine schöne Stelle ihren Rhythmus zu verlieren droht, kämpfe ich für das generische Maskulinum. Ich sage auch immer noch »Vater« und nicht »Ko-Elternteil« und schreibe »Gott« und nicht »Gott*«, wie es die Katholische Studierende Jugend vorschlägt, um zu verhindern, dass man sich Gott als weißen Mann mit Bart vorstellt, was ich zuletzt mit sieben gemacht habe. Inzwischen akzeptiere ich Doppelnennungen nicht nur, ich verwende sie sogar selbst, nicht immer, aber regelmäßig, vor allem beim Sprechen. Ich finde sie immer noch schwerfällig, kleinkariert, unnötig, möchte aber nicht kindischer sein als ein paar woke Netzmenschen. Also wechsle ich ab, je nach Textform, Situation und Gesprächspartner, und ich fühle mich nicht wohl dabei, aber mein Gott.

Trotzdem atme ich jedes Mal auf, wenn sich Intellektuelle oder Schriftsteller gegen gendergerechte Sprache aussprechen, weil ich mich dann verstanden fühle und das ja immer ein tröstliches Gefühl ist. Einer, der beim besten Willen kein Halbnazi ist, nämlich Gerhard Polt, sagt, dass er einfach nur im Einklang mit seiner Sprache leben wolle. Was ihn aufrege, sei das Anheischende, das Anmaßende, dass Menschen anderen Menschen vorschrieben, wie sie zu reden hätten, weil ihnen sonst ein Makel anhafte. Auch die 34-jährige (!) Schriftstellerin Nele Pollatschek bekennt, dass sie weder gendere noch gegendert werden wolle, weil sie es »sexistisch« finde, wenn das Geschlecht zur wichtigsten Identitätskategorie werde.[178] Der Regisseur Leander Haußmann findet die Diskussion um gendergerechte Sprache zwar richtig, gesteht aber, dass er »das Missionarische, aggressiv Belehrende des bereits Wissenden«, das sich natürlich auch in ihrer Sprache ausdrücke, mindestens als Missverständnis empfinde. Menschen wie er, die sich beim Plaudern nicht immer einen Kopf machten, ob jeder ihrer Sätze korrekt sei, hätten da ein Problem, und das Schmallippige, entsetzlich humorlos Wirkende der Wissenden könne in der Diskussion um eine gendergerechte Sprache dafür sorgen, dass der Spaß am Ende wirklich auf der Strecke bleibe.[179] Der Schriftsteller Matthias Politycki hat von Deutschland und der linksliberalen Hamburger Blase (vorläufig) Abschied genommen, um nach Wien zu ziehen. Seine Begründung: der Vormarsch der Intoleranz im Zeichen der Toleranz, die »Pervertierung linken Denkens«, die »Herrschaftsform einer Minderheit, die sich anmaßt, gegen den Willen der Mehrheitsgesellschaft die Welt nach ihrem Bilde neu zu erschaffen«.[180]

Fast schon wieder lustig wird es, wenn über Islamisten (»Islamist*innen«) und Tiere (»Braunbären sind zu 75 % Veganer:innen«) diskriminierungssensibel berichtet wird, oder wenn der Schriftsteller Linus Reichlin davon erzählt, wie er beim Korrekturlesen seines Romans in Bedrängnis geriet, als er sein Manuskript nach möglichen Sexismen durchleuchtete: »Dabei stellte ich fest, dass Selbstzensur ein sich selbst verstärkender Prozess mit Tendenz zur Kleinteiligkeit ist: Er wächst nicht vom Kleinen ins Große, sondern vom zunehmend Kleinen ins winzigste Detail.«

Einer seiner Helden sage an einer Stelle: »Meine Frau kocht

gern«, was er in »Meine Frau kocht nicht gern« geändert und somit zwar das Stereotyp beseitigt habe, aber eigentlich nur, um es durch ein noch perfideres zu ersetzen, weil die Leser nun denken könnten, der Autor wolle demonstrativ sein progressives Rollenbild demonstrieren, weil er eigentlich vom Gegenteil überzeugt sei, aber nicht den Mut habe, es auszusprechen. Er habe den Satz also noch mal geändert, diesmal in »Ob meine Frau gerne kocht oder nicht, weiß ich nicht, mir wäre beides recht«, irgendwann sei er nachts aufgestanden und habe den Satz gestrichen. Das Problem sei aber, resümiert Reichlin, dass man nicht offensichtlich patriarchale Sätze streiche. Solche zu schreiben habe man ja gar kein Bedürfnis. Man streiche, wovon man denke, es könne anderen missfallen, aber da man nicht sicher sein könne, ob man genau wisse, was ihnen missfalle, beginne man sich selbst zu misstrauen.[181] Das Resultat ist Kunst, die ihre Funktion verloren hat, weil sie allen gefallen will.

Ich möchte nicht ausschließen, dass ich in zwei oder fünf Jahren selbst gendere. Manchmal passiert es mir heute schon, dass jemand »Politiker« oder »Künstler« sagt und mir irgendwas fehlt, als wäre da eine Lücke, die geschlossen werden müsste. Wer weiß, wie die Dinge sich entwickeln? Vielleicht überzeugt mich jemand, vielleicht wird es per Gesetz verordnet, am Ende passiert immer, was man sich lange nicht vorstellen konnte, die deutsche Nationalmannschaft wird ja auch nicht mehr von Jogi Löw trainiert. Bis dahin kann von mir aus jeder reden, wie er möchte, solange ich einigermaßen erahnen kann, was gemeint ist. Trotzdem, finde ich, sollte man darüber nachdenken, ob die neuen Sprachideologen das übergeordnete Ziel einer gerechteren Gesellschaft vielleicht weniger fördern als verhindern, weil eine zu ideologische Identitätspolitik nun mal Gefahr läuft, »die notwendigen Durchsetzungs- und Verständigungsprozesse zu verkürzen und zu verengen«[182], wenn weite Teile der Gesellschaft sich von dem Thema abwenden oder sich dagegenstellen. Wenn ein Thema, von dem sich Millionen Menschen nicht gemeint fühlen, relevante sozialpolitische Themen zu verdrängen droht, wird es erst abgelehnt und schwächt sich am Ende selbst – wie folgender Tweet der Schriftstellerin Berit Glanz aus dem März 2021 beweist: »Ich denke, wenn wir Korrupt*ion so schreiben, dann gibt's bald mehr mediale Resonanz fürs Thema.«

Weil eine Welt ohne sprachliche Ausgrenzung in letzter Konsequenz wohl nicht möglich ist, sollten wir, statt unsere Sprache permanent nach Ausdrücken zu durchsuchen, die irgendjemanden verletzten könnten, lieber die Lebensverhältnisse der Menschen verbessern. Im Moment, schreibt Sahra Wagenknecht, bestehe die Gefahr, dass sich die Verhältnisse umso langsamer verbesserten, je stärker wir uns mit den persönlichen Einstellungen der Menschen herumschlügen. Es gehe eben nicht darum, Schamgefühle von Individuen abzuwenden, sondern darum, ihnen zu sozialen Positionen zu verhelfen, die ihnen selbstbewusstes Auftreten ermöglichten.[183]

Sprache ist ungerecht, diskriminierend, anarchisch, zauberhaft, ein echtes Kunstwerk, anders kann ich sie mir gar nicht vorstellen: *die* Amsel, *der* Specht, *das* Tier – wer soll das verstehen? Man kann diese Tatsache hinnehmen oder den prometheischen Versuch unternehmen, sie von sämtlichen Unreinheiten zu befreien. Am Ende wäre sie korrekt, aber reizlos, makellos, aber öde, sauber, aber tot.

DER NEUE MANN?

»Ich sehe nicht aus wie ein Gentleman –
ich benehme mich wie einer.«
Lemmy Kilmister

Die Serie *Monaco Franze – Der ewige Stenz* beginnt mit einer Szene für die Ewigkeit: Der Kriminalkommissar Franz Münchinger sitzt seiner Frau, der Antiquitätenhändlerin und Hobbymalerin Annette von Soettingen, in der gemeinsamen Wohnung Modell: Sie steht im rosafarbenen Morgenmantel vor der Staffelei, er hockt ihr gegenüber in Jeans und Lederjacke auf einem Stuhl. »Nicht bewegen, Franz«, ermahnt sie ihn, dann folgen weitere Anweisungen: »Weiter nach vorne lehnen«, »rechten Arm in die rechte Hüfte«, »linkes Bein übers rechte Bein«.

Er tut, was sie sagt, aber so schnell ist sie nicht zufrieden: »Lockerer, Franz, lässiger«, fordert sie ihn auf, »nicht so verkrampft, Franz, lächle ein bisschen.« Normal solle er schauen, so normal, wie er halt sei, irgendwann passt alles: »Nicht mehr bewegen«, ruft sie, »bleib so!« Es ist der Moment, in dem sich der Monaco Franze, dieser Stenz aus dem Münchner Westend, an die Zuschauer wendet: »Freilich bleib ich so«, raunt er in die Kamera, »ich kann ja gar nicht anders.« Ihn hätten schon viele ändern wollen, aber es gehe einfach nicht, er brauche nun mal das Abenteuer, das Unerwartete, das Überraschende, das spontane Erlebnis.

Die Szene dauert nur ein paar Sekunden, aber sie hat Filmgeschichte geschrieben und funktioniert bis heute: Man fühlt sich auf Anhieb verstanden von einem Mann, den es in Wahrheit nie gegeben hat: Es ist diese kindische Weigerung, erwachsen zu werden, dieser spielerische, suchende, romantische Gestus, der den Monaco Franze so liebenswert macht. Und es ist diese männliche Form sturer Gedankenlosigkeit, die heute nicht mal mehr mit Augenzwinkern durchgeht. Wer seine Fehler, Schwächen und nicht zuletzt sein fragwürdiges Frauenbild derart kultiviert, ist heute kein Stenz mehr, sondern nur noch ein hoffnungsloser Fall, ein notgeiler Fremdgeher und trauriger Trottel. Wahrscheinlich wird die Serie deswegen von so vielen Männern kultisch verehrt: Weil sie vorführt, dass es tatsächlich mal eine Zeit gegeben hat, in der man sich als Mann grandios danebenbenehmen konnte, ohne Konsequenzen fürchten zu müssen.

Ich gestehe: Auch mir spricht Franz Münchinger aus der Seele. Auch ich wollte lange noch ein bisschen weiterfeiern. Noch einen Drink nehmen. Noch einen Spruch raushauen. Noch einen Kuss abgreifen. Noch mal losziehen, mit heruntergekurbeltem Fenster durch die Nacht, und laut »Heroes« mitsingen. Noch mal ein paar Grenzen austesten. Noch mal aufs Ganze gehen und hoffen, dass man durchkommt, vielleicht mit einem blauen Auge, aber ohne größere Blessuren.

Im Gegensatz zum Monaco Franze habe ich begriffen, dass es Zeit ist, Abschied zu nehmen von einer fulminanten Epoche, die leider auch fulminant ungerecht war. Dass eine Ära zu Ende geht, nach der nichts mehr so sein wird, wie es war, und dass das ungewohnt, anstrengend und manchmal traurig, aber im Grunde okay und wahrscheinlich auch besser so ist: Die Könige haben die Kontrolle über ihr Herrschaftsgebiet verloren. Nun stehen sie ratlos in der Gegend herum und versuchen, Schritt zu halten mit einer Welt, die sich ganz anders entwickelt, als sie es sich vorgestellt haben – und sei es nur, dass die Buhlschaft im Salzburger *Jedermann* kurze Haare und wenig Busen hat.

Gemeinsam mit vielen anderen Männern habe auch ich mich in den letzten Jahren verändert. Manchmal bin ich noch unsicher oder zögerlich, aber allmählich kristallisiert sich heraus, wie ich mich als Mann zur Gegenwart verhalten will, welche Entwicklungen ich begrüße und welche ich eher kritisch sehe oder ablehne. Ich bin vorsichtiger geworden, nachdenklicher, gleichzeitig mutiger, wenn es darum geht, für Überzeugungen einzustehen, die mir wichtig sind. Ich denke nach, bevor ich den Mund aufmache, und es kommt immer wieder vor, dass ich das, was ich sagen wollte, für mich behalte, weil ich erkannt habe, dass es einen anderen Menschen verletzen könnte. Dazu beigetragen haben ein paar feministische Power-Twitterer, aber vor allem die Frau, die ich liebe. Sie ist als Mädchen von Saigon nach Deutschland gekommen und würde sich eher nicht als Feministin bezeichnen. Sie mag keine -Ismen, was wohl daran liegt, dass sie aus einem Land stammt, in dem die Regierung den Menschen vorschreibt, worüber man öffentlich sprechen darf. Trotzdem verändert sie mich jeden Tag allein dadurch, dass ich ihr zuschauen darf, wie sie das Kunststück vollbringt, elegant und zurückhaltend, aber auch mutig und mit einem großen Herzen durchs Leben zu gehen, und sich von niemandem etwas bieten lässt, von ihrem Chef nicht und von mir schon gar nicht.

Gerade geht es vielen Männern wie Harald Schmidt vor fünfzehn Jahren: Erst ist man der gefeierte Held – witzig, erfolgreich, im Rampenlicht –, und dann ändern sich die Zeiten, die Sitten, der Humor, und ehe man sichs versieht, ist man ein älterer Herr, von dem andere ältere Herren behaupten, dass er mal ein Großer war. Schmidt ist damals nicht schlechter, die Welt ist nur eine andere geworden. Auf einmal waren Polenwitze nicht mal mehr ironisch lustig, sondern diskriminierend. Und niemand interessierte sich für Shakespeare-Dramen mit Playmobil-Figuren, weil: Shakespeare, weil: Playmobil. Schmidt wurde aussortiert und hat seinen eigenen Untergang lustvoll aus der Halbdistanz kommentiert. Wer weiß, vielleicht geht es ihm heute besser als damals, vielleicht hat er seine neue Rolle nicht nur angenommen, sondern lieb gewonnen. Frei statt permanent auf Sendung, zufrieden in der zweiten Reihe statt gestresst an der Front – das könnte eine reizvolle Strategie für so manchen Mann sein.

Auf die Frage, ob er in seiner Karriere davon profitiert habe, dass er ein Mann sei, antwortete der frühere Deutsche-Bank-Chef Hilmar Kopper im Sommer 2021: »Nein! Ich sage das so impulsiv, aber ich habe darüber eigentlich noch nie nachgedacht.«[184] Das ist bewundernswert ehrlich, aber auch ein Beispiel dafür, wie man es auf keinen Fall machen sollte. Denn wenn wir unsere Gesellschaft weiterentwickeln wollen, werden Männer über genau diese Zusammenhänge nachdenken, Privilegien aufgeben, neue Perspektiven zulassen und ein Stück zur Seite treten müssen, damit sich auch andere Menschen entfalten können.

Damit ihnen das auch gelingt, sollten wir die pauschale Verachtung von älteren weißen Männern einstellen und sie ohne Bevormundung am Aufbau einer gerechteren Arbeitswelt beteiligen. Was auch hilfreich sein könnte: Wenn wir nicht *nur* über die Selbstermächtigung von Frauen, sondern auch über die komplizierten Ablöse- und Selbstfindungsprozesse von Männern sprächen, wenn wir also mehrere Perspektiven gemeinsam dächten, ohne sie gegeneinander in Stellung zu bringen. Die frühere Bundesfamilienministerin Kristina Schröder hat mal von »gegenseitiger Unterstützung ohne anschließende Aufrechnung« gesprochen.

Gut wäre es auch, wenn Frauen bei allem berechtigten Engagement für die eigene Sache wenigstens ein bisschen Verständnis dafür hätten, dass es gar nicht so leicht ist, tradierte Rollenbilder hinter sich zu lassen, wenn man dabei von Ängsten, Erinnerungen und Phantomschmerzen heimgesucht wird. Kurz: Wenn Frauen die Männer kritisch, aber eher wohlwollend als schadenfreudig auf ihrer Abschiedstournee begleiten könnten – ein bisschen wie Annette von Soettingen ihren Monaco Franze: souverän, raffiniert und selbstironisch, immer auch in seine Fehler und Schwächen verliebt.

Manchmal bilde ich mir ein, dass wir früher alle zusammen freier und lässiger waren, nicht so gebremst und gegängelt, als hätte uns jemand ein Halfter angelegt, dass alles echter, unmittelbarer, irgendwie aufregender war. Aber vielleicht stimmt das gar nicht, und wenn doch, haben wahrscheinlich nur weiße Männer davon profitiert. Deshalb bin ich bereit für den Abschied von der männerdominierten Gesellschaft, ja ich freue mich sogar darauf, nachdem ich viel zu spät kapiert habe, wie ungerecht und ungesund viele Männer im 20. Jahrhundert gelebt, geliebt und gearbeitet haben. Trotzdem sollte man ihnen Zeit geben, sollte nicht zu hämisch mit ihnen ins Gericht gehen, weil Fehler zu verzeihen nicht nur barmherziger, sondern auch konstruktiver ist als permanente Verächtlichmachung. Das Problem ist erkannt, der Missstand offensichtlich, die nächsten Schritte liegen auf der Hand, nun müssen wir es hinkriegen, dass Männer und Frauen wieder Partner und keine Gegner mehr sind. Weil sonst gilt, was Stanisław Lem geschrieben hat: »Die Menschheit ist wie Passagiere auf der Titanic, die sich gegenseitig bekriegen, um noch mal kurz vor der Katastrophe das Steuer halten zu dürfen.«

Vor ein paar Jahren erschien in der *Zeit* ein Dossier über Männer als »das geschwächte Geschlecht«. Am Ende resümieren die beiden Autorinnen: »Es ist eine Verlockung für Frauen, angesichts dieses Rollentauschs zu triumphieren. Die alte Regel des Geschlechterkampfes lautet: Es gibt immer einen Gewinner – und einen anderen, der exakt so viel verliert. Doch welche Frau sollte sich darüber freuen, dass der Mann, den sie liebt, fünf Jahre vor ihr stirbt, weil er ungesund gelebt hat und nicht zum Arzt gegangen ist? Welche Mutter sollte sich darüber freuen, dass ihr Sohn schlechtere Noten bekommt als ihre Tochter? Welche Akademikerin sollte sich über all die Statistiken freuen, die besagen, dass hoch qualifizierte Frauen keinen Mann finden? Als die Finanzkrise in den USA begann, schnellten die Scheidungszahlen in Manhattan nach oben. Reihenweise lösten die Frauen ihre Ehen auf. Ihre Männer hatten über Nacht jeglichen Sex-Appeal eingebüßt. Die Frauen mochten sich der Gescheiterten entledigt haben. Danach waren sie allein. Wenn es eines Tages eine Männerbewegung gibt, die Frauen können sich freuen.«[185]

Natürlich gibt es die Unverbesserlichen, die nicht wahrhaben wollen, dass ein liebender, gefühlvoller Vater kein Schlappschwanz, sondern ein Held ist, dass es ein Zeichen von Stärke ist, Verantwortung zu übernehmen und Privilegien zu teilen, aber es gibt auch viele Männer, die Lust haben, neue Rollen auszuprobieren. Vor allem junge Männer zwischen zwanzig und dreißig machen vor, wie es geht: offen, gelassen, ohne Vorurteile und dumme Sprüche, die von der eigenen Unsicherheit ablenken sollen. Neulich kam mir ein interessanter Gedanke, als ich mal wieder einen dieser Teenager sah, achtzehn, neunzehn Jahre alt, der sein Hemd bis oben zugeknöpft hatte. Kann es sein, dachte ich, dass die coolen Typen von früher ihre Hemden nur deshalb so weit aufreißen mussten, weil sie ansonsten so unter Druck standen, dass sie kaum atmen konnten? Und kann es sein, dass die jungen Männer von heute ihre Hälse problemlos einzwängen können, weil sie sich ansonsten frei und unbeschwert fühlen?

»Menschen werden kommen, die werden uns wegwischen wie Blasen auf einer Pfütze«, hat Maxim Gorki geschrieben. Es ist ja immer so, dass junge Menschen neue Techniken viel schneller beherrschen. Ich jedenfalls beobachte halb bewundernd, halb irritiert, wie leicht sich junge Männer mit Dingen tun, die ich mir mühsam antrainieren muss, wie gelassen sie sexuelle Identitäten akzeptieren, wie souverän sie Kraftproben aus dem Weg gehen, wie unbelastet sie alle möglichen Moden, Trends und Traditionen miteinander in Einklang bringen, ohne sich permanent bevormundet oder provoziert zu fühlen. Es ist wie mit dem Internet: Die einen kennen die Welt nicht ohne, die anderen müssen einen Kurs an der Volkshochschule machen.

Dass es geht, dass man dazulernen und sich weiterentwickeln kann, beweisen inzwischen auch die alten Haudegen von früher. Arnold Schwarzenegger rät zum Beispiel dazu, an einem Tag in der Woche Fleisch aus dem Speiseplan zu streichen, LED-Glühbirnen zu installieren und sich zu weigern, Plastikgeschirr und -besteck zu benutzen.[186] Dazu kommt, dass sich manche Männer ganz von selbst in überzeugte Feministen verwandeln, sobald sie Vater einer Tochter werden.

Ich glaube, dass sich die Dinge in eine gute Richtung entwickeln. Ich hoffe, dass sich die ständigen Angriffe, Empörungen und überdrehten Vorwürfe irgendwann legen, weil sie nicht mehr nötig sind, ja dass wir vielleicht schon in ein paar Jahren nicht mehr daran erinnert werden wollen, weil wir uns selbst ein bisschen peinlich finden. Trotzdem frage ich mich, wo wir landen, wenn Männer immer noch zaghafter, konfliktscheuer und berechenbarer, immer noch weicher, dressierter und glatt geschliffener werden, ein bisschen wie Tommy aus *Pippi Langstrumpf*, der immer nur aufzählt, was eventuell schieflaufen könnte, wenn Pippi mal wieder eine glänzende Idee hat.

Es gibt so viele faszinierende Männer, an denen man sich orientieren kann, weil sie alles auf einmal sind: mutig, verantwortungsbewusst, kreativ, unangepasst, souverän, furchtlos und lustig: der Journalist Nils Pickert zum Beispiel, der für seinen Sohn anfing, Röcke zu tragen, als der wegen seiner Vorliebe für Kleider als »Schwuchtel« beschimpft worden war; der dänische Fußballprofi Simon Kjær, der nach der Herzattacke seines Mitspielers Christian Eriksen nicht nur gedankenschnell dafür sorgte, dass der nicht seine Zunge verschluckt, sondern auch einen Schutzwall aus Spielern organisierte, damit die Ärzte ungestört arbeiten konnten, und nebenbei Eriksens Freundin tröstete; Robert Habeck, der ein aufgeschlossener, sensibler und gebildeter Mann ist, aber auch nach Macht strebt, Dinge verändern und an sich reißen möchte, ein Mann, der verständnisvoll und entschlossen, traditionell und modern zugleich wirkt, ein Macher mit Erdkundelehrer-Tasche, kurz: ein Typ, von dem man denken könnte, »dass er gleich ins Wasser springt und umgehend zu den nächsten Seehundbänken krault«.[187] Oder mein Freund Alexandros, mit dem ich mich nie über vollgekleckerte Lätzchen unterhalte, sondern immer nur über Frauen, Fußball und griechische Vorspeisen. Einmal hat er mir ein Champions-League-Finale, das ich nicht sehen konnte, mit 87 SMS live mitkommentiert. Früher, als wir noch ein Büro teilten, wetteten wir regelmäßig um zehn Euro, welches Telefon als nächstes klingelt. Und natürlich ist keiner von ihnen ohne Fehler, haben alle ihre Makel und Schwächen, aber gibt es andere?

Klar sind Männer cool, die stundenlang im Babybecken rumstehen und wissen, dass mittelscharfer Develey nicht die einzige Senfsorte auf der Welt ist, aber wenn sie überhaupt nichts anderes mehr tun, als lecker zu kochen, auf einer Yogamatte rumzuliegen und sympathische Sätze zu sagen, gehen uns Qualitäten verloren, die noch wichtig werden könnten, wenn wir nicht in einer Welt landen wollen, in der wir tolerant, aber leidenschaftslos aneinander vorbeileben: Entschlossenheit, Abenteuerlust, Risikobereitschaft, Melancholie, Wettbewerbshärte, Unternehmergeist, Souveränität, Erotik, Würde, Poesie und ja, warum nicht auch so was wie Ehre, allein schon deshalb, weil es falsch war, diesen Begriff so kampflos den Rechten zu überlassen. »So ein bisschen mehr Unvernunft und Bedenkenlosigkeit, als die strenge Luise Neubauer uns erlaubt, wäre vielleicht auch mal wieder ganz schön«, schreibt der Literaturkritiker Ijoma Mangold.[188]

Ich glaube tatsächlich, dass man sich als Mann höheren Idealen verpflichten sollte, als dem Zeitgeist hinterherzulaufen oder eine gute Figur auf Instagram abzugeben. Ich glaube auch, dass man Grenzen immer wieder austesten und gelegentlich überschreiten muss, um offen, lebendig, selbstkritisch, irgendwie im Fluss zu bleiben. Und dass nicht jeder Mann Tofu mögen oder Tai-Chi im Park machen muss, um in der Gegenwart angekommen zu sein. Ich glaube, dass eine für alle Seiten reizvolle Mischung dabei herauskommen könnte, wenn die Patriarchen von früher selbstkritischer und reflektierter und die Ringelshirt-Daddys von heute einen Tick eigensinniger und widersprüchlicher würden, weil letztlich beide, der zu und der zu wenig virile Mann, »im Ressentiment gegen die eigene Männlichkeit leben« (Hans Jellouschek).

+++

Es ist eine lästige Tradition, dass Männermagazine alle paar Jahre den »neuen Mann« ausrufen: Mal ist der androgyne Mann gefragt, schmal und sensibel, dann wieder der athletische, muskulös, mit breiten Schultern. Mal sollen Männer reflektiert und nachdenklich sein, dann wieder verwegen und draufgängerisch. Mal sollten sie wissen, wie man einen Windsorknoten in eine Krawatte bekommt, dann wieder ist der Look des »Apple Guy« gefragt: enges T-Shirt, Superslim-Wollpullover, Sneakers und Smartwatch. Die Modeindustrie lebt von diesen Trends. Irgendwie müssen sich die Kapuzenpullover und Holzfällerhemden, die Rasiergels und Fitnessgeräte ja verkaufen.

Nichts wäre überflüssiger, als am Ende dieses Buches »den neuen Mann« auszurufen. Warum? Weil Männer alles auf einmal sind. Die einen hocken im Chefsessel, die anderen lungern vor dem Fernseher herum. Die einen feiern im Vereinsheim, die anderen im VIP-Club. Die einen schauen ARTE, die anderen Hardcore-Pornos. Manche werden nervös, wenn eine Frau beim Bäcker neben ihnen steht, andere sammeln sie wie früher Apachen die Skalps von weißen Siedlern. In den Städten stellen junge Männer Männlichkeit als Konzept infrage, auf dem Land spielen sie – natürlich ohne Frauen – Schafkopf im Wirtshaus. Die einen sind süchtig nach Börsenkursen, die anderen nach Anerkennung. Die einen sind genervt vom ständigen Cis-Mann-Gerede, andere unterstützen den Feminismus, die meisten kriegen die Debatte gar nicht mit.

Die Foto-Ausstellung *Masculinities*, die 2020/21 im Berliner Gropius-Bau zu sehen war und dreihundert Fotografien von den Sechzigerjahren bis heute zeigte, unterstrich eindrücklich die Widersprüchlichkeit des Maskulinen und offenbarte auch dem letzten Zweifler, wie fließend, wie vorübergehend unsere Vorstellung von Männlichkeit ist. Was waren da nicht alles für faszinierende und fragwürdige Männer zu sehen, Lederschwule, Bodybuilder, Soldaten, Stierkämpfer, Anzugtypen, Glamrocker, natürlich das *male model,* mit ölverschmiertem Oberkörper und gewaltigen Autoreifen in Händen, es war alles dabei, Täter, Opfer, Schwarze, Weiße, dominante und unsichere, privilegierte und geschundene Existenzen.

Wie Männer sein sollten?

Vor allem anständig, finde ich. Verantwortungsbewusst. Humorvoll. Neugierig. Sie sollten ein großes Herz haben. Aber auch Stolz. Eine Art Bewusstsein, für die anderen, aber auch für sich selbst, für ihr Geschlecht, für die Männer, die vor ihnen versucht haben, gute Männer zu sein. In den nächsten Jahren werden sie vor allem Gelassenheit brauchen, auch Selbstironie und Mut, sich stärker in andere Menschen hineinzuversetzen, ihre Perspektive immer wieder zu überdenken und zu erweitern. Nur dann wird es ihnen gelingen, ihre innere Zerrissenheit zu überwinden, oder noch besser: produktiv zu nutzen, nur dann werden sie es schaffen, ihre Männlichkeit immer wieder auf den Prüfstand zu stellen und anzupassen, kurz: den Helden nicht zu spielen, sondern ganz selbstverständlich einer zu sein, jeden Tag und ohne Applaus.

Der Mann des 21. Jahrhunderts muss scheinbar widersprüchliche Eigenschaften in sich vereinen, er sollte sensibel, hellhörig und feinfühlig, aber auch stark, selbstbewusst und mitreißend sein, ein liebevoller Partner, ein verantwortungsbewusster Vater, ein rücksichtsvoller Mitmensch, im Job temperamentvoll und kreativ, ohne sich zu Tode zu arbeiten oder andere zu unterdrücken, im Leben gesundheitsbewusst und ökologisch korrekt, ohne zum Jasager zu verkommen. Vor allem muss er aufbrechen in eine Welt, die auch für ihn angenehmer sein könnte als die, an die sich manche so verzweifelt klammern. Eine Gesellschaft, in der Männer leise und laut, zart und hart, solidarisch und individuell sein können und es nicht mehr nötig haben, andere zu bewerten oder zu bevormunden.

Ich fände es schön, wenn wir, nachdem wir so lange darüber gesprochen haben, was fragmentierte Identitäten voneinander trennt, allmählich wieder in den Blick nähmen, was uns verbindet, nämlich dass wir alle Menschen des 21. Jahrhunderts sind, vor denen extreme Herausforderungen liegen. Ich habe dieses Buch auch deshalb geschrieben, weil gewaltige Umwälzungen, ja ein umfassender Paradigmenwechsel auf uns warten: Klimawandel, Rechtsruck, digitale Überwachung, künstliche Intelligenz, um nur die naheliegendsten zu nennen. Männer und Frauen sollten endlich begreifen, dass sie die Herausforderungen der Zukunft nur gemeinsam bewältigen können. Wir werden den Verstand und das Herz jedes Einzelnen brauchen, vom CSU-Abgeordneten im Trachtenjanker bis zur non-binären Netzaktivistin, wenn wir unsere Lebensart gegen ihre Feinde verteidigen wollen, die viel erbarmungsloser sind als ein paar weiße Cis-Typen, die sich einen Tick zu dufte finden. Wir werden nicht kleinliche und verbohrte, sondern selbstbewusste und souveräne Frauen *und* Männer brauchen, die in der Lage sind, kluge Ideen kraftvoll umzusetzen. Natürlich geht es nicht ohne Verteilungskämpfe, wenn sich Kräfteverhältnisse verschieben, wenn die einen

Macht abgeben müssen und die anderen mehr Macht bekommen, aber wir sollten darauf achten, sie fair zu führen – mit Empathie und Verantwortungsbewusstsein.

Ich fände schön, wenn es den Feminismus eines Tages nicht mehr bräuchte, weil Männer und Frauen (und alle anderen Identitäten) sich nicht mehr daran erinnern können, dass sie mal gegeneinander gekämpft haben, wenn alle in gegenseitiger Wertschätzung neben- und miteinander leben, wenn es keine Hashtags und Respektsbekundungen mehr bräuchte. Ich träume davon, dass es keine Rolle spielt, wer man ist, woher man kommt und wie man aussieht: Frau mit Dreitagebart, Mann mit Fußkettchen, non-binärer Stahlbetonbauer, Transperson mit Slayer-T-Shirt – alles egal, alles wertvoll, alles Menschen. Oder wie Hajo Schumacher schreibt: »Die Unterschiede zwischen toleranten Menschen und ihren Gegnern sind größer als die zwischen Hodensack und Eierstock.«[189]

Auf die Frage, wie der Mann von heute sein sollte, hat Alice Schwarzer mal gesagt: »Er sollte seine Macht, welche auch immer, nicht missbrauchen. Generell gegenüber Menschen nicht. Er sollte empathiefähig sein. Und nach fünfzig Jahren neuem Feminismus würde ich auch erwarten, dass er ein Bewusstsein hat für die strukturellen Ungleichheiten zwischen den Geschlechtern, die noch immer existieren. Er sollte versuchen gegenzusteuern, sich subjektiv bemühen, kein Komplize der Männergesellschaft zu sein. Gleichzeitig verstehe ich, wenn er kein feministischer Held ist. Er sollte sich und uns nichts vormachen. So wie wir uns alle nichts vormachen sollten: Wir werden nicht in fünfzig Jahren Frauenbewegung 5000 Jahre Patriarchat ungeschehen machen. Aber wir sind auf dem Weg, trotz aller Rückschläge.«[190]

Auch ich bin auf diesem Weg. Er ist alles auf einmal: interessant und schmerzhaft, befreiend und anstrengend, langwierig und aufregend. Manchmal scheint sein Ziel weit weg, dann wieder ganz nah. Es lautet: kein moderner Mann, sondern ein guter Mensch zu sein.

DANK

Ich danke meiner Verlegerin Felicitas von Lovenberg, meiner Agentin Kathrin Kroll, meinem Lektor Martin Janik und Anne Stadler, ohne die es dieses Buch nicht geben würde, sowie dem Team des Piper Verlags, besonders Anja Melzig, Eva Brenndörfer und Antje Leipsic.

Ich bedanke mich bei Ayumi Paul, Angelika Rauch und Ulrich Matthes für wertvolle Hinweise sowie ganz herzlich bei Cornelius Esau, der mir dabei geholfen hat, Material zu sammeln und Quellen ausfindig zu machen.

Ein großer Dank geht an Eva Menasse fürs Lesen und das Zitat auf der Rückseite des Buches.

Für Gespräche, Ratschläge und Anregungen danke ich Olaf Unverzart, Matthias Ziegler, Felix Hutt, Thomas Bärnthaler, Andreas Bernard, Rainer Stadler, Alexandros Stefanidis, Jan Friedmann, Philipp Hübl, Silke Wichert, Charles Schumann, Alice Schwarzer, Patrik Schwarz, Jan Fleischhauer, Thea Dorn, Martin Mosebach, Peter Licht.

Für Geduld, Liebe und Nachsicht danke ich meinen Eltern, meiner Schwester Miriam, meiner Nichte Yara Tika, Uyen Lam Bao, Anna und Nala.

LITERATURVERZEICHNIS

Baer, Udo, *Männerwürde. Laut und leise, stark und zart – ein Handbuch.* Herder, Freiburg 2021

Beigbeder, Frédéric, *Der Mann, der vor Lachen weinte.* Piper, München 2021

Berlin, Katja und Decker, Anika, *Nachrichten von Männern.* Ullstein, Berlin 2021

Bola, JJ, *Sei kein Mann. Warum Männlichkeit ein Albtraum für Jungs ist.* Hanser, München 2020

Bönt, Ralf, *Das entehrte Geschlecht. Ein notwendiges Manifest für den Mann.* Pantheon, München 2012

Bourdieu, Pierre, *Die männliche Herrschaft.* 5. Aufl., Suhrkamp, Frankfurt am Main 2020

Brecht, Bertolt, *Baal.* Suhrkamp, Frankfurt am Main 1966

Cooper, Sarah, *Wie du erfolgreich wirst, ohne die Gefühle von Männern zu verletzen. Das wahrscheinlich wichtigste Buch für Frauen in der Arbeitswelt.* Mentor Verlag, Berlin 2021

Fourest, Caroline, *Generation Beleidigt. Von der Sprachpolizei zur Gedankenpolizei. Über den wachsenden Einfluss linker Identitärer. Eine Kritik.* Edition Tiamat, Berlin 2020

Harmange, Pauline, *Ich hasse Männer.* Rowohlt, Hamburg 2020

Hoffmann, Arne, *Feindbild weiße Männer. Der rassistische Sexismus der identitätspolitischen Linken.* Independently published, 2. September 2019

Hollstein, Walter, *Was vom Manne übrig blieb. Das missachtete Geschlecht.* Opus Magnum, Stuttgart 2012

Houellebecq, Michel, *Die Möglichkeit einer Insel.* Dumont, Köln 2005

Jordan-Young, Rebecca M. und Karkazis, Katrina, *Testosteron. Warum ein Hormon nicht als Ausrede taugt.* Hanser, München 2020

Kaiser, Susanne, *Politische Männlichkeit. Wie Incels, Fundamentalisten und Autoritäre für das Patriarchat mobilmachen.* Suhrkamp, Berlin 2020
Kucklick, Christoph, *Das unmoralische Geschlecht. Zur Geburt der negativen Andrologie.* Suhrkamp, Frankfurt am Main 2008
Leimbach, Bjørn Thorsten, *Männlichkeit leben. Die Stärkung des Maskulinen.* Ellert & Richter, Hamburg 2007
Mosebach, Martin, *Krass.* Rowohlt, Hamburg 2021
Passmann, Sophie, *Alte weiße Männer. Ein Schlichtungsversuch.* Kiepenheuer & Witsch, Köln 2019
Rosa, Hartmut, *Unverfügbarkeit.* Residenz, Salzburg 2019
Roth, Philip, *Mein Leben als Mann.* Hanser, München 2007
Schumacher, Hajo, *Männerspagat. Vom Macho bis zum Mitmenschen.* Eichborn, Köln 2018
Smiler, Andrew, *Ist Männlichkeit toxisch? Große Fragen des 21. Jahrhunderts.* Dorling Kindersley, München 2020
Stokowski, Margarete, *Die letzten Tage des Patriarchats.* Rowohlt, Reinbek 2018
Stokowski, Margarete, *Untenrum frei.* Rowohlt, Reinbek 2016
Stoverock, Meike, *Female Choice. Vom Anfang und Ende der männlichen Zivilisation.* Tropen, Stuttgart 2021
Urwin, Jack, *Boys don't cry. Identität, Gefühl und Männlichkeit.* Edition Nautilus, Hamburg 2017
Willemsen, Roger, *Der Knacks.* S. Fischer, Frankfurt am Main 2008

ANMERKUNGEN

1 »Picasso ist ja auch nicht in Rente gegangen«, Interview mit Alice Schwarzer von Nils Minkmar und Eva Thöne, in: *Der Spiegel,* 2. Oktober 2020.
2 Pauline Harmange, *Ich hasse Männer.* Hamburg 2020, S. 12.
3 Virginia Woolf, *Drei Guineen.* München 1977, S. 146f.
4 Daniele Giglioli, »Wer hat noch den Mut, tapfer zu sein?«, in: *NZZ,* 31. Januar 2018.
5 Rainer Hank, »Nicht systemrelevant«, *faz.net,* 16. März 2021, unter: https://www.faz.net/aktuell/stil/leib-seele/maennlichkeit-der-aufstieg-und-fall-des-mannes-17246065.html (abgerufen am 27.09.2021).
6 Martin Zips, »Hallo Menschen«, in: *SZ,* 14. Juli 2021.
7 Niklas Maak, »Abschied vom Lenkrad«, in: *FAZ,* 24. April 2021.
8 Walter Hollstein, *Was vom Manne übrig blieb. Das missachtete Geschlecht.* Stuttgart 2012, S. 11.
9 Sarah Pines, »Sugar Daddy dankt ab: Wie #MeToo die alten Männer zum Feindbild erklärt hat«, *nzz.ch,* 24. September 2018, unter: https://www.nzz.ch/feuilleton/sugar-daddy-dankt-ab-wie-metoo-die-alten-maenner-zum-feindbild-erklaert-hat-ld.1422381 (abgerufen am 13.08.21).
10 Alexander Menden, »Ich möchte eine leere Leinwand sein«, in: *SZ,* 16. September 2021.
11 Frédéric Beigbeder, *Der Mann, der vor Lachen weinte.* München 2021, S. 26f.
12 Bertolt Brecht, *Baal.* Frankfurt am Main 1966, S. 45.
13 Elisabeth Niejahr, »Warum ausgerechnet wir?«, in: *Die Zeit,* 9. Oktober 2014.
14 Susanne Kaiser, *Politische Männlichkeit. Wie Incels, Fundamenta-*

listen und Autoritäre für das Patriarchat mobilmachen. Berlin 2020, S. 14.

15 Libby Nelson, »›It's a way to retrieve your manhood‹: a cultural explanation of the Santa Barbara shooting«, *vox.com,* 29. Mai 2014, unter: https://www.vox.com/2014/5/29/5754786/the-santa-barbara-shootings-and-angry-white-men (abgerufen am 13.08.21).

16 Antonia Baum, »Zu wenig Körperkontakt«, in: *Die Zeit,* 27. Februar 2020.

17 Carolin Emcke, »Furchtbar sozial«, in: *SZ,* 8./9. Mai 2021.

18 Carolin Würfel, »Was müssen sich Frauen auf der Straße anhören?«, in: *Die Zeit,* 10. Dezember 2020.

19 Ulrike Knöfel und Carola Padtberg, »Erinnert Euch an sie«, in: *Der Spiegel,* 24. Juli 2021.

20 »Türkische Kampfansage«, Interview mit Aslı Erdoğan von Karen Krüger, in: *FAS,* 25. April 2021.

21 Michael Kimmel, *Healing from Hate. How Young Men Get Into – and Out of – Violent Extremism.* Berkeley 2018.

22 Sam Altman, »I'm a Silicon Valley liberal, and I traveled across the country to interview 100 Trump supporters – here's what I learned«, businessinsider.com, 23. Februar 2017, unter: https://www.businessinsider.com/sam-altman-interview-trump-supporters-2017-2 (abgerufen am 28.09.2021).

23 Thorsten Denkler, »Trübe Brühe«, in: *SZ,* 23. Juli 2021.

24 »Ich pflege einen linken Konservatismus«, Interview mit Lisa Eckhart von Kerstin Rottmann, in: *Die Welt,* 20. Dezember 2019.

25 Roger Willemsen, *Der Knacks.* Frankfurt am Main 2008, S. 125.

26 Nils Minkmar, »Am Ende ganz allein«, in: *SZ,* 24./25. Juli 2021.

27 Susan Faludi, *Männer. Das betrogene Geschlecht.* Reinbek bei Hamburg 2001, S. 19f.

28 *Politische Männlichkeit,* S. 237.

29 »Trump macht die männlichste Politik, die wir je hatten«, Interview mit Michael Kimmel von Johanna Bruckner, *sueddeutsche.de,* 14. Juni 2017, https://www.sueddeutsche.de/kultur/us-soziologe-im-interview-trump-macht-die-maennlichste-politik-die-wir-je-hatten-1.3436288.

30 Dieter Thomä, »Demokratie braucht Helden!«, in: *Wirtschaftswoche,* 25. Oktober 2019.

31 Tobias Kniebe, »Die Bullshit-Maschine«, in: *SZ,* 27. April 2021.

32 Thomas E. Schmidt, »Der wahre Moralist bekämpft zuerst sich selbst«, in: *Die Zeit,* 17. Juni 2021.

33 Harald Schmidt, »Ich war 'ne Null«, in: *FAS,* 3. Februar 2019.

34 Dirk Kurbjuweit, »Die aufgeklärten Kerle«, in: *Der Spiegel,* 20. Juli 2014.
35 Christoph Scheuermann, »Lieber nicht«, in: *Der Spiegel,* 15. Januar 2012.
36 Peter Strasser, »Ein Leben ohne Tod würde uns zu Zombies einer leeren Ewigkeit machen«, in: *NZZ,* 18. September 2018.
37 Das Streiflicht, in: *SZ,* 19. Mai 2004.
38 Ralf Bönt, *Das entehrte Geschlecht. Ein notwendiges Manifest für den Mann.* München 2012, S. 15f.
39 Peter Praschl, »Die bösen Onkels«, in: *SZ-Magazin,* 27. Mai 2010.
40 Hajo Schumacher, *Männerspagat. Vom Macho zum Mitmenschen.* Köln 2018, S. 54.
41 Hilmar Klute, »Auf die Fresse, Herzblatt«, in: *SZ,* 9. Juli 2021.
42 Johanna Adorján, »Weitermachen«, in: *SZ,* 15. September 2021.
43 Robert Pfaller, *Erwachsenensprache. Über ihr Verschwinden aus Politik und Kultur.* Frankfurt am Main 2018, S. 10.
44 »Warum diese Typen so sind«, Interview mit Emma Cline von Frauke Fentlob, in: *FAS,* 25. Juli 2021.
45 Vgl. Andreas Rödder, »Die neue Systemfrage«, *in: Der Spiegel,* 19. Dezember 2020.
46 Albert Camus, *Der erste Mensch.* Hamburg 1997.
47 Elisabeth Raether, »Hat hier jemand Charisma gesagt?«, in: *Die Zeit,* 21. Januar 2021.
48 Melanie Amann, »Zweitklassiges Personal«, in: *Der Spiegel,* 7. August 2021.
49 Robert Pausch, »Mal was wagen«, in: *Die Zeit,* 5. August 2021.
50 Thea Dorn, »Der Teufelskreis des Populären«, in: *NZZ,* 28. Oktober 2017.
51 Thomas E. Schmidt, »Annalena und die Medien«, in: *Die Zeit,* 29. April 2021.
52 Udo Baer, *Männerwürde. Laut und leise, stark und zart – ein Handbuch.* Freiburg 2021, S. 105.
53 Hartmut Rosa, *Unverfügbarkeit.* Salzburg 2019.
54 David Steinitz, »Das ist der Höhepunkt«, in: *SZ,* 18. Juni 2021.
55 »Udo rennt dem Alter weg«, Interview mit Udo Lindenberg von Martin Benninghoff und Oliver Georgi, in: *FAS,* 16. Mai 2021.
56 »Ich bin kein Snob«, Interview mit Noel Gallagher von Jakob Biazza, in: *SZ,* 10. Juni 2021.
57 Diedrich Diederichsen, »Stellt alles auf den Kopf!«, in: *Die Zeit,* 8. Juli 2021.

58 Jan Weiler, »Oh, Mann!«, in: *Stern,* 2. Oktober 2019.
59 Clara Hellner und Jana Luck, »Männer, geht da nicht mehr?«, in: *Die Zeit,* 20. Mai 2021.
60 Roland Tichy, in: *Wirtschaftswoche,* 13. August 2012.
61 Jörg Thomann, »Alt? Ich weiß, Mann«, in: *FAS,* 30. August 2020.
62 Matthias Ninck, »Professor der Männlichkeit«, in: *NZZ am Sonntag,* 7. März 2004.
63 Jörg Thomann, »Alt? Ich weiß, Mann«, in: *FAS,* 30. August 2020.
64 Thomas Gottschalk, »Erspart Euch die Schnappatmung«, in: *SZ,* 20. Mai 2021.
65 Tobias Becker, Xaver von Cranach, Lisa Duhm, Philipp Oehmke, Jonas Schaible, Eva Thöne, »Spaltet Identitätspolitik die Gesellschaft?«, in: *Der Spiegel,* 10. Juli 2021.
66 Patrick Imhasly, »Ich bin ein alter weißer Mann – und das ist gut so«, in: *NZZ am Sonntag,* 8. Dezember 2019.
67 Boris Holzer, »Änderung durch Aussterben«, in: *FAS,* 25. Oktober 2020.
68 Sophie Passmann, *Alte weiße Männer. Ein Schlichtungsversuch.* Köln 2019, S. 55.
69 »Dann lieber Tristesse«, Interview mit Mario Schneider von Ulrike Nimz, in: *SZ,* 12. Juli 2021.
70 Nora Bossong, »Eine sanfte Utopie ist mir lieber«, in: *FAZ,* 29. Juni 2021.
71 Heike-Melba Fendel, »Liebe in Zeiten der Cholerik«, in: *taz,* 20. März 2018.
72 Meike Stoverock, *Female Choice. Vom Anfang und Ende der männlichen Zivilisation.* Stuttgart 2021, S. 23.
73 Erhard Valentin Jakob Sprengel, *Das andere Geschlecht, das Bessere Geschlecht.* Berlin 1798.
74 »Schauen Sie mich bitte nicht so an!«, Interview mit Hilmar Kopper und Fränzi Kühne von Ann-Kathrin Nezik und Lisa Nienhaus, in: *Die Zeit,* 17. Juni 2021.
75 *Der Knacks,* S. 29f.
76 »Ich muss mir gar nichts mehr beweisen – und anderen auch nicht«, Interview mit Michael Müller von Bert Schulz und Stefan Alberti, in: *taz,* 20. Juni 2020.
77 *Männerwürde,* S. 54.
78 *Das entehrte Geschlecht,* S. 24f.
79 Ralf Hanselle, »Ich so, du so«, in: *Cicero,* 9/2020.
80 »Ja, Brandt war oft melancholisch – aber nicht zu mir«, Interview mit Jürgen Draeger von Björn Stephan, *sueddeutsche.de,* 21. März

2018, unter: https://www.sueddeutsche.de/leben/der-maler-juergen-draeger-im-portraet-ja-brandt-war-oft-melancholisch-aber-nicht-zu-mir-1.3901722?reduced=true (abgerufen am 28.09.2021).

81 Jan Kalbitzer, »Der Stolz der weißen Männer«, in: *Die Welt,* 4. Februar 2019.

82 Jan Kalbitzer, »Es geht hier jetzt nicht um uns!«, *Zeit Online,* 9. Juni 2020, https://www.zeit.de/zustimmung?url=https%3A%2F%2Fwww.zeit.de%2Fwissen%2F2020-06%2Frassismus-diskriminierung-maenner-feminismus-jan-kalbitzer.

83 Arno Frank, »Der alte weiße Mann schlechthin«, in: *taz,* 21. September 2020.

84 *Alte weiße Männer,* S. 208f.

85 Jürgen Kaube, »Worauf will die *SPD* verzichten?«, in: *FAZ,* 3. März 2021.

86 »Ich werde nicht wieder antreten«, Erklärung von Fabio De Masi vom 24. Februar 2021, unter: https://www.fabio-de-masi.de/de/article/3542.ich-werde-nicht-wieder-antreten.html (abgerufen am 13.08.21).

87 Frank Furedi, »The crusade against masculinity«, *spiked-online.com,* 21. Januar 2019, unter: https://www.spiked-online.com/2019/01/21/the-crusade-against-masculinity/ (abgerufen am 13.08.21).

88 Hans Ulrich Gumbrecht, »Jenseits der Gleichheit«, in: *NZZ,* 9. Oktober 2017.

89 Thea Dorn, »Warum Streit gut ist«, in: *Die Zeit,* 5. September 2019.

90 Christoph Kucklick, »Das verteufelte Geschlecht«, in: *Die Zeit,* 12. April 2012.

91 »Oh, Mann!«, Interview mit Walter Hollstein von Claudia Becker, in: *Die Welt,* 7. Juli 2017.

92 *Was vom Manne übrig blieb,* S. 59.

93 Ernst Heinrich Kosengarte, *Der Mann in gesellschaftlichen Verhältnissen.* Hartleben 1816, S. 5f.

94 Marten Rolff, »Lasst es fließen«, in: *SZ,* 11./12. September 2021.

95 Tilman Krause, »Dem Manne kann geholfen werden«, in: *Die Welt,* 27. Oktober 2020.

96 »Können sie den Fußball retten?«, Interview mit Katja Kraus und Gaby Papenburg von Anna Kemper und Moritz Müller-Wirth, in: *Die Zeit,* 20. Mai 2021.

97 Vgl. *Politische Männlichkeit,* S. 8.

98 »Frauen sind noch immer zu oft einsame Kämpferinnen«,

Interview mit Christina von Braun von Tobias Becker und Claudia Voigt, in: *Der Spiegel,* 20. März 2021.

99 Walter Hollstein, »Männer sind inzwischen das schwache Geschlecht«, in: *NZZ am Sonntag,* 28. Oktober 2012.

100 Nicole Golombek, »Göttinnen des Gemetzels«, in: *Stuttgarter Zeitung,* 6. Februar 2020.

101 *Ich hasse Männer,* S. 11.

102 Holger Fuß, »Männer werden verteufelt«, *die-tagespost.de,* 4. September 2020, unter: https://www.die-tagespost.de/kultur/feuilleton/maenner-werden-verteufelt-art-211622 (abgerufen am 30.09.21).

103 *Was vom Manne übrig blieb,* S. 12.

104 Jens Jessen, »Zum Verschleiß bestimmt«, in: *Die Zeit,* 18. Februar 2021.

105 Ebd., S. 135.

106 *Alte weiße Männer,* S. 65.

107 »Männer tragen eine 12 000 Jahre alte Gewaltgeschichte im Körper«, Interview mit Klaus Theweleit von Judith Sevinç Basad, in: *NZZ,* 2. Dezember 2019.

108 Thea Dorn, »Aggressive Mimosen«, in: *Die Zeit,* 27. August 2020.

109 *Männerwürde,* S. 66.

110 »Er war wirklich ein gewaltiger Volltrottel«, Interview mit Bob Odenkirk von Jakob Biazza, in: *SZ,* 2. Juli 2021.

111 Bjørn Thorsten Leimbach, *Männlichkeit leben. Die Stärkung des Maskulinen.* Hamburg 2007, S. 181.

112 »Männer werden immer weiblicher«, Interview mit Philipp Hübl und Dominique Kuenzle von Yves Bossart, in: *Sternstunde Philosophie,* SRF Kultur, 21. September 2020, unter: https://www.youtube.com/watch?v=9MFxpPGNoBs (abgerufen am 22.09.21).

113 Dagmar Rosenfeld, »Plädoyer für die Männlichkeit«, in: *Welt am Sonntag,* 11. November 2018.

114 Bernie Zilbergeld, *Die neue Sexualität der Männer.* Tübingen 1994, S. 11f.

115 Hans Christoph Buch, »In einer weiblichen Welt fehlt den Männern der Krawall«, in: *Die Welt,* 24. August 2020.

116 Thomas Thiel, »Knallhart kultursensibel«, in: *FAZ,* 5. Mai 2021.

117 Nina Pauer, »Die Schmerzensmänner«, in: *Die Zeit,* 5. Januar 2012.

118 Walter Hollstein, »Allmählich regt sich Widerstand«, in: *Focus,* 6. Oktober 2008.

119 Heiner Thorborg, »Generation der Schneeflöckchen taugt kaum zum Chef«, in: *FAZ,* 9. August 2021.

120 Cora Stephan, »Der postheroische Mann«, in: *NZZ*, 2. Februar 2016.

121 Todd W. Reeser: »Englischsprachige Männlichkeitsforschung«, in: Stefan Horlacher, Bettina Jansen, Wieland Schwanebeck (Hrsg.): *Männlichkeit. Ein interdisziplinäres Handbuch.* Stuttgart 2016, S. 26–41.

122 Simone de Beauvoir: *Das andere Geschlecht. Sitte und Sexus der Frau.* Hamburg 1951, S. 155.

123 »Sexualität war für meine Generation von Anfang an mit dem Tod verbunden«, Interview mit François Ozon von Johanna Adorján, in: *SZ*, 3./4. Juli 2021.

124 »Ich wollte den Gästen nie zu nahe kommen«, Interview mit Charles Schumann von Timo Frasch, in: *FAZ*, 6. September 2021.

125 »Reue ist sinnlos«, Zum Tod von Lemmy Kilmister, *sueddeutsche.de*, 29. Dezember 2015, unter: https://www.sueddeutsche.de/kultur/zum-tod-von-lemmy-kilmister-reue-ist-sinnlos-1.2799338 (abgerufen am 13.08.21).

126 Leander Haußmann, »Furchtlos«, in: *SZ*, 17./18. Juli 2021.

127 »Warum darf eine Frau nicht supersexy sein?«, Interview mit Lilith Stangenberg, in: *Die Zeit*, 26. August 2021.

128 Wolfgang Thierse, »Wie viel Identität verträgt die Gesellschaft?«, in: *FAZ*, 22. Februar 2021.

129 Tobias Haberl, »Die *Deuterin«, in: *SZ-Magazin*, 6. Juni 2019.

130 Klaus Theweleit, »Mit der an der Spitze wird das nichts«, in: *FAS*, 23. Juni 2019.

131 Susan Arndt, *Sexismus. Geschichte einer Unterdrückung.* München 2020, S. 44f.

132 Tobias Becker, Xaver von Cranach, Lisa Duhm, Philipp Oehmke, Jonas Schaible, Eva Thöne, »Spaltet Identitätspolitik die Gesellschaft?«, in: *Der Spiegel*, 10. Juli 2021.

133 »Ihr müsst keine Angst mehr haben«, Interview mit Sophie Calle von Annabelle Hirsch, in: *FAS*, 11. Juli 2021.

134 Pascal Bruckner, »Dein Mann, das Schwein«, *in: NZZ*, 18. Dezember 2017.

135 Horst Bredekamp, »Fanatiker der Reinheit«, in: *FAZ*, 8. März 2021.

136 *Das entehrte Geschlecht*, S. 89.

137 Stefan Hirschauer, »Wozu ›Gender Studies‹? Geschlechterdifferenzierungsforschung zwischen politischem Populismus und naturwissenschaftlicher Konkurrenz«, in: *Soziale Welt*, Nr. 54, 2003.

138 *Alte weiße Männer,* S. 84.
139 Susan Vahabzadeh, »Heikle Sache«, in: *SZ,* 2. Juli 2021.
140 Tobias Becker, »Wie der ›Bewegte Mann‹ ins Visier von Gender-Aktivisten geriet«, *Spiegel Online,* 17. Mai 2019, https://www.spiegel.de/kultur/ralf-koenig-wie-der-bewegte-mann-ins-visier-von-gender-aktivisten-geriet-a-00000000-0002-0001-0000-000163955890.
141 Christian Nürnberger, »Oh Boy!«, in: *SZ,* 17. November 2012.
142 Heribert Prantl, »Verliebt, verlobt, verprügelt«, in: *SZ,* 3./4. Juli 2021.
143 *Was vom Manne übrig blieb,* S. 23.
144 Elisabeth Badinter, *Die Wiederentdeckung der Gleichheit. Schwache Frauen, gefährliche Männer und andere feministische Irrtümer.* München 2004, S. 17.
145 »Ich pflege einen linken Konservatismus«, Interview mit Lisa Eckhart, in: *Die Welt,* 30. Dezember 2019.
146 Kathrin Werner, »Frauen mit Geld suchen Frauen mit Ideen«, in: *SZ,* 17. Juni 2021.
147 Philip Plickert, »Wer wagt gewinnt«, in: *FAS,* 22. August 2021.
148 *Sexismus,* S. 74.
149 Harald Martenstein, »Ein Projekt der Elite«, in: *Berliner Zeitung,* 9. September 2019.
150 Kathrin Werner, »Ohne Frauen an die Börse«, in: *SZ,* 18. Juni 2021.
151 »Da wurden die Männer zum Mob«, Interview mit Ingrid Matthäus-Maier von Leonie Feuerbach, in: *FAZ,* 21. August 2021.
152 »Psychiater Bonelli: Männer und Frauen nicht gleichartig behandeln«, *kathpress.at,* 21. September 2018, unter: https://www.kathpress.at/goto/meldung/1678627/psychiater-bonelli-maenner-und-frauen-nicht-gleichartig-behandeln?PageSpeed=noscript (abgerufen am 13.08.21).
153 *Sexismus,* S. 340.
154 Christoph Kucklick, »Das verteufelte Geschlecht«, in: *Die Zeit,* 12. April 2012.
155 Julian Erbersdobler und Ania Kozlowska, »Jedes Küsschen kostet«, in: *SZ,* 10./11. Oktober 2020.
156 Rudi Novotny, »Die beste Zeit, ein Mann zu sein«, in: *Die Zeit,* 4. April 2019.
157 *Female Choice,* S. 57.
158 Jan Kalbitzer, »Es geht hier jetzt nicht um uns!«, *Zeit Online,* 9. Juni 2020, https://www.zeit.de/zustimmung?url=https%3A%2F

%2Fwww.zeit.de%2Fwissen%2F2020-06%2Frassismus-diskriminierung-maenner-feminismus-jan-kalbitzer.

159 Wilhelm Genazino, *Das Glück in glücksfernen Zeiten.* München 2009, S. 9f.

160 »Ich habe mich damit abgefunden, dass Menschen wie ich nur noch in Talkshows bestaunt werden«, Interview mit Wilhelm Genazino von Tobias Haberl, in: *SZ-Magazin,* 9. November 2011.

161 *Das entehrte Geschlecht,* S. 70.

162 Ebenda, S. 71.

163 Kristina Schröder, »Und was ist mit der Liebe?«, in: *Die Welt,* 15. März 2019.

164 Robert Pausch und Bernd Ulrich, »Wenn das Gestern endet«, in: *Die Zeit,* 21. Januar 2021.

165 Jana Hensel, »Warum es mehr alte weiße Männer wie Joe Biden geben sollte«, *Zeit Online,* 15. November 2020, unter: https://www.zeit.de/gesellschaft/2020–11/kamala-harris-joe-biden-minderheiten-politik-karriere (abgerufen am 13.08.21).

166 Thomas Petersen, »Die Mehrheit fühlt sich gegängelt«, in: *FAZ,* 16. Juni 2021.

167 Vgl. Daniel Deckers, »Der Preis der Geschlechtergerechtigkeit«, in: *FAZ,* 25. Mai 2021.

168 Gustav Theile, »Die*der Dax_in-Konzern:innen gendern«, in: *FAZ,* 25. März 2021.

169 Melanie Amann, »Die Bringschuld«, in: *Der Spiegel,* 19. Juni 2021.

170 Harald Martenstein, »Warum Geschlechterpolitik ein Projekt der Eliten ist«, in: *Berliner Zeitung,* 9. September 2019.

171 Ewa Trutkowski, »Vom Gendern zu politischen Rändern«, in: *NZZ,* 22. Juli 2020.

172 Wolfgang Merkel, »Lager werden zu Feindesland«, in: *FAZ,* 2. Dezember 2020.

173 Matthias Heitmann, »Verteufelte Männlichkeit«, in: *Die Welt,* 6. Februar 2013.

174 Rainer Moritz, »Stimmt's, oder hab ich recht?«, in: *FAZ,* 12. April 2021.

175 *Sexismus,* S. 200.

176 Luise F. Pusch, »Liebe Kolleg*innen in der Stadtverwaltung«, in: *Die Zeit,* 11. Februar 2021.

177 Luise F. Pusch: »Ladies first«, in: Brigitte Brück u. a.: *Feministische Soziologie.* Frankfurt am Main 1992, S. 245.

178 Nele Pollatschek, »Gendern macht die Diskriminierung nur noch schlimmer«, in: *Der Tagesspiegel,* 30. August 2020.

179 Leander Haußmann, »Wir klammern uns an Worte, als wären sie Gold«, in: *Der Spiegel,* 8. Mai 2021.
180 Matthias Politycki, »Mein Abschied von Deutschland«, in: *FAZ,* 17. Juli 2021.
181 Linus Reichlin, »Selbstzensur als sich verstärkender Prozess«, in: *FAZ,* 1. Juni 2021.
182 Wolfgang Thierse, »Wie viel Identität verträgt die Gesellschaft?«, in: *FAZ,* 22. Februar 2021.
183 Thomas Thiel, »Wir haben Respekt für euer Elend«, in: *FAZ,* 12. März 2021.
184 »Schauen Sie mich bitte nicht so an!«, Interview mit Hilmar Kopper und Fränzi Kühne von Ann-Kathrin Nezik und Lisa Nienhaus, in: *Die Zeit,* 17. Juni 2021.
185 Elisabeth Raether und Tanja Stelzer, »Das geschwächte Geschlecht«, in: *Die Zeit,* 2. Januar 2014.
186 »Last Warning«, Interview mit Arnold Schwarzenegger von Marc Hujer, in: *Der Spiegel,* 7. August 2021.
187 Robert Pausch und Franziska Wunderlich, »Da ist er wieder«, in: *Die Zeit,* 15. Juli 2021.
188 Ijoma Mangold, »Der Bart ist ab«, in: *Die Zeit,* 28. Januar 2021.
189 *Männerspagat,* S. 21.
190 »Es gibt kein Recht auf Sex mit einer Frau«, Interview mit Alice Schwarzer von Timo Frasch, in: *FAZ-Magazin,* 30. März 2021.